现代策划学丛书

21世纪高等院校策划专业核心教材系列

新编融资策划

田长广　编

北京大学出版社
PEKING UNIVERSITY PRESS

内容介绍

在今天的策划界流传着这样一句话："策划是基础，融资是关键，融不到资金的策划是纸上谈兵。"特别是在大中型项目策划、政府项目策划中，融资策划尤显重要。

本书作者试图将全新的策划理论导入现代融资理论的研究，力争开辟出一条适应我国融资方法和手段的创新之路，将为活跃我国的资金市场服务，为策划学理论研究注入新的活力。本书分别阐述了融资策划概论、融资策划基础、企业融资策划运作、融资策划的方法与创新，股票融资、上市融资、租赁融资、债券融资、风险融资、资本运营、银行融资、项目融资策划法，以及融资策划实务和融资策划书的创作示范等内容。书中收集了大量的融资策划案例，以及作者策划生涯中融资策划的经验总结，全书通俗易懂、实用性强。

本书可作为高等院校策划类、经济类、营销类、管理类、财经类等学科的教材，也可作为策划界人士和策划爱好者的必备书籍，同时可作为从事融资策划理论研究和相关投资及融资企业家的参考书。

图书在版编目(CIP)数据

新编融资策划/田长广编. —北京：北京大学出版社，2008.7
（21世纪高等院校策划专业核心教材系列·现代策划学丛书）
ISBN 978-7-301-13059-9

Ⅰ. 新…　Ⅱ. 田…　Ⅲ. 融资—策划　Ⅳ. F830.45

中国版本图书馆 CIP 数据核字(2007)第 192176 号

书　　名：新编融资策划
著作责任者：田长广　编
策 划 编 辑：胡伟晔
责 任 编 辑：胡伟晔　范　晓
标 准 书 号：ISBN 978-7-301-13059-9/F·1781
出　版　者：北京大学出版社
地　　址：北京市海淀区成府路 205 号　100871
网　　址：http://www.pup.cn
电　　话：邮购部 62752015　发行部 62750672　编辑部 62765126　出版部 62754962
电 子 邮 箱：xxjs@pup.pku.edu.cn
印　刷　者：世界知识印刷厂
发　行　者：北京大学出版社
经　销　者：新华书店
787 毫米×980 毫米　16 开本　19.5 印张　392 千字
2008 年 7 月第 1 版　2008 年 7 月第 1 次印刷
定　　价：48.00 元

序

由中国资深策划人、三江学院策划系副主任田长广高级策划师主编的《21世纪高等院校策划专业核心教材系列》在北京大学出版社正式出版。作为丛书的总顾问和策划界的同仁，我表示由衷的祝贺！这无论对于中国的策划界还是对于中国的高校教育都是一件大好事。

策划是人类的一种智慧劳动，是人有别于其他生物物种的核心标志。从这个意义上讲，策划活动伴随着人类发展的全过程，正是各种富有创造性的策划使人类逐步摆脱蛮荒走向文明。然而，作为一门学科，策划学的发展却非常年轻。由于策划活动充满着创造性，使得其内在规律的寻找显得非常困难，以至于有人认为策划无规律可循，策划无学。这种观点严重影响了中国策划事业的发展，没有科学指导的实践是盲目的、随意的、难以复制的。因此，中国的策划界非常需要理论的探讨和学科的建构。

此外，中国高等院校也在面临着全面的改革与转型，如何使学科设置更加符合现代社会的需求，使我们的教育能更好地为社会的发展服务，在就业严峻的形势下真正培育出对社会建设有用的人才是高校工作者必须面对的问题，也是迫在眉睫的问题。

田长广老师把策划理论作为一门综合性边缘学科来研究，在纷繁复杂的策划案例中提取理论体系，并将这种理论体系沉淀为可以复制的规律和方法，从而指导策划实践、提升策划水平。丛书的出版无疑是田长广老师多年来潜心研究和探索成果的集中体现。尤为难能可贵的是，田长广老师在三江学院院方的支持下，与一群志同道合者于2001年3月率先创立了三江学院策划系，将策划理论外化为高等教育的专业培养，为高校改革尤其像三江学院这样历史较短、机制较新的新型高校拓展办学思路闯出了一条路子。

我和田长广老师的交往已有很多年，记得我在南京大学商学院作报告时田长广老师便是这一活动的重要组织者和热心参与者。后来，在马鞍山市我借讲学的机会和田老师做过很深的交流，在上海中国策划师年会上又就中国策划理论的建构问题和中国策划人的素质问题进行了广泛的讨论。在我的印象中，田老师是一个极为执著的人，他对策划的痴迷的确令人感动。为了这份挚爱，多年来他笔耕不辍，查阅了大量的资料和文献，同时将掌握的理论和社会现实需求紧密结合。有志者事竟成，终于取得了今天这份沉甸甸的硕果。这一套丛书的出版在很多方面为中国的策划界提供了许多原创性的成果，这必将对于中国策划事业的发展产生重大的推动作用。因此，当田老师邀请我为丛书作序的时候我欣然答应下来。我愿意为田老师的执著叫好，为这套丛书作推荐。是为序。

余明阳

2007年3月26日

（余明阳：国际信息科学院院士、中国公共关系协会常务副会长、中国策划研究院终身院长、上海交通大学品牌研究中心主任、教授、博士、博士生导师）

前　言

策划作为人类的高级思维活动，是人类智慧的发挥和升华。在人类社会发展的历史长河中，策划铸造了无数非凡的业绩，成就了人类社会的无数卓越和辉煌。

泱泱大国，巍巍中华，在中华民族数千年的文明发展史中出现了许多灿若繁星的策划人和策划家，诸如姜尚、曹刿、伍子胥、孙武、范蠡、孙膑、蒙恬、项羽、张良、韩信、司马懿、曹操、诸葛亮……

"策划"一词最早出现在我国古代南朝宋范晔的《后汉书·隗嚣传》中的"是以功名终申，策画复得"的要句。其中的"策画"与今天的"策划"相通，"画"亦作今天的"划"（《辞海》1980 年缩印版 1 885 页）。公元前 317 年，我国的策划名著《鬼谷子》一书中，开篇第一章里鬼谷子就开宗明义地发布了创建策划大业的宣言，申明鬼谷子的神圣使命是"筹策万类之始终"，"筹策"，即筹谋、策划。

今天的策划在政治、军事、经济、外交、教育等诸多领域发挥着极其重要的作用，已为全世界所公认。当今世界离不开策划，国家离不开策划，各行各业各个领域都离不开策划。策划已融入了我们的生活，这是不争的事实。策划改变着我们的命运，策划使我们不断走向更加辉煌的明天。

策划的巨大力量和价值正逐渐为全世界所重视，为世人所瞩目。人们正从新的角度和新的层次来认识和实践策划，使这一古老而又充满着无限生机的行业得到了惊人的发展。策划业迅速在全世界崛起。

据不完全统计，目前美国从事策划咨询业的各类公司和机构已超过了 5 000 家，从业人员已超过 20 万人，年营业额在 50 亿美元左右。日本紧随其后，策划机构已超过 6 500 家，遍及日本各地。在我国，目前的策划机构也已达到 15 000 家，从业人员已超过 300 万人，并且随着市场经济的发展，呈现出了强劲的增长势头。

策划业在全世界的迅速崛起，证明了策划的巨大功效和无限光明的前景，随着我国加入世界贸易组织，策划业迅速与国际接轨，可以预见在未来的社会发展中，策划业必将成为一种智慧产业，而且是社会亟需且又具有低投入、高效益的产业。随着市场经济的蓬勃发展，它将会更加迅速地在我国得到飞速发展。

创立中国的策划学理论体系，是一项前无古人的纷繁复杂的浩大工程，它需要各学科的通力合作，并通过长期不懈的深入研究和探讨，不断地丰富充实和提高。随着时代的发展，日新月异的科学技术给策划学的发展带来了前所未有的机遇。

今天我们将策划学作为一门新兴的边缘学科来研究，必须从基础理论研究入手，通过对策划渊源的发掘，对策划史的纵向分析和对社会各阶层的横向分析，站在宏观的角度，对策划的起源、原理、结构、方法、原则、规律、特征等基本问题进行深入的探讨，并首次将策划学与心理学、社会学、战略学、思维学、预测学、哲学、管理科学、创造学、运筹学、智谋学等学科进行整合，加以综合性分析、整理、提炼、挖掘，并形成一门跨学科的、涉及面广的、大纵深的综合性学科——策划学系统的学科体系和理论体系。

作为一门科学、一种知识，策划离我们并不那么神秘而遥远。策划其实是一种程序，一种设想，一种思维过程，一种围绕某个目标进行创新、创造并谋求获得巨大成功的全过程。有人说，策划就是根据预先的设想进行谋划，针对未来的事情做当前的决策，对未来进行憧憬、描绘蓝图并制订实施方案的过程，也是将各种相关因素进行整合，为谋划达到目标的全过程。

当今时代在变化、社会在变化、世界在变化、中国也在变化，变化的过程就是创造、创新、求新的过程。新从何来？我们说新从策划来。市场经济时代正是策划人才大显身手的时代，也是策划人创造前无古人的伟大业绩的时代。

本套丛书的作者，从中国企业的实际和创建中国特色的策划科学的实际需要出发，根据我国策划理论研究工作者和高等院校开设策划类专业课程的教学需求，结合高校教学的特点，从不同的方面为切入点进行选题立项，收集并查阅了大量的文献资料，历经数十年的研究、整理、创作、归纳、提炼，形成了较为系统的策划学系统理论。

近年来，策划学的快速发展导致了各类丰富多彩的策划类书籍的繁盛。目前各类策划学书籍内容见仁见智，各有特色，有的重理论，有的重实践，有的重案例，有的将智谋学与新兴的策划学等同，至今还没有一套适用于策划学专业的教科书。为此，我们根据多年的策划实践、教学实践和策划理论研究过程的积累，同时集各家之长，并按教科书的要求编写了这套《21 世纪高等院校策划类专业核心教材系列》，以应策划学专业教学之急需。

本套教材较之于当今琳琅满目的策划咨询类著作和教材，最为鲜明的特征和价值是它的理论性、实践性、可操作性。它层次清晰、言简意赅、提纲挈领、较系统完整，因而它既可以作为企业高层管理者和策划家们开阔眼界、增长知识、提高自身素质和策划能力的案头必备书籍，也可作为全国高等院校策划类、管理类、经济类、广告类首选的专业教材，同时它还是企业高层管理者、策划者的实践范本。我们相信这套教材将使企业管理者、策划者、广告工作者，以及将这套丛书作为教材的高等院校及教育工作者进入一个全新的境界。目标远大、志向高远的经理人、策划人将在知识增长的过程中实现全新的飞跃，并带领企业员工创造新的辉煌。

现代策划学的发展是在不断继承前人兵法、智谋学遗产，结合了西方发达国家在这方面的研究成果的基础上发展起来的。在今天经济全球化的大环境、大背景下，策划科学的发展更是日新月异，我们热忱地欢迎广大读者，尤其是从事策划理论研究和在市场竞争第一线从事策划工作的专家、学者、同行以及将此书作为教材的广大师生提出批评和建议，让我们携起手来共同努力，一起来建设与发展具有中国特色的策划科学。另外，因本人能力所限，书中难免会出现错误、疏漏的地方，敬请指正。

田长广
2007 年春于三江学院

目　录

第一章　融资策划概论

今天中国的社会主义现代化建设势如万马奔腾，勇往直前，一日千里，全国各族人民正在发挥着自己的聪明才智在祖国大地上，描绘着一幅又一幅最新、最美的图画，为祖国的壮丽河山增辉添彩。一座座摩天大楼拔地而起，一条条高速公路不断建成，一座座跨江、跨海大桥不断涌现，一条条高速铁路的通车，一个个乡村变城市的神话不断变为现实……所有的项目从立项到实现都离不开资金，资金是保证一系列项目成功的基础，是从项目立项到建成的生命线。

大家都知道项目与资金的关系，一般是先有项目的创想策划，后才会有依靠项目寻找资金的行动。各种项目的资金来源是因项目的性质、类型不同而有所区别的，其融资方式也是千变万化的，所有的项目策划包含了项目从创想立项到实施的全过程，其中的融资策划是重中之重，没有资金，所有项目都会变成海市蜃楼，可望而不可即。融资策划其实就是一门专门研究如何将策划理论和方法导入融资策划创新实践的全过程，形成一门专门研究融资方法的理论与实践的新型学科。

第一节　融资策划的目的及意义

一、融资策划概述

策划一词在我国早已有之，公元前 317 年我国的谋略家鬼谷子，即提出了“筹策万类之始终”的策划观念[①]，筹即筹谋，策即策划也。随着人类社会的不断发展，今天人们已把策划运用于各行各业各个领域。

对于策划一词的解释有多种定义，我们认为策划的科学含义是指在人类社会活动中，人们为达到某种特定的目的，借助一定的科学方法和艺术，为决策、计划而构思、设计、制作策划方案的全过程。

融资策划是指运用创新思维，利用各种方法和手段，将各种有利于融通、融合的资金、资源加以汇聚、整合，形成一定的规模，为实现项目实施的预定目标而策划筹集资金的全过程。

---

① 注：李一宁. 鬼谷子. 第一章. 哈尔滨：黑龙江人民出版社.

在市场经济竞争十分激烈的情况下，欲想成就一番事业，或想策划成功一个项目，乃至于个人创业都离不开资金的支撑。没有资金，任何策划和构想都是画饼充饥，成为无源之水、无本之木。

当今的融资方法形式多样，有的是走正规渠道；有的是钻政策的空子；有的是凭借高超的公关艺术；有的行贿受贿走后门；有的利用国家在某个时期的政策；有的凭借个人的智慧；有的设下陷阱不择手段……总之，只有一个目的，就是尽快融汇到资金，为达到策划目标服务或为满足个人私欲。各种融资手段无其不用的过程实际上就是融资策划的过程。策划本身无可厚非，但其手段、目的则有本质的不同，为什么对象服务，为什么利益团体服务，是策划的根本问题。融资策划也具有这样的性质。

人们早就将策划谋略的方法及手段用于融资，只不过未能将其归纳上升到策划理论和策划实践的高度而已。当今融资策划的行为无处不在，融资活动十分频繁，融资手段在不断翻新，如果我们将全新的策划思想和方法导入融资的全过程，将会加快资金流动、加快优质资金资源的重新配置。加快金融市场全面地融入市场经济的大潮中，促进各种资本的重新组合，促进整个金融体制的改革，确保资金的升值。将会给我国的社会主义经济发展注入新的活力，从而促进国民经济快速健康地发展。

二、融资策划的目的

融资策划的目的就是用全新的理念、创新的手段、行之有效的科学方法，在政策许可的范围内融到实现策划目标所需的部分或全部资金。

促进流通是融资策划的目的之一。我们今天所处的社会由于市场经济的飞速发展、人们的收入不断提高、居民储蓄量每年大幅攀升、房地产业的不断升温、国内外资金的大量流动以及银行资金、保险业、金融行业及大量的民间资本都在寻找投资热点；融资行为的多样化、融资中介人的活跃、融资手段的不断创新，在很大程度上促进了资金市场的流通、变化、重组、整合。

优势互补是融资策划的又一目的。资金市场的多样性、投资渠道的多样化、投资品种不断增加；而人们为了获取较高收益，投资时比较注意将资金投向风险程度低、投资时间短、收益高的品种。根据投资者的投机心理和求稳畏惧风险的本质，策划人可根据各种不同的资金品种，用不同的方法进行全方位的策划，将资金资源进行整合，投向资金需求较高的大中型项目或政府的项目，为投资者的资金增值、保值，为资金需求者出良谋、献计策。

三、融资策划的意义

当今我们将全新的策划理论和方法导入融资策划活动的全过程，其影响深远，意义重大，主要意义表现在以下几点。

（1）融资策划将为我国的投、融资市场注入新的活力；

（2）策划人介入融资市场将使我国的资金流通市场更加活跃；

（3）融资活动和行为不断创新将会导致优质资金的重组；

（4）策划人的介入将缩短资金流动中的无效循环过程；

（5）将为建立社会主义的新型资金市场创造出一种新模式；

（6）活跃的融、投资市场将培养和造就出一批新型的融资策划人才。

四、庞大的资金需求是策划人生存的基础

在我国 20 世纪 80 年代末至 90 年代，策划人是以卖策划创意为主，我们称之为策划的卖纸时代；90 年代末 21 世纪初，由于策划思想得到了较大的丰富和发展，全民族的文化水平有了很大的提高，科技的飞速发展、信息膨胀，导致了策划人的独立生存越来越困难。今天形势发生了质的变化，策划人由个体向智囊团体发展的趋势已十分明显，目前所有的策划都是一个集体智慧的结晶，任何项目的策划都有融资策划的内容和方法。反之，若缺少融资策划的内容就不能称之为完整的策划。有时一个很好的项目、很好的创意，你若找到实施方或政府部门，他首先关心的是你的项目资金从何而来；若你不能融来资金，你的策划案就有可能被当面否决。所以说今天的策划人如果没有融资策划的能力，是不能称其为一个合格的策划人的。

今天的市场复杂多变，房地产项目的开发需要资金；旅游项目开发需要资金；政府交通项目需要资金；铁路、高速公路、物流中心、过江隧道、长江大桥、电厂、港口……项目都需要大量的资金。资金从何而来，我们说只有靠策划获得。众多投资项目构成了一个巨大的市场需求，为当今的融资策划人提供了厚实的生存基础和丰富多彩的活动空间。

第二节　融资策划的原则

一、可行性原则

融资策划必须具有可行性，一是项目的可行及便于操作性；二是便于按约定时间还

贷；三是投资人的资金在没有风险的情况下能够增值；四是便于资金的投资运作，并取得预期效果；五是符合国家法律、法规。具备上述五个方面的条件才能算是有效的策划。

二、合法性原则

国家在每个不同的时期，为了规范市场和人们的社会行为，制定了一系列法律法规。作为融资策划人，一定要增强法律意识，合理利用政策法规，在有序的市场竞争中，找到有利于融资的合法途径，为融资策划服务。在整个融资策划操作的过程中，必须谨慎行事，切不可越过国家政策的底线，否则，就会玩火自焚。

三、创新性原则

创新是所有策划行为的核心，融资策划能否成功，关键是项目创新的程度是否符合社会发展方向，同时再看你的策划方法有无创新点和新思路，能否打动投资主体，使之愿意投资、乐于参与。

四、互利性原则

融资者需要资金运作实施项目，进行更大的资金营运并获得更大的盈利，投资者希望在一定的时间内获取较高的回报，作为策划人一定要兼顾双方利益，做到资源整合、优势互补、互惠互利，形成双方共赢的局面。

五、增值性原则

保证投资者资金的增值是融资策划的一个重要原则，以较小的投入获取最大的经济效益是投资者的根本思想和追求，若融资策划人不能保证投资人的资金安全、保值、增值，则是不负责任的行为，一个合格的策划人必须保证资金的安全和增值。

六、经济性原则

经济性原则是指要尽可能以最低的资金成本为代价，取得企业发展所需的资金。资金成本的高低是决定企业融资效益的决定性因素，并对企业综合效益有重要影响，对评价选择企业的融资渠道、融资方案、融资结构等关键问题具有重要意义。

为了谋求企业资金筹措的经济性，企业在进行融资决策时，要对各种资金来源的资金成本进行仔细的核算、评价比较，对各种融资结构的加权平均资金成本进行仔细的计算，并加以合理的选择，以降低资金成本，提高融资效益。坚持经济性的原则在具体筹措资金时，要使财务资金及其动用在期限上保持一致。原则上长期投资所需的资金，应由长期资金来源提供，而对于赊销货款和库存物资等的变化，应力求用短期资金来解决，这也称为财务经济对应原则，以确保实现财务结构上的流动性目的。坚持经济性原则，应力求压缩财务费用，尽量选用低成本资金。

七、适用性原则

适用性原则是指资金的筹集要符合资金的使用目的，做到以“用”定“筹”，以“投”定“筹”。也就是说，在进行资金筹措策划时，要根据资金的用途来决定各种不同资金的数量。这一原则具体包括三个要求：一是融资的期限要与资金的使用期限基本一致，短期投资可以采用短期融资方式，而长期投资则宜采用长期融资方式解决；二是融资风险要与投资的风险相协调，投资风险大时融资风险宜小，而投资风险小时融资的风险可适当大些；三是融资的数量应以满足企业资金的需要量为基本原则，这样融资既可以保证企业资金的合理流动，又能适当降低企业的资金成本。

八、安全性原则

安全性原则是指资金的筹措要尽力使企业的资金来源结构保持健康合理。这一原则也有三个要求：一是负债率和还债率要控制在偿还能力的范围之内，做到量力而行，企业负债率和还债率过高，会造成信用危机，支付利息过多，偿债困难，以致亏损和破产；二是资金筹措要保持企业的资金具有一定的流动性和机动性，适当保留一些在紧急情况下或未来需要时能及时以借款或其他方式筹集到资金的能力，同时努力实现资金来源的多样化和稳定化，保证资金来源的安全可靠；三是要尽力保持对企业的控制权、资产所有权。控制权的部分甚至全部丧失，常常会影响企业生产经营活动的独立性，影响企业的战略实施，导致企业利润外流，对企业近期和长期效益都有重要的影响，所以在评价企业融资方案时，必须把企业控制权的丧失程度作为一个重要的因素来考虑。

九、收益性原则

收益性原则是指企业或接受资金的一方筹集资金应有利于增加企业自有资金或所有者资金的收益，合理利用财务杠杆作用。例如当企业全部资金利润率高于贷款利率时，企业就可以较多地利用举债融资的方式筹集资金，从而增加所有者资金的收益率。而当企业盈利水平较低，利润率等于或低于贷款利率时，利用借款已不能给企业带来额外的收益，甚至还会减少企业收益，这时就应当减少债务资金，以免使所有者资金的收益率降低。

十、可得性原则

可得性原则是指企业需要资金时，能比较可靠地、顺利地、及时地融汇到符合企业要求的资金。资金的可得性是由不同资金来源渠道与方式的特点和企业规模、企业组织形态、企业经营水平、企业经营状况、企业盈利水平、担保能力、资金结构等因素共同决定的。一般来说，社会资金充裕，资金市场发达，在这种环境下企业资金的可得性就强，反之，企业资金的可得性就弱。大企业由于盈利水平较高，担保能力较强，信誉好，因此大企业资金的可得性较强，而中小企业、民营企业则往往相对较弱。另外，不同资金来源的可得性也不一样，如证券融资一般限制较严，手续繁杂，可得性差一些，而银行贷款等则相对容易一些。因此企业进行融资决策时，除了考虑资金来源的经济性、适用性等原则以外，还必须根据自身情况分析考虑不同资金来源的可得性，包括资金融汇所需要的时间、办理各种手续及与各方面协商的难易程度、在资金数量方面是否有保证等。因为再好的资金，如果不能在需要的时候得到，对企业也是无用的，所以融资决策必须通过各方面的比较，选择可以在需要时能及时得到的资金来源，使资金在数量上和时间上得到保证。

十一、有利于提高竞争力的原则

融资提高竞争能力的原则是指企业在进行融资策划时，要对选择的融资渠道、融资地点、融资方式等方面进行评价，看其是否有利于提高企业的竞争力。许多事例说明融资本身也能提高企业的竞争能力。如果一个企业准备进行国际化经营，在此之前如果首先在国际资本市场上进行融资活动，必将提高其在国际上的知名度，促进其在国际商品市场上的竞争力，因此是否有利于提高企业的竞争力也是企业进行融资策划时必须加以考虑的因素。

应该指出上述各项原则是相互联系和相互制约的，在进行融资策划时要进行综合考虑。例如经济性原则与安全性原则就是两项相反的要求，为降低资金成本，若考虑到税收的负担，一般情况下借款方式是比较有利的，因为借款利息属于费用，无须纳税。可是借款过多会使企业的资金结构软弱，难以抵抗经济风险。因此企业最重要的是保持适当的资金来源结构，以满足发展中资金需求的综合要求。

企业融资策划的目标是企业在一定时期内资金筹措要达到的总要求，它指明了企业资金筹措奋斗的目标和努力的方向，明确今后一定时期资金筹措的总任务。企业融资策划的原则是企业进行资金筹措应遵循的基本思路和准则，它反映资金筹措客观规律对融资策划的必然要求。因此企业融资策划的原则是企业融资策划的基础，它和其他融资策划的目标一起成为制订融资策划方案的前提。

第三节 企业融资策划概述

一、融资策划是企业生存与发展的基础

企业在创立之初就必须有一定的资金。在拥有足够资金的基础上，企业才能实现各种生产要素的有机结合，进而开展生产经营活动并向社会提供商品和劳务，以尽可能多地获得经济效益。不仅如此，企业在创立之后的长期经营过程中，也只有以尽可能低的资金成本取得源源不断的资金供应，才能迅速发展并显示出勃勃生机。通常情况下企业的内部资金流量只能满足总资金需要量的 40%～60%，还有 60%～40%的资金需要通过外部资金市场筹措。没有足够的资金支持，企业的目标就难以实现，甚至其原有的销售水平也难以维持或逐步缩小，进而导致企业内部资金流量下降，使企业内部资金不足的问题更加严重，形成恶性循环。这说明企业经营能否成功，能否长期存在下去，除了必须在产品市场上取得成功外，还必须在资金市场上取得成功。而且从某种意义上来说，首先应该在资金市场上取得成功——即筹措到企业经营与发展所必需的资金。如果企业没有资金或没有资金筹措的方法、策划、能力、渠道，就不能有效地参与市场的竞争，使企业难以长期地生存下去。

二、正确的融资策划与运作可以降低企业资金成本、财务风险，满足资金需要

在现代市场经济中，企业面对的是浩瀚的资金资源，融资渠道和方式多种多样。而从不同渠道、以不同方式筹措资金的成本、风险、方便性和可用性等是不一样的，这就增加了企业资金筹措活动的复杂性和决策的难度。另外，资金供应总量的短缺性和企业内外环境的复杂多变，也使企业资金筹措活动充满高度的竞争性和变化性。面对上述情况，要做好企业资金筹措工作，就必须重视外部环境影响，强调内、外协调和关心企业的发展战略，在此基础上做好企业的融资策划。

企业融资策划就是根据企业内外环境的状况和趋势，对企业资金筹措的目标、结构、渠道和方式等进行长期和系统的谋划，旨在为企业战略实施和提高企业的长期竞争力提供可靠的资金保证，并不断提高企业的融资效率。企业融资策划不仅是使目前的融资成本较低而且要保证企业长期资金来源的可靠性和灵活性，并以此为基础不断降低企业的长期资金成本。

第四节 企业融资策划的目的

企业融资策划与运作的目标主要是规定企业资金筹措的基本特征和基本方向，指明资金筹措活动预期的工作成果，是各项融资工作的行动指南和努力方向。根据企业战略的特点和企业融资策划与运作在企业战略中所起的作用，我们认为企业融资策划与运作的目标体系一般应包含以下几个方面。

一、企业融资的目的

满足企业资金需要目标是指为企业筹集到足够数量的资金，保证企业实施企业战略所需要的资金，这是企业融资战略对融资数量上的要求。这一目标包括以下三方面的具体要求：

1．满足维持正常生产经营活动的资金需要

按照经济学理论，资本每循环一次都带来一定数量的利润，都能够补偿生产经营中的耗费，进行再生产。但在实际经营中，每一次资本循环收回的资金与下一次循环所需要的资金在形态上不完全一致，如销售产品收回的一部分是现金，另一部分是应收票据或应收账款，而从事下一期生产经营往往需要的都是现金。此外，资本的实际收回与资本的使用在时间上也不一定完全衔接，这就需要企业为维持正常的生产经营不断地进行融资。

2．保证企业发展的资金需要

市场竞争中，企业只有不断地进行自我强化、自我更新、自我发展才能立于不败之地，而企业的强化、革新和发展都需要增加资金，这一切也要求企业要进行融资。

3．满足临时资金短缺的需要

企业的经营是与宏观经济环境分不开的，有时由于客观环境的变化，如市场不景气，企业的销售受到影响，造成企业临时的资本周转不灵或经营中某些不利因素的影响，形成资金的临时短缺等，这些都要求企业不断地从各种渠道取得资金，补充需要。

二、企业融资的渠道

企业融资策划不仅要满足已确定的资金需要，而且要保持随时再筹集足够数量资金的能力。由于企业环境的复杂多变，企业在其经营过程中往往会碰到许多意想不到的情况，为及时捕捉到稍纵即逝的环境机会和避开突发而至的环境威胁，保证稳定的资金来源和融资灵活性是必不可少的，所以企业融资战略的一个重要特点就是不贪求一时一地的低成本和低风险的资金来源，也不局限于单纯满足企业当时的资金需要，而是从长计议以战略观点来设计、保持和拓展融资渠道这一目标，这实质上是企业融资战略对从何处取得所需资金的总体要求。这一目标具体体现在两个方面：

1．实现资金来源多样化

拓宽资金来源的选择范围，可以减少对单一或少数几个融资渠道的依赖，这样不仅可以增加企业融资的灵活性而且还可以增加其金融和经济信息来源，提高企业或产品在某一地区或市场上的影响，有利于企业的发展。

2．保持现有资金来源

保持现有资金来源渠道是实现融资稳定性的重要内容。因此有时企业融资并不完全是出于经营中的资金需要，而是为了保持现有融资渠道和资金来源。如有一些企业在银行拥有信贷限额，企业有权在信贷限额内随时取得贷款，但对于未利用的信贷限额，通常需要支付给银行一笔承诺费。大部分银行为了避免不必要的资金闲置都定期检查每笔信贷限额，看其是否和企业的借款水平相一致，一旦银行确定某企业的借款水平经常低于其被允许的信贷限额，便会核减该企业的信贷限额。因此许多企业在不需要资金的情况下，仍向银行贷款，以保证他们在信贷紧缩的情况下能够及时获得所需资金，但是企业为此常常要增加资金储备的利息开支。

三、企业融资的目标

1．低成本目标

企业融资一般都是要付出代价的，如融资过程中的组织管理费用和融资后的利息或股利、租金等支出，这种代价通常被称为资金成本。资金成本的高低直接增加或降低企业生产经营成本，进而波及企业的竞争地位，并对企业战略和投资战略的实施效果产生很大的影响。因此企业融资不仅仅是单纯从数量上满足企业需要，而是应该能够以较低的资金成本筹集到足够的资金。企业的资金成本必须是可以承受的，在可能的情况下企业应该总是选择最低的资金成本，这是企业融资策划对所融资金质量上的一条重要要求，在融资策划中必不可少。企业应依据投资利润率和各种资金的成本等情况确定企业可以接受的资金成本水平，作为企业融资的努力方向。

2．降低融资风险目标

各种不同来源的资金除了资金成本不同之外，其风险也不同，所以企业在进行融资策划时，不仅要考虑低资金成本这一目标，而且还要考虑如何降低融资风险，把融资风险控制在可接受的范围之内，这也是资金质量目标的一个重要方面。由于风险与成本密切相关，低资金成本来源对企业而言常常意味着较高的风险，而高成本资金来源的风险则较低，因此这两个目标要同时考虑并在成本和风险之间进行权衡。如果只考虑资金成本而不考虑其风险常会导致融资策划的失败，并给企业带来较大的灾难。如英国曾有一家成功的连锁饭店，决定扩展经营规模，因此需要进行融资。该公司的财务经理建议借入瑞士法郎，因其利率低于其他货币的利率。但很不幸的是当还款时，由于汇率的不利变动使该公司必须筹措远比原来预计多得多的英镑以偿还这笔瑞士法郎，这种状况最终导致该公司破产。由此可见，融资时单纯考虑资金来源的成本低，而未考虑其可能的外汇风险，最终对该公司产生了灾难性的后果，所以降低融资风险应是融资战略的一个重要目标。

3．提高融资竞争力目标

资金是一种稀缺资源，它总是流向在资金市场上竞争力强的需求者和能取得高回报的地方。因此从长期而言，提高融资竞争力是企业不断获得稳定、可靠、低成本、低风险资金的可靠保证。融资策划应包括这一方面的目标，具体有：

（1）融资市场地位目标。

融资市场地位是指在资金市场上相对于融资竞争者的竞争位置。融资策划目标之一就是要指出努力获得相对于融资竞争者来说，对本企业十分有利的竞争位置。

（2）融资市场信誉目标。

融资市场信誉是指资金提供者对企业的信任和满意程度。融资市场信誉是企业获取资金的重要竞争手段，任何企业都应不遗余力地维护它的融资信誉，努力获得较高的信用等级。

（3）融资技术创新。

融资技术创新是对传统融资方式、手段、技术等作出的改变。这是提高融资能力的又一重要方面。融资策划应指出在哪些方面进行创新。

（4）高效率融资目标。

高效率融资是指融资过程的组织策划的高效率。

资金筹措战略的多元化目标是一个复杂的富有弹性的体系，它的基本构成和内部构成并不是固定不变的。在一般情况下，企业融资策划的首要目标应是满足企业资金需要，保证资金供应，在此基础上再考虑降低融资风险，降低融资成本，拓展融资渠道等。但如果一个企业的资金来源非常丰富，保证资金的供应不成问题，那么这时降低企业的融资风险或降低融资成本可能就是它的首要目标。而且企业多元化的融资目标之间并非总能保持一致，有时是相互抵触的，依据某一目标制订的融资方案可能会阻碍其他目标的实现，如降低融资成本方案可能给企业带来较大的融资风险。因此确定企业的融资策划目标应依据企业的具体情况而定，企业需要在融资环境分析的基础上，依据企业战略要求，对多元化的融资目标进行权衡与选择，最终确定一个最佳目标体系。

思 考 题

1. 简述融资策划的定义。
2. 简述融资策划的目的。
3. 简述融资策划的意义。
4. 融资策划有哪些原则？
5. 企业融资策划的目的是什么？

第二章　融资策划基础

所有的融资活动来源于对资金的需求，资金的作用主要在于投资，投资又包括了流动资产投资、固定资产投资、资本市场的间接投资，投资的主要目的在于投资的收益，当投资收益目标、投资方向确定后，就要确定融资的方式和渠道，也就是要寻找资金的来源，资金市场是面向所有融资者开放的市场，确定项目、寻找市场，了解市场，确定融资方案和资金运作的方法，是融资策划的基础之一。

第一节　资金市场

资金市场，又称金融市场，是金融资产易手的场所。从广义上讲，一切金融机构以存款货币等金融资产进行的交易均属于资金市场范畴。资金市场有广义和狭义之分。广义的资金市场泛指一切金融性交易，包括金融机构与客户之间、金融机构与金融机构之间、客户与客户之间所有的以资本为交易对象的金融活动；狭义的资金市场则限定在以票据和有价证券为交易对象的金融活动。一般意义上的资金市场是指狭义的资金市场。

我们可以这样形容资金市场与融资策划的关系，整个庞大的资金市场就像是长江，而融资策划就像人们需要用水时从长江中取水一样。到底取多少水，从什么地方取，用什么方法取，取来作何用，取来怎么用，这就是策划人的工作。

一、资金市场的分类

资金市场是由许多功能不同的具体市场构成的，以下按不同的标准进行分类：

1．有形市场和无形市场

从市场活动的特点看，有有形市场和无形市场之分。有形市场是指有固定交易场所和固定组织机构的市场；无形市场则是没有固定交易场所和固定组织机构的市场。

2．短期资本市场和长期资本市场

以期限为标准，资金市场分为短期资本市场和长期资本市场。短期资本市场又称货币市场，是指融资期限在一年以内的资本市场，包括同业拆借市场、票据市场、大额定期存单市场和短期债券市场；长期资本市场又称为资本市场，是指融资期限在一年以上的资本市场，包括股票市场和债券市场。

3．发行市场和流通市场

以功能为标准，资金市场分为发行市场和流通市场。发行市场称为一级市场，它主要处理信用工具的发行与最初购买者之间的交易；流通市场又称为二级市场，它主要处理现有信用工具所有权转移和变现的交易。

4．资本市场、外汇市场和黄金市场

以融资对象为标准，资金市场分为资本市场、外汇市场和黄金市场。资本市场以货币和资本为交易对象；外汇市场以各种外汇信用工具为交易对象；黄金市场则是集中进行黄金买卖和金币兑换的交易市场。

5．地方性、全国性、国际性资金市场

以地理范围为标准，资金市场可以分为地方性资金市场、全国性资金市场和国际性资金市场。

在财务管理中，资金筹集和资金投放的绝大部分与资本市场有关。因此，后面将侧重考察短期资本市场和长期资本市场。

我们可以这样来认识资金市场的作用。金融资产是对于某种未来收入的一种债权，金融负债则是与其对称的。金融资产有两种主要功能：第一，它提供一种手段，通过它，资金剩余者可以把它转移给能对这些资金做有利投资的人；第二，它提供一种手段，把风险从进行投资的人那边转移到给这些投资提供资金的人。这两种功能可用图 2-1 表示。

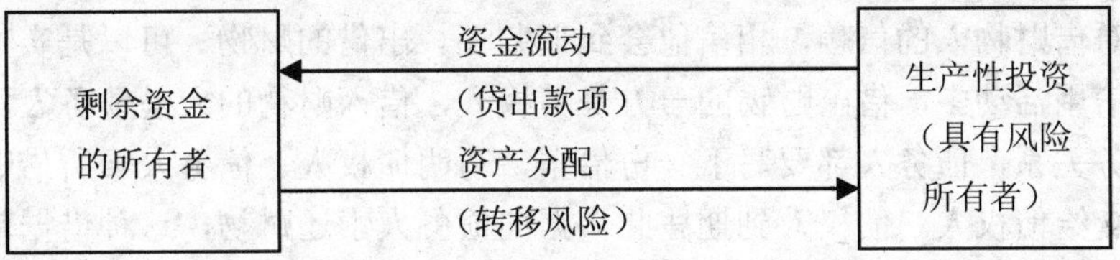

图 2-1　金融资产的主要功能

在图 2-1 中，上面的箭头表示第一种功能，下面的箭头表示第二种功能。资金的供给者和使用者之间可以不经过有组织的资金市场来实现这种交易。如在信用活动中，借款人得到货币使用权，把借据开给货币出借者，债权人持有借据即债权证明，在归还期到来之前，则失去了货币使用权。但这种交易存在着两方面的不足：第一，债权人难以因临时需要而收回货币使用权；第二，货币供给者和货币需求者是脱节的，使金融资产交易费用增加。而资金市场的出现，则较好地克服了以上两个缺点。

资金市场具有这样两种有用的功能：第一，它为金融资产的持有者提供变现机会，变现能力的大小是金融资产最重要的特征；第二，它能减少金融资产的交易费用，还能减少收集各种金融资产未来所得的情报费用，以及投资者活动的情报费用，等等。资金市场的这两种功能，可用图 2-2 简示。

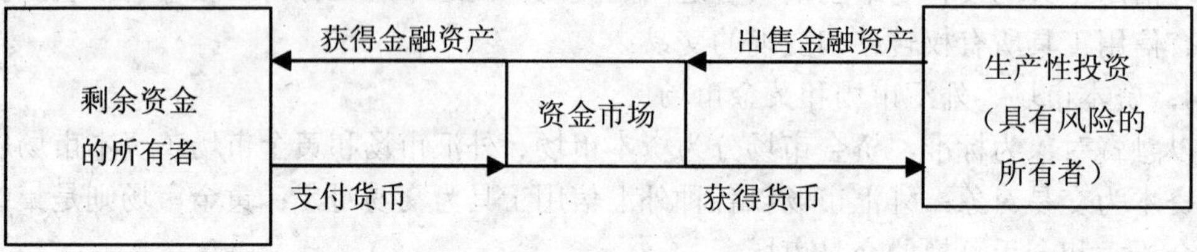

图 2-2　资金市场功能图

显然，由于资金市场增加了金融资产的变现能力和费用，因此，它对金融资产的买卖双方都是极为有用的。它是商品经济高度发达的必然产物。

二、金融资产

金融资产，又称金融工具，是指可以用来融通资金的工具，一般包括货币和信用工具。我们在这里主要介绍作为信用工具的金融资产。

所谓信用，就是以他人的返还为目的，给予他人一段时间的财物支配权。通俗地讲，就是把财物借给别人使用一段时间，到期归还。它包括两个基本要素：一是出借财物的时间；二是对借财物人的信赖，相信他会到期归还。出借的财物，可以是实物，也可以是货币。在信用活动中，借出财物的一方是债权人，借入财物的人是债务人，为了证明这种债权债务关系，债务人都要写下一份借据，写明债权人、债务人、所借财物的数量和期限等，交给债权人。债权人到期凭此借据向债务人索还财物，这种借据就称为信用工具。随着商品经济的发展，特别是资金市场的建立，根据发生信用关系双方的情况和信用活动的不同特点，借据形式、名称日益多样化。如我们常见的债券、股票、支票、商业票据、银行发行的银行券、存款证明等，虽然名称不一样，但实质上都是借据。由于这些借据也是一定财物所含价值的证明，所以一般统称为有价证券。

有价证券，或称金融资产，首先按信用时间的长短可分为短期有价证券和长期有价证券，在此之下还可细分为各种具体的有价证券。有价证券的种类和分类可用图 2-3 简示。

有价证券还可以细分为若干小类，如公司债券可分为信用债券、抵押债券、调换债券、收益债券、认股债券等。再如普通股票可分为具有完全投票权普通股票、限制性投票权普通股票、无投票权普通股票；优先股票可分为累积与非累积优先股票、可调换优先股票、参与分红优先股票等。基金又可进一步细分为超短债基金、短债基金、保本基金、指数基金等，它们能够通过适当的搭配和选择满足不同风险偏好的短期或长期的投资需求。

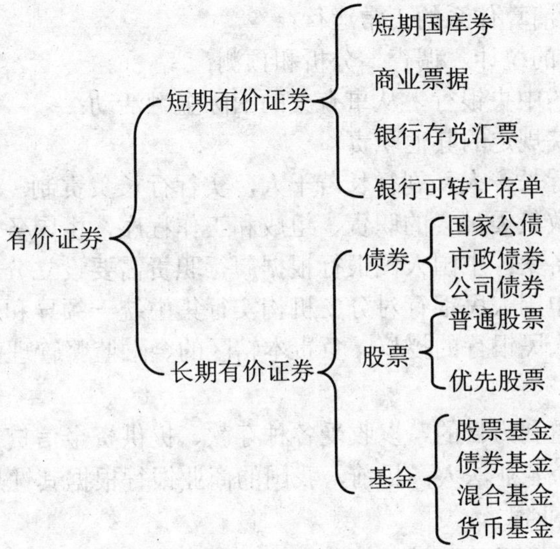

图 2-3　证券的种类和分类图

三、金融机构

当前我国金融业的构成，随着市场经济的发展正日益复杂，这不仅表现在所有制的多元化和金融机构的多样化上，而且表现在职能的多样性上。从事理财工作，了解金融机构和职能很有必要，在这里我们对我国的主要金融机构作一简单介绍。

1．中央银行

中国人民银行是国家的中央银行。它在国务院领导之下，制定和实施货币政策，对金融业实施监督管理。它既具有发行的银行、银行的银行、政府的银行等传统的三大职能，又具有服务、监管、调控的三大现代职能。货币政策目标是保持货币币值的稳定，并以此促进经济增长。中国人民银行有下列职责：

（1）制定和执行中央货币政策；

（2）发行人民币，管理人民币流通；

（3）按照规定审批、监督管理全国的金融机构；

（4）按照规定监督管理金融市场；

（5）发布有关金融监督管理和业务的命令和规章；

（6）持有、管理和经营国家外汇储备、黄金储备；

（7）管理国库；

（8）维持支付、清算体系的正常运行；

（9）负责金融业的统计、调查、分析和预测；

（10）作为国家的中央银行，从事有关的国际金融活动；

（11）执行国务院规定的其他职责。

中国人民银行设行长一人，副行长若干人，实行行长负责制。中国人民银行设立货币政策委员会。货币政策委员会的职责、组成和工作程序，由国务院规定，报全国人民代表大会常务委员会备案；中国人民银行根据履行职责需要设立分支机构，作为中国人民银行的派出机构。中国人民银行对分支机构实行集中统一领导和管理。中国人民银行的分支机构根据中国人民银行的授权，负责本辖区的金融监督管理，承办有关业务。

2．商业银行

商业银行是指以盈利为目的，以收受各种存款、提供资金信贷、办理结算等为主要业务的银行。它是一个企业法人。目前，我国的商业银行根据其性质可分为五类：

（1）国有独资商业银行。

它是指由原已存在并经依法转轨改制而来的国家专业银行，即中国工商银行（1984年1月1日成立）、中国农业银行（1979年恢复）、中国银行（1979起从中国人民银行独立出来）、中国建设银行（即1954年成立的中国人民建设银行，1996年3月26日变更为现名）。2006年以来改革的步伐加快原国有四大行已开始向完全的商业银行转型，现已进入过渡期。

（2）股份制商业银行。

这是指从成立时就是股份制综合性的商业银行，目前，主要有交通银行（1986年7月恢复）、招商银行（1986年8月成立）、中信实业银行（1997年1月成立）、深圳发展银行（1987年9月成立）、福建兴业银行（1988年5月成立）、广东发展银行（1988年9月成立）、中国光大银行（1992年2月成立）、华夏银行（1992年11月成立）、上海浦东发展银行（1992年成立）、中国民生银行（1996年1月成立）等。

（3）城市商业银行，初期称城市合作银行。

1997年7月中国人民银行发文规定改称城市商业银行。1995年9月7日，国务院发出《关于组建城市合作银行的通知》，规定从1995年下半年起在大中城市分期分批组建城市合作银行。城市商业银行是在城市信用合作社的基础上，由城市企业、居民和地方财政投资入股组成的股份制商业银行，主要为地方经济，特别是中小企业的发展提供金融服务。目前，北京、上海、天津、深圳、石家庄、南京、武汉、青岛、西安等城市均已成立了城市商业银行。

（4）外资银行、中外合资银行和外国独资银行。

（5）准商业银行，即指农村信用合作社。

3．政策性银行

政策性银行，一般是指由政府设立，以贯彻国家产业政策、区域发展政策为目的，不以盈利为目标的特殊金融机构。它既具有与商业银行相同的吸存放贷的职能，又具有倡导性、选择性、弥补性和服务性等特殊职能，特殊职能的综合作用使政策银行能积极、主动地贯彻实施政府的宏观经济政策。1994 年，我国成立了三家政策性银行，即国家开发银行、中国进出口银行和中国农业发展银行。国务院通过下发组建通知的形式对三家政策性银行的性质、任务、资金来源、资金运用、经营管理进行了规范。

（1）国家开发银行的业务范围。

国家开发银行是负责筹措和引导社会资金，对国家基础设施、基础产业和支柱产业的大中型建设和技术改造项目办理政策性金融业务的银行，它的业务主要包括资金来源业务、资金运用业务、外汇业务和其他业务。

（2）中国农业发展银行的业务范围。

中国农业发展银行是负责筹集农业政策性信贷资金、办理国家规定的农业政策性金融业务、代理财政性与支农资金拨付的政策性银行。它的业务包括资金来源和资金运用两类。

（3）中国进出口银行的业务范围。

中国进出口银行是执行国家产业政策和外贸政策，为机电产品成套设备等资本性货物进出口办理政策性金融业务的银行。它的业务包括资金来源、资金运用和其他业务。

4．非银行金融机构

非银行金融机构，是指银行以外的从事货币信用业务和金融服务业务的金融机构。随着金融工具不断创新的趋势，新的金融组织大量涌现，按照非银行金融机构的业务性质来划分，非银行金融机构可分保险公司、合作性金融机构、信托投资机构、证券经营机构、财务公司、金融租赁公司和邮政储蓄机构。非银行金融机构的基本职能是开拓直接融资业务，提供多种金融服务，补充银行服务之不足，促进社区经济发展，下面简介各种主要的非银行金融机构。

（1）保险公司。

保险业所采取的组织形式，大体而言，可以分为个人保险组织、合作保险组织和公司保险组织三种形式。个人保险组织是指由个人经营保险业务，个人承担保险风险的保险组织。合作保险组织分为相互保险社和相互保险公司两种形式。相互保险社实际上是一种保险互助合作社。相互保险公司是所有参加保险的人自己设立的非营利性的保险法人组织。

保险业最常见、最基本和最重要的组织是采用公司形式。依照我国保险法的规定，保险公司是指经过金融监督管理部门核准经营保险业而设立的，专营保险业务的股份有限公司和国有独资公司。公司形式是我国保险法确认的唯一的保险业组织形式。但是考虑到我国保险业今后发展的需要和我国已建立农村互助保险合作社的事实，为了给今后我国保险业的发展留下空间，我国保险法同时亦规定：“保险法规定的保险公司以外的其他性质的保险组织，由法律、行政法规另行规定。”这说明，在我国今后的保险业的发展中，除了公司这种保险业组织形式之外，其他保险业组织形式也同样有被采用的可能。

对企业而言，参与保险主要是为了控制风险，弥补可能发生的意外损失。但是企业也可以利用保险所派生的投资功能，在控制风险的同时获取投资收益。

（2）信托公司。

信托机构的组织形式一般有两种：一是专业的信托公司；二是银行附属的信托部。中国信托机构采取公司的组织形式。所谓信托是委托人基于对受托人的信任，将其财产转移给受托人，受托人按照委托人的意愿并以自己的名义，为了受益人的利益或特定目的，管理、处分信托财产的行为。

目前我国信托投资公司的业务主要有以下四类：一是信托投资业务。这类业务按资金来源可分为信托投资和委托投资。信托投资是指信托投资公司运用自有资金和组织的信托存款，以及发行公司股票、债券筹集的资金，直接向企业或项目进行投资。委托投资则是信托投资公司接受委托单位的资金，对投资项目的资金使用负责监督管理，以及办理投资项目的收益处理等。二是代理业务。代理保管，代理收托，代理有价证券的发行和买卖，信用担保等。三是租赁业务。主要是融资性租赁。四是咨询业务，资信咨询、项目可行性咨询、投资咨询和金融咨询等。

（3）信用合作社。

在我国信用合作社分为城市信用合作社和农村信用合作社两大类，其简介如下：

城市信用合作社（简称城市信用社）是城市合作金融组织，是由个体工商户和城市集体企业入股组建，入股者民主管理，主要为入股人提供金融服务，具有法人地位的金融机构。它是群众性合作制金融组织，它的本质特征是社员入股组成，实行民主管理，主要为社员提供信用服务，是对国家银行体系的必要补充和完善。

农村信用合作社（简称农村信用社）是由农民和集体经济组织自愿入股组成，由入股人民主管理，主要为入股人服务的具有法人资格的金融机构。农村信用合作社实行自主经营、独立核算、自负盈亏。

（4）财务公司。

我国的财务公司是由企业集团内部各成员单位入股，向社会募集中长期资金，为企业技术进步服务的非银行金融机构。它是实行自主经营、自负盈亏、自求平衡、自控风险、独立核算、照章纳税的企业法人。财务公司在业务上受中国人民银行的领导、管理、监督和稽核，在行政上则隶属于各企业集团。

企业集团财务公司不是商业银行，它的业务空间限制在本集团内，不得在企业集团之外吸收存款，也不得对非集团单位和个人发放贷款。企业集团财务公司的业务范围是：吸收集团成员的本外币存款，经批准发行财务公司的债券；对集团成员单位发放本外币贷款，对集团成员单位产品的购买者提供买方信贷，对集团成员单位办理委托贷款业务，办理同业拆借业务，对成员单位办理票据承兑、票据贴现；买卖和代理成员单位买卖债券、外汇，办理成员单位产品的融资租赁业务，办理成员单位的委托投资业务，办理成员单位间的内部转账结算，承销及代理发行成员单位企业债券，为成员单位办理担保、信用鉴证、资信调查、经济咨询业务等。

财务公司不得在境内买卖或代理买卖股票、期货及其他金融衍生工具，不得投资于非自用不动产、股权、实业和非成员单位的企业债券。在境外从事外汇及有价证券交易的，须经中国人民银行另行审批。

（5）金融租赁公司。

金融租赁公司，是指主要办理融资性租赁业务的专业金融机构。金融租赁公司的业务范围为：一是融资租赁业务，包括承办国内外各种机电设备、交通运输工具、仪器仪表等动产及其附带的先进技术的租赁业务、转租业务，以及对出租资产残质的销售处理业务；不动产租赁业务；国内服务性租赁业务；与租赁有关的产品的进出口业务；担任租赁业务的资信调查、咨询服务；对所属联营公司、营业部、代理部进行经济担保等。二是吸收人民币资金，包括财政部门委托投资；企业主管部门委托投资或贷款的信托资金；保险机构的劳保基金；科研单位的科研基金；各种学会、基金会的基金等。三是办理经中国人民银行批准的人民币债券发行业务。四是办理外汇业务，包括境内外外币信托存款；境内外外币借款；在国内外发行或代理发行有价证券、外汇担保业务等。五是办理经中国人民银行、国家外汇管理局、对外经济贸易合作部批准的其他业务。

（6）证券经营机构。

证券经营机构，又称证券商，是由证券主管机关依法批准设立的，从事证券经营业务、具有法人资格的金融机构。

证券经营机构的具体名称在世界各国不尽一致。日本及我国称其为证券公司，在美国则称为投资银行。证券经营机构连接着证券投资和证券发行者，具体职能包括：从事证券自营业务、代理投资者买卖证券、代理证券发行者发行、销售证券等。

我国《证券法》根据证券经营机构的业务范围将证券经营机构分为两种类型，即综合类证券公司和经纪类证券公司。前者可以从事包括证券经纪业务在内的各种证券业务，而后者只能从事证券经纪业务。

（7）典当行。

典当行是以实物占有权转移形式为非国有中小企业和个人提供临时性质押贷款的特殊金融企业。典当行应当具备法人条件，依法取得法人资格，实行独立核算、自主经营、自负盈亏、依法纳税，典当行实行单元制组织形式，依法不得设立分支机构。

（8）风险投资机构。

各种形式的风险投资机构，在金融业务上受中国人民银行领导。目前影响较大的风险投资机构为新技术创业投资公司。它是全民所有制的股份有限公司，为全国性金融机构，主要任务是经营风险性投资业务和向信息、生物、电子、新材料四个领域进行投资。

目前我国各地为了推动高新技术产业的发展，已创办了不少风险投资机构，为企业融资又开辟了一条新路。

5．资金市场中介机构

所谓资金市场中介机构，就是为资金市场的交易提供场所、咨询服务的机构。这些机构都是具有法人资格的经济实体。下面简介证券交易所、证券登记结算机构和证券资信评估机构等中介机构。

（1）证券交易所。

《证券法》第95条规定：证券交易所是提供证券集中竞价交易场所的不以营利为目的的法人。其含义有四点：①证券集中竞价交易场所；②不以营利为目的；③独立的法人，这体现了证券交易所独立的法律地位；④实行会员制，这一点虽未言明，但却是法律规定的暗含之义。

我国证券交易所有两大职能，即服务职能和监管职能。其职责是为证券交易提供便利条件，创造公平、公正的市场环境，掌握公司控制权，以保证证券市场正常运行。

证券交易所按其组织形式分为会员制和公司制两种。西方发达国家一般采取会员制组织形式，发展中国家较多采用公司制组织形式。我国上海和深圳两个交易所均为会员制证券交易所。

（2）证券登记结算机构。

证券登记结算机构是指为证券交易提供集中的登记、托管与结算服务的证券中介服务机构，是不以盈利为主要目的的法人。

证券登记结算机构的功能主要有三个：①登记功能，记录当事人的证券账户；②结算功能，买卖双方相互交付证券及价款；③托管功能，即为证券商或投资者代为保管证券并提供相应服务。

证券结算是高风险活动，它的正常运行关系到市场全局，保障其稳健运行与健康发展很重要，所以法律强制要求从业务收费中提取风险基金，应付意外事故。结算风险基金应存入银行专门账户，并且应当用于因技术故障、操作失误、不可抗力造成的损失弥补专项管理。

（3）证券资信评估机构。

证券资信评估机构是指对证券质量进行评价并测定其投资价值的证券服务机构。证券信用评级的作用是方便投资者进行证券投资决策，另外它还可以减少信用高的发行人的筹资成本。

证券评级机构所做的评级不具有向投资者推荐这些证券的含义，只是供投资者决策时参考，因而对投资者不承担任何法律责任。

资信评估机构的主要业务，在我国主要是对债券、基金、非银行金融机构以及工商企业进行评级。

第二节 融资方案

在现代市场经济体系的运行过程中，随着金融创新活动的不断深化，融资方式的创新也从未停止，各种新的融资方式不断涌现。在分析各种融资方式的特点及其操作方式的同时，为企业和项目的资金需求寻求适宜的融资方式固然重要，然而对融资方案的总体分析在整个融资策划中也占有举足轻重的地位。所谓融资方案，即是指在对企业所处的内外部环境、市场环境进行综合调研的基础上，通过分析并选定了各种可能的融资方式之后，将它们综合在一起，对项目或企业完整的融资方法进行设计，并对该方案进行优化分析，形成便于实施的方案的全过程。融资方案的设计要合理安排权益资本和债务资金的筹措数额及投入时序，使得资金的供给在总量、币种和分年度投入时序等方面均与项目的资金需求相匹配，形成供求平衡、科学有序的融资方案。

一个完整的融资方案，应包括各种可能的融资方式，各种融资方式的资金来源、数额、融资条件以及有关的程度、进度和可靠性，并保证资金的供应和需求相互平衡。融资方案的描述可采取文字说明、表格等形式，一般采用编制资金筹措来源和分年度融资计划表的方式进行。由于投资项目可采取各种不同的融资方式，并且不同融资方式之间可以搭配出各种组合，来满足项目投资的资金需求，从而形成各种不同的融资方案，在项目融资方案的论证中，应将各种可能的融资方式尽量组合成科学的融资方案，并在此基础上进行优化分析。

一、融资结构分析

融资方案分析的一个主要部分是融资结构分析，包括资产负债结构分析、负债融资结构分析和权益投资结构分析。

1．资产负债结构分析

融资方案的资产负债结构分析，是对采用权益融资和负债融资的比例结构进行分析，研究确定合理的资产负债比例。在公司融资下，要对企业当前的资产负债结构和在给定的融资方案下企业的资产负债结构进行分析，并要分析新的融资方案给企业资产负债结构带来的变化。在项目融资下，要对在给定的融资方式下，项目公司的资产负债结构进行分析。对于在各种融资方式下，权益资本应占项目总投资多大比例，应根据下列因素综合考虑来决定：

（1）国家管理部门的规定（《国务院关于固定资产投资项目试行资本金制度的通知》）中，对交通运输、煤炭项目、钢铁、邮电、化肥项目、电力、机电、建材、化工、石油加工、有色、轻工、纺织、商贸及其他行业项目的资本金最低比例作出了规定。《国家工商行政管理局关于中外合资经营企业注册资本与投资总额比例的暂行规定》中，对于中外合资企业、中外合作企业、外商独资企业的注册资本占投资总额的比例也作出了规定。在融资方案的策划分析中，资本金比例应首先满足国家现行有关规定。

（2）满足权益投资者获得合理投资回报的要求。一般认为，在满足政府管理部门的规定及债务清偿要求的前提下，能够使权益投资的回报率最高的资本金比例就是最理想的资本金比例。在项目投资盈利能力一定的情况下，只要项目投资的收益率高于贷款利率，由于财务杠杆的作用，资本金比例越低，权益投资的收益率就会越高，同时项目的投资风险也将更多地由债权人承担，权益投资者承担的风险越小。大多数项目一般情况下都存在一个能够满足债权人、权益投资者及政府投资管理部门要求的比较理想的资本金比例。

（3）满足贷款机构的要求。负债融资具有还本付息的压力。提供贷款的银行等债权人为了减小信贷风险，不希望借款公司的资产负债比例过高，他们有时会提出限制要求。在融资方案的论证中，权益资本占总投资的比例，应满足金融机构的要求。一般情况下，资本金比例越高，清偿债务的能力越高。在融资实务中，应根据现金流量表和损益表编制贷款偿还计划，制订理想的财务计划，确保资产负债结构能够满足债务清偿的要求。

2．负债融资结构分析

负债融资结构分析是要分析负债融资中，各种负债融资方式的融资金额比例结构和期限结构。各种负债融资的期限要合理搭配，以使本息偿还负担合理分配，并且尽量降低融资成本。短期贷款的利率较长期贷款要低，但短期贷款需要在近期内偿还，使得近期的还本付息压力增大。为项目融资通常希望取得较多的长期贷款，以使项目在最初的几年还本付息压力降低，但长期贷款利率较高，因此有些实力很强的企业和资信很好的公司更愿意使用较多的中短期贷款，而不使用高利率的长期贷款。在融资方案的分析中，要对各种不同负债融资方式的融资金额比例进行分析研究。银行贷款目前还是我国负债融资的主要途径，大多数的企业负债融资还是主要依靠银行贷款。少量的特大型企业可以发行企业债券进行融资。租赁融资适用于机器设备，但一般利率较高。能否取得优惠的外国政府贷款、出口信贷，要由项目的背景基础确定。使用各种不同负债融资还要考虑债务偿还的保证措施、偿还的优先顺序。

3．权益投资结构分析

权益投资结构分析主要包含两项内容：一是对于各股东普通股控股比例结构的分析；二是对于权益投资中普通股与优先股等准股本投资比例结构的分析。只要项目公司或项目所依托的现有企业不是独资公司，就需要投资各方通过协商，确认各自缴付股本资金的数额、形式、时间等以及由此产生的各方所占的股权比例。对于融资方案中采用普通股和优先股两种类型股票的方式来筹集股本的项目，应说明每类股票权利和义务的具体约定及其比例。对于融资方案中存在准股本资金的项目，在进行融资结构分析时，可以将准股本资金视同权益资金，但应指出其所占的数额及比例以及对其权利和义务的约定，并分析准股本资金转变成债务资金时对项目造成的影响。

二、融资成本分析

融资成本又称资金成本，包括资金筹集费和资金占用费两部分。资金筹集费是指在资金筹集过程中支付的各项费用，一般属于一次性支出，如贷款的承诺费、手续费、管理费、代理费等。资金占用费是因使用资金而发生的经常性费用，如普通股和优先股股息、贷款及债券利息等。

1．债务资金融资成本

银行贷款、发行债券融资和融资租赁等债务资金融资的主要资金成本是利息。在融资方案分析中，需要分析各种融资方式的付息条件，包括利率及其调整方式、计息和付息方式。还要比较各种融资方案的综合利率，测算各方案的债务费金成本。在利率比较中，一般是折算为年利率进行比较，对于不按年计息的债务，应当按复利方法折算为年利率。除利息之外，债务资金融资还要支付一定附加费用，主要有承诺费、手续费、管理费、牵头费、代理费、担保费、信贷保险费及其他杂费。对于这些伴随债务资金发生的资金筹集费，也应进行分析，说明其计算办法及估算数额。各融资方案的债务资金综合融资成本比较，可采用两种方法：①当资金筹集费较低时，以各方案的综合利率比较综合融资成本；②当资金筹集费较高时，可用现金流量折现算法计算综合利率。

2．权益资本融资成本

从项目权益投资者的角度看，权益资本资金成本主要是股本分红、股息等。通常权益资本的出资人，对于权益投资的预期回报会提出要求。融资方案分析的任务通常是要分析项目的盈利能力能否满足这种要求。在融资方案分析阶段，要了解各个权益资本出资人的要求，并站在项目发起人的角度，分析选择能够取得的融资成本较低的权益资金融资方式，融资方案设计要注意寻求取得种种资金。当以公开发行股票方式筹集权益资本时，还要支付数量较为可观的资金筹集费，主要包括股票承销费、发行手续费、广告宣传和推介费，会计师、律师、资产评估师的费用，股票印刷费等，在成本分析中也应予以考虑。

3．加权平均融资成本

为了比较不同融资方案融资成本，在计算各种权益资金和债务资金的融资成本的基础上，还要计算加权平均资金成本。加权平均资金成本是以各类权益资金和债务资金占全部资金的比重为权重，对各种融资方式的个别资金成本进行加权平均而得到的。

三、融资风险分析

融资风险是指融资活动全过程中存在的风险。特别是我国从2005年起，人民币汇率逐步走向市场化后，更要注意汇率的经常性变化以防风险的发生，项目和企业的融资中常常存在资金成本变动、融资结构不合理而造成财务困难等各种风险。融资风险有可能使投资者、项目业主、债权人等各方蒙受损失。在融资方案分析中，应对各融资方案的融资风险进行识别、评价和比较，并对最终推荐的融资方案提出风险防范措施。

1．汇率风险

汇率风险是指外币汇率变化而引起的项目风险。项目建设时借用外汇债务进口设备，项目投产后再偿还外汇债务，如果偿还时人民币汇率下跌，对于以国内销售为主的项目造成的偿还外汇债务的难度增加，就会产生汇率风险。项目的融资中如果存在外汇借款，就要注重研究汇率风险。汇率风险分析应该对人民币的汇率走势、所借外汇币种的汇率走势进行判断，并进行外汇平衡分析。如果外汇平衡的缺口较大，就应该把人民币贬值的某一幅度作为变动因素，对现金流量和债务清偿进行敏感性分析，以说明汇率变化的风险程度。融资风险分析应该提出防范汇率风险的建议，以利于融资方案的决策以及项目的风险管理。这些防范措施一般包括：

（1）在进口设备的合同中调整贸易条件，例如增加压价保值条款，以转嫁汇率风险。此外，结合汇率变动预测，可对设备供货商采取提前结汇或延期结汇的办法，以减少汇率风险。

（2）进行专业化外汇理财。对于用汇量大的项目，应配备专门的外汇管理人才，一是准确预测货币汇率的变化趋势，二是加强汇率的风险管理，经常性地采取风险规避措施。

（3）利用外汇掉期、外汇期权、外汇期货、外汇远期等外汇风险管理工具，用于防范汇率风险和在适当操作的情况下使项目的金融资产增值。

（4）在以境外融资方式筹措债务资金时，合同中应注意加上有利于规避汇率风险的相关条款，包括货币保值条款、货币选择条款等。

2．资金到位风险

一个融资方案在实施过程中，经常存在不能按期取得足够资金，即资金不能及时到位的风险。融资方案分析中要分析是否存在这种风险，有没有办法规避风险，有没有补救措施，以保证项目取得必要的资金。

3．利率风险

在负债融资中，利率水平根据金融市场情况而变动。因此，融资方案中若采用了浮动利率的计息方式，应进行利率风险分析，主要分析目前利率的水平、未来利率的走势判断等。当境外浮动利率贷款融资占的比例较大时，应该把利率上升某一幅度作为变动因素，对现金流量和债务清偿进行敏感性分析，以说明利率变化的风险程度。融资风险分析应该提出防范利率风险的建议，以利于融资方案的决策以及项目的风险管理。这些防范措施一般包括：

（1）选择适当的固定利率与浮动利率比例结构。固定利率的好处是资金成本易于测算，便于控制；浮动利率的好处是不论市场利率波动幅度多大，其风险由借贷双方共同负担。

（2）选择利率调换措施，如固定利率对浮动利率的调换、浮动利率与浮动利率的调换等多种形式。这些近年来在国际资本市场上采用较普遍的新型融资技术，属于较复杂的金融衍生工具的运作，是金融风险管理的必要手段，应熟练应用。

（3）合理安排境外融资的结构。按照资金成本的高低，境外债务的选择顺序为：首先是世界银行、国际开发协会、亚洲开发银行，以及地区性开发基金的低息、无息贷款和捐赠；其次是外国政府出口信贷及其他比市场利率低的优惠贷款；最后才是商业银行贷款和国际银团贷款。

（4）目前随着金融市场的发展，各地出现了很多民间银行（地下钱庄），在亟需用款的情况下也可临时周转，但其利息高、利滚利、操作不规范，有时不讲诚信，要慎之又慎。

（5）在借款合同中固化借款人的利益，作出防范性的规定。如列入延期还款条款、提前退款条款、利率安排条款等。

4．债权保证分析

债权人为了保障其权益，需要有一些能够保证债权受偿的措施，以便到期能收回本息。债权保证是债务人及第三方对债权人提供履行债务的特殊保证。分析债务资金时，应对债务人及有关第三方提出的债权保证提出方案，并加以分析优化。债权保证的形式主要有借款人保证、抵押、质押、担保等。

（1）财产抵押和质押。财产抵押和质押是以债务人或第三方的财产或权益保障债权实现的担保方式。债务人到期未清偿债务时，债权人有权依法将这些财产、权益折价变卖，所得价款优先受偿。抵押和质押的区别是：质押物要交由债权人保管，而抵押物仍由债务人使用和保管。债权人不直接占有抵押品，但直接占有质押品。此外，效力范围、对财产或权益所生利息的收取也不同。抵押物主要有房地产（土地使用权、房屋）、机器设备、运输工具（汽车、飞机、船舶）等，质押物主要是有价证券（国库券、债券等）、本外币存单。

（2）借款人保证。较为完善的信贷协议中，往往加入借款人保证条款，以规范借款人对债权人做出的保证。借款人保证主要包括：债权人对于借款人财务和经营状况的知晓权；借款人保证在整个贷款期内，财务状况不致出现任何实质性恶化，以及借款人对外提供担保、财产抵押、大规模增加借款等行为的限制等。

（3）第三方担保。抵押和质押实际上是一种担保，是物的担保。一般所称的担保则是第三方人（包括法人）的担保，它是指在被担保人（债务人）不履行其对担保受益人（债权人）所承担的义务时（即违约时），担保人必须承担起被担保人的合约义务。为获得担保，债务人需要支付担保费用，筹资方案中应说明担保费用的计算方法及数额，并计入筹资费用。

上述对融资方案的成本、结构和风险等进行分析的过程，实际上就是不断进行比选择优的过程。融资方案的比选应在两个不同层次上进行：一是不同融资方案的整体比较，即对不同融资方案的融资成本、融资风险及在相应融资方案下的项目投资的盈利能力分析和债务清偿能力分析进行综合分析和计算，并在此基础上综合评价各融资方案的优劣；二是不同融资渠道的局部比较，既包括不同融资方式的比较，也包括同一融资方式的不同融资条件的比较，以进行局部方案的优化和择优。

思 考 题

1．何谓资金市场？
2．资金市场具有哪两种功能？
3．何谓金融资产？
4．何谓信用？
5．何谓有价证券？
6．简述我国有哪些金融机构。
7．哪些机构属于资金市场中介机构？
8．何为融资方案？
9．怎样进行融资风险分析？

第三章　企业融资策划运作

资金是企业生存的基础，也是企业财务活动的起点，通过融资策划活动，筹集企业所需的生产经营所需资金，为企业的发展壮大创造条件。企业从初始阶段发展进入成长壮大阶段，融资规模也必将随之扩大，在市场经济竞争中无论是投资的增加，还是生产规模的扩大，都要有货币资金作为推进的动力，投资是经济持续增长的第一推动力，同样也是企业经济效益持续增长的动力。

第一节　资金来源

资金来源结构体系策划是指在企业融资总额中，各种来源的资金所占的比例。在融资策划中，资金来源结构的策划是一项基本的策划。实践研究表明，企业资金来源结构与企业战略之间具有密切的关系，两者之间必须保持相互匹配和协调，而且企业融资策划目标的实现也要通过适当的资金来源组合才能达到，此外，企业在进行其他方面的融资策划时，资金来源结构也是一个重要的因素。

首先，资金来源结构决策决定了企业资金来源的多样化程度，影响着现有资金来源的保证和稳定程度，因为这一决策制约着融资渠道的选择范围和利用程度，它同时还影响企业资金需要的满足程度。一个企业的全部资金需要往往不可能单纯从某一渠道获得充分保证，如果融资结构决策不合理，往往可能导致企业所需资金数量不能得到有效供给。例如苹果电脑公司（Apple Computer）自成立以来，一直能够维持很高的销售成长率。但在20世纪80年代早期，公司的管理当局发现，由于缺乏资金，有些绝好的投资机会未被利用，导致这种状况的一个重要原因就是公司的融资结构不尽合理。以前该公司在从事扩充时采用举债方式筹措了大量资金，遂使其负债比例已经达到负债合约中所规定的上限，因此它不能再举借新债来融通这些投资机会所需的资金，有鉴于此，苹果电脑公司决定调整其资金结构，公开发行普通股以筹措所需资金。

其次，资金来源结构决策决定着融资总成本与融资总风险的高低。不同的融资结构会带来不同的融资总风险与总成本，如果融资结构合理，就会创造以最小的融资总风险取得融资总成本最低的奇迹。而任何一个单纯的融资活动总是要按成本与风险对称的要求进行，结果只能是融资风险低，而融资成本高，如权益性融资；或者是融资成本低而融资风险高，如债务性融资。由此可见，对于每一单项融资来源，企业难以实现以较小的融资风险取得成本较低的资金。但由于融资结构的不同形式会改变企业的融资总成本与总风险，因此通过各种不同的融资结构，企业就可以实现单项融资难以达到的目的，使综合融资风险和综合融资成本降低。

再次，资金来源结构对企业融资能力与竞争力有很大的影响。健康、合理的资金结构是影响企业融资能力的重要指标，合理利用不同的资金来源会增强企业的市场竞争力。如合理利用出口信贷会增强企业产品的出口竞争力，而在国际金融市场上发行证券融资，则会促进企业产品在国际市场上的竞争力，提高企业的信誉。从以上论述可以看出，资金来源结构的优化是融资策划的重要内容。只有精心设计、合理选择资金来源结构，企业融资策划的目标才可能顺利实现，从而支持和促进企业的发展。反之，融资策划的目标就有落空的危险，而企业的生存也会受到威胁。

第二节　融资方式

融资渠道与融资方式有很强的对应关系，它们紧密地联系在一起。融资渠道和融资方式的多样化是现代企业融资的重要特点之一，选择融资渠道和融资方式，即确定融资方案的关键是正确估计企业的资金筹措能力，把握企业的融资机会以保证企业资金筹措的经济性、合理性、方便性和安全性。

一、资金筹措能力的分析

资金筹措能力是指企业从各种资金来源中获得资金的能力，它集中表现为在一定时期内，企业能够筹集到的资金数量和质量。我们知道，资金是一种具有稀缺性的重要经济资源，企业之间为筹集所需资金的竞争往往十分激烈。在这种竞争中，有些企业取得了优势，表现为资金筹措能力较强，就能以较有利的条件及时筹措到所需要的资金，为企业的发展提供可靠的坚强后盾。而有些企业获取资金的竞争力较差，所需资金往往得不到满足，或者虽然得到满足但却不得不付出高昂的代价，使企业在与其他企业的市场竞争中一开始就处于极为不利的地位，由此可见，企业的资金筹措能力对企业是十分重要的。

在企业的融资策划和筹集资金的过程中，对企业资金筹措能力的分析都是十分必要的。首先，企业融资能力的大小是企业制订融资策划方案的重要依据；其次，企业融资策划方案的实施过程实质上就是发挥企业的融资能力和利用这种能力筹集所需资金的过程。只有全面地分析了企业的资金筹措能力，对它有了清楚的认识，才能更加主动、有效地利用它，使潜在的优势变为现实的优势，保证企业融资策划方案的顺利实现。

企业可以从多种资金来源渠道中选择采用不同的融资工具或方式筹措到所需的资金，但从不同渠道筹集资金的能力受不同因素的影响，因此分析、评价企业的资金筹措能力，应首先分析企业从不同资金渠道获取资金的能力，然后再将它们综合起来分析，才能得到比较准确的结果。企业的资金来源可以分为企业内部资金来源和企业外部资金来源两大类。企业内部资金来源是指企业通过自身生产经营成果的积累而形成的可用资金；而企业的外部资金来源则是企业通过不同融资方式从企业外部所获得的可用资金（这属于用信用方式筹措资金，是金融策划的内容）。企业的外部资金又有两种资金来源：一是筹集负债资金，即以举债的方式获得经营发展资金；二是筹集权益性资金，即通过增加股权资本的方式获得经营发展资金。企业从这三条主渠道筹集资金的能力构成了企业资金筹措能力的主要内容，即内部资金筹措能力、负债资金筹措能力和权益资金筹措能力。企业要想对信用融资作出合理选择也必须对企业内部资金的筹措能力作出正确的估计。企业的三种融资能力分别受到众多因素的影响，通过分析有关的因素，可大致确定企业从这三种来源获得资金的能力，从而对企业资金筹措能力有一个比较清楚的认识。

1. 内部资金筹措能力的评估

企业内部资金来源就是企业在其所获得的收入和利润中重新投入到企业生产经营过程中参加资金再循环的那部分资金，所以企业内部资金筹措能力主要决定于企业的收入水平、盈利能力及有关财务政策（如股利政策、折旧政策）等因素。

企业内部资金筹措能力可大致估计如下：

[预期未来几年内的收入水平] × [税后目标销售利润率] － [现金股利] ＋ [新旧固定资产折旧] － [银行贷款和长期负债还款总计]

=税后净收益－现金股利＋折旧－还款总计

=留存盈余＋折旧－还款总计

=经营产生的内部资金－还款总计

=净内部资金来源

也就是说，企业首先根据对未来若干年内市场状况的预测和企业战略计划，预测出企业未来几年内的收入水平并估计、确定相应的税后目标销售利润率，这两者的乘积就是企业未来若干年的税后净收益。企业的税后净收益要用来给股东分派股利。企业分红派息的方式有现金股利、股票股利两种。但只有以现金股利方式对财务成果进行分配，才导致资金脱离企业，流至企业外部。因此用税后净收益减去预计的现金股利部分，就是企业净收益中重新投入企业资金循环的部分，即留存盈余。留存盈余是构成企业内部资金来源的一个重要组成部分。另外，在企业的成本、费用中有一部分是不需要实际发生现金支出的，其中主要是固定资产折旧。但这部分费用仍计入当期的销货成本或期间成本，随着收入的发生而收回，并参加企业下一轮的资金循环。因此这部分已收回的成本或费用构成了企业内部另一个可用的资金来源。用留存收益加固定资产折旧就是企业生产经营过程中产生的全部内部资金来源。在用它减去企业预期要偿还的长期和短期负债的本息总额，就是企业通过生产经营可提供的净内部资金来源总额。

2．负债资金筹措能力的评估

企业负债资金来源，就是企业通过举债的方式所能获得的资金。企业的负债资金筹措能力，主要取决于企业的盈利水平与资金来源结构。一定的盈利水平是企业偿还借款本息的保证，而资金来源结构（主要是负债资金与权益资金之比）则反映了企业财务风险的大小。一般情况下，只有这两方面情况良好，潜在的债权人才会有信心把资金借给企业，企业才能以合理的利率和条件得到所需的贷款。现在假设企业的能力是有保证的（可通过分析利息赚取倍数、固定费用补偿倍数等指标加以判断），则企业的负债资金筹措能力可大致估计如下：

估计的未来股东权益总数（目前的股东权益＋预期新的股东权益＋税后净收益－股利）×行业平均负债股东权益比率－现有负债（长期负债＋短期负债）

＝总负债能力－现有负债能力

＝新的负债能力

也就是说，股东权益是企业所能承担的责任限度，并且是企业最终风险的承担者。因此一定的股东权益是企业负债的基础，负债与权益的比率反映了企业的信誉状况和财务风险。对于不同的行业来说，因企业的经营性质不同，负债与权益的比率也不相同。一般而言，行业平均负债与权益比率在一定程度上反映了债权人对该行业可以接受的财务风险程度，是企业筹集外部资金的一个限制。用企业总的股东权益为基础乘以行业平均负债与权益比率，就是企业的总负债能力。再用企业的总负债能力减去现有的总负债（即已占用的负债能力），就是企业可以利用的新的以负债方式筹集资金的能力。

3．权益资金筹措能力的评估

权益资金来源，即企业通过发行新股或以其他方式增资获得资金的能力。股东或潜在的股东们投资于企业，主要目的是得到较高的回报，因此权益资金的筹措能力主要取决于企业的盈利能力及给股东的回报（如每股盈余或每股股利的大小等）。股东一般总是很关心其每股盈余的高低。当企业准备发行新股时，股东一般并不希望每股盈余被新股“稀释”，使其降低。如果预期新股发行会导致这样的结果，他们就会表示反对并向董事会施加压力以求改变。所以企业要想增加新的股权资金，在可能的情况下应选择经营情况和金融市场状况最好的年份发行新股，力求在这一年里使企业的利润和每股盈余有一个较大幅度的增长，为新股发行提供基础，使之不会使现有股东的每股盈余因被“稀释”而降低。

因此企业权益资金筹措能力可大致估计如下：

［净收益（最好增长年份）－净收益（正常增长年份）/每股盈余（正常预期水平）］×预期股票发行价格－估计发行成本

＝潜在可发行新股股数×预期股票发行价格－估计发行成本

＝发行新股可得资金

4．资金筹措能力的综合分析

企业总的资金筹措能力是其内部资金筹措能力、负债资金筹措能力和权益资金筹措能力的总和，但不能视为上述三个估计的简单的算术和。这是因为，首先，上述三种能力之间是互相联系、互相影响的。例如增加内部资金来源和权益资金来源的比例，就会为企业筹集负债资金提供新的基础，使其能力提高。其次，资金筹措能力还受到企业多方面其他因素的影响，具体可分为内部因素和外部因素，从而上述估计只能看作一种大致的预测。企业要分析、预测自身的融资能力，还必须在上述预测、估计的基础上结合其他重要影响因素进行综合分析，并据此对上述估计的结果进行必要的调整，从而更加全面、准确地认识自身的资金筹措能力。

（1）影响企业融资能力的内部因素。

① 企业规模大小。通常经营规模较大的企业融资能力较强，反之则较差。

② 企业创办时间长短。一般而言，创办时间长的企业融资能力强，而新创办的企业融资会困难些。

③ 企业的组织形式。股份制企业的融资能力往往强于独资或合伙组织形式的企业。

④ 利润的稳定程度及其增长趋势。利润相对稳定且具有良好增长前景的企业，融资能力比较强，反之则较弱。

⑤ 企业的信誉与公共关系状况。信誉高、公共关系良好的企业在筹集资金的竞争中常常是胜利的一方。

⑥ 企业领导与管理人员的素质、知识结构与能力。它们与企业的融资能力成正比。

⑦ 企业领导对风险的态度。敢于承担风险通常会大大增强企业筹集负债资金的能力。

⑧ 企业资产的性质。通常资产通用性强的企业融资能力也会得到增强，反之就会差些。

企业资金筹措能力不仅仅取决于企业的自身因素，它所处的外部环境状况同样对之具有重要影响。企业的内部因素是决定企业融资能力的内因，而其外部的有关因素则是其外因。外因通过内因而起作用。所以综合分析企业的融资能力，还必须结合外部环境中的有关重要因素进行考察。

本的丰田公司在20世纪50年代初期曾经面临破产的境地，但它依靠一系列银行的大力支持，得到了极为宝贵的贷款，从而闯过了难关，发展成为今天举世闻名的大公司。

⑥ 制订有效的企业战略。虽然企业战略主要关心的是企业未来产品竞争市场的选择和竞争方式的设计等，与融资能力没有直接关系，但从长期来看，企业的融资能力决定于企业在产品市场上的表现。只有未来能在产品市场竞争中取得成功的企业，其融资能力才有可能稳步加强。有效的企业战略可以增强企业在产品市场上的竞争和发展能力，提高企业产品成功的可能性，从而增强企业在金融市场上获得资金的能力。另外，良好的企业战略可以使潜在的投资者明确企业资金投放的方向和长期效果，从而提高投资者对企业的信心，使之愿意把资金的使用权让渡给企业，使企业的融资能力增强。

二、企业融资机会分析

企业融资机会是指在某一特定时间所出现的有利于企业获取资金的融资渠道与方式。它随着企业内外环境因素的变化而变化，必须通过对企业融资机会所涉及的各种因素进行深入分析才可能捕捉到。选择企业融资机会的过程就是寻求与企业内外环境因素相适应的融资渠道与方式的过程。

企业内外环境因素对融资渠道和方式的影响分析的主要目的是分析确定在环境因素影响下，各种融资渠道和方式的潜力及其发展前景，发现有利的融资机会。企业内外环境因素对企业选择融资渠道与方式有很大的影响，这种影响是企业选择其融资渠道必须首先考虑和分析的。例如在计划经济体制下，财政拨款曾长期是我国国有企业筹集资金的主要渠道与方式，随着经济体制改革，国家不再向企业拨款，银行借款取而代之，成为企业融资的首选渠道与方式并延续至今，随着市场经济体制的逐步建立和股份制的推行，发行股票融资已成为一条重要的融资渠道与方式，为许多企业所采用。这些变化对企业融资的影响是巨大而长远的。把握类似的变化，将会使企业在其融资活动中成功，而忽视这些变化，仅仅为了满足眼前的需要而融资，则难免出现“人无远虑，必有近忧”的状况，很可能在未来的资金争夺中陷于被动。我国那些早期进行股份制改造的企业在这一点上是成功的，因为它们把握住了企业宏观环境变化的大趋势，并结合企业的现实很好地利用了这个机会。在近几年的几次经济调整和金融紧缩中，我国许多企业曾经陷入资金短缺的极度困难中，严重影响了企业的发展，而上市企业则依靠发行股票这种新的且极具潜力的融资渠道与方式安然度过了难关。近年来更有企业发行了在香港上市的H股和在纽约上市的N股股票，拓展了利用外资的新渠道，无疑也是极具战略眼光的。由此可见，企业必须善于分析内外环境的现状和未来趋势对其融资渠道与方式的可能影响，从长期的、全局的观点来选择融资渠道与方式，才能满足企业不断增长的资金需要。

另外，企业内外环境因素对于不同融资渠道与方式的影响是不相同的。比如某种外部环境或某一企业不适合于发行股票进行融资，并不等于不适合于发行债券进行融资或贷款融资。企业内外环境往往在有利于一些融资方式的时候，而对另一些融资方式可能存在不利的影响，反之亦然。然而正是这种不同的影响，才有可能为企业造就有利的融资机会，企业必须充分发挥主动性，积极地寻求和及时抓住有利的融资机会。

分析企业融资机会主要是评价各种环境因素状况对不同融资渠道与方式的影响，其中主要是评价它们对于各种融资渠道与方式的资金规模（即该种渠道与方式可以供应的资金数量的相对大小）、可利用程度（即社会和企业可以在多大程度上利用这种渠道与方式）和发展前景（该种渠道与方式在今后的发展趋势与速度）等方面的影响，从而把握有利的融资机会。具体分析时可对照企业融资机会分析项目逐项分析。

1. 企业融资机会分析项目

环境要素主要包括以下三个方面。

（1）客观社会经济环境。

① 经济发展阶段；

② 国民收入水平；

③ 通货膨胀状况；

④ 政府货币政策；

⑤ 政府财政政策；

⑥ 税收信贷政策；

⑦ 金融市场状况与政策；

⑧ 国际收支平衡状况；

⑨ 政治经济稳定；

⑩ 社会法律规章制度。

（2）行业地方环境。

① 行业竞争环境；

② 市场状况；

③ 行业生命期；

④ 地方环境；

⑤ 政府对行业的态度。

（3）企业内部环境。

① 企业规模；

② 对市场的支配力；

③ 企业成长年限；

④ 企业经营的风险性；

⑤ 企业经济效益；

⑥ 企业管理水平；

⑦ 企业所有制；

⑧ 企业产品市场占有率；

⑨ 产品科技含量及新产品开发。

上述是对某一资金来源与融资方式进行评价时应用的主要项目，在实际操作中为了便于分析、比较起见，企业可将主要融资来源与方式列在一张表上，具体评价时可采用打分，然后加权平均的方式。比如可以把环境条件对每一评价要素的有利程度按 0～10 分打分，最有利的情况记为 10 分，最不利的情况记为 0 分。这样首先分析每一环境因素对评价要素的有利影响程度并评分，然后对每一评价要素加计总分，最后再对每评价要素分析确定一个合理的权重，进行加权平均计算，得出某一资金来源渠道或方式的加权平均总分，通过比较判断是否适合企业融资。

在上述评分过程中，不同融资渠道与方式的相对比较往往并非是绝对的，只要能判明不同融资渠道与方式的适应满足程度即可。也就是说，企业的任何一个融资机会通常都只有在一种较有利的环境下才产生，并不是所有的环境因素都有利于某一渠道或方式，所以企业在寻求融资机会时不能求全，而应该抓住主要因素，大胆决策。

2．资金特点分析

其主要目的是根据资金筹措原则分析各项资金的特点，以便选择有利的融资机会。由于资金来源及其筹措方式不同，各项资金都有其特点，反映在资金的成本、方便性、对经营权的影响、可使用期限等方面均有所不同，企业确定最佳资金来源渠道与方式显然不能忽视这些特点。因此企业在进行融资策划时必须分析各项资金的不同特点，在明确了这些特点之后，运用融资策划原则对各项资金来源渠道与方式进行综合分析与评价。这种分析与评价往往是确定企业资金来源渠道与方式的最关键步骤。

表 3-1 列出了根据资金筹措原则所决定的各项资金特点，可作为企业在融资时分析与评价的参考。

表 3-1　个别资金特点

资金来源	资金成本	方便性，对经营权的影响	对利润的影响、利用时间、金额的大小
内部留成	在财务计算上没有成本，作为机动费用有一定的成本	如果没有利润也就没有利润留成，对经营来说是最安全的资金，分红后可以自由支配	无期限

续表

资金来源	资金成本	方便性，对经营权的影响	对利润的影响、利用时间、金额的大小
股票	可以根据利润情况确定分红；按市价发行时，由于发行后的还本，使成本提高	发行种类较多，可以自由组合；手段多，时间长；根据股份及控股稳定程度不同对经营权有不同程度的影响，在经营情况不好时，可以不分红	无期限，资金可以大量筹措，根据利润处理确定红利
贷款	成本低于普通公司债，有时银行将强制提高提取存款的比率	手续简单，有时需要担保，需要支付利息和还本，经营不佳时，成本较高，在有些情况下经营权受到限制	金额可大可小，也有长期贷款，但以短期为主，费用就是利息，但有时利息是会浮动的
公司债券	由于是固定利息，所以在较低利率时发行较为有利，可转换公司债或发行附带认股权证公司债时，利息更低	一般需要担保，手续较多，时间长，需要支付利息和还本，经营不佳时，难以筹到资金，类型较多，利用范围较广	期限长、数额大，费用就是利息
商业信用	表面看来没有成本，但实际上这种成本有时加在价格里。另外，在采取现金折扣制度时，也有成本	容易筹措，不必担心经营权受干预，在亟需时，可以筹措到一定限度的资金	期限短，只能利用购入金额部分
租赁	用这种方式购买设备的价格比付现款要高，高出部分即是租赁成本	只能利用相当于租赁设备的资金，手续简单，不需要担保，如果拖延支付租赁费，对方就能提出罚款或支付全部价款，甚至解除租赁	折旧快，金额可大可小，贷款期限根据租赁设备的使用年限决定

第三节　融资方式的选择

在资金筹措的过程中，正确选择合适的融资渠道直接关系到融资的速度、资金筹集的数量、融资成本、还贷方式、信用保证体系等一系列的因素，选择适合企业持续发展的融资方式是融资策划的首要任务。

一、股票融资

股票是股份有限责任公司为筹措自有资本而发行的有价证券，是持股人拥有公司所有权的凭证。它代表持股人在公司拥有的所有权，股票持有者即为公司的股东。公司股东作为出资人，按其投入公司的资本额依法享有所有者的资产受益、公司重大决策和选择公司经营管理者的权利，并以其所持股份为限承担对公司的责任。

二、债券融资

债券（Bonds）是债务人为借入资本而发行的，约定在一定期限内向债权人还本付息的一种有价证券。发行债券是企业融资的一种重要方式。在我国，非公司制企业发行的债券称为企业债券。按照我国《公司法》和国际惯例，股份有限公司和有限责任公司发行的债券称为公司债券，简称公司债。公司发行债券的目的通常是为其大型投资项目一次筹集巨额长期资金。

三、可转换证券

可转换证券是指可以按发行时所附的条件进行转换的一种证券。它可以在将来的某一特定时期、按特定的价格及有关条件转换成公司其他证券的债券和优先股。债券可按条件转换为优先股或普通股，优先股可按条件转换为普通股或债券。一种可转换证券就是一种特殊的债券或优先股股票，该债券或优先股股票持有者把它们换成同一公司普通股股票的期权。可转换证券发行时，在契约中，规定的最重要的条款是转换比率和转换价格（可转换证券用来交换普通股率的每股普通股价格，它等于可转换券面值除以转换比率；可转换证券的市价减去转换价格称为转换溢价）。证券的这种可转换性，可使企业在不追加资金来源的情况下，自动调整公司未来的资本结构，从而增加公司财务杠杆的灵活性，并为进一步融资创造良好的条件。

四、可交换债券

可交换债券是指允许持有人将其转换为另一公司普通股的债券，通常债券发行人在此公司中拥有股东权益。可交换债券类似于可转换债券，但涉及的普通股是另一家公司的股票。目前可交换债券在国外也还不是一种被广泛应用的融资工具，但其重要性越来越大。

五、认股权证

认股权证是指在某一时间内以特定价格购买普通股的相对长期的期权。这种期权可以持续几年也可以是永久性的，特定价格也称为执行价格，即普通股与认股权证相关或特定时期内购买看涨期权的价格。认股权证可以是附在新发行债券上的一种权利证书，也可以同证券分开单独出售。认股权证通常被认为与债券相同，公司发行附有认股权证的债券可以支付较少的利息，对于处于信用边沿的公司来说，采用认股权证可以由不能债券融资变为可能债券融资。

六、银行信用融资

公司在生产经营活动中，除了利用自有资本和向资本市场借入资金外，还大量地利用银行信用向金融机构借款。尤其在资本市场不发达的国家，银行贷款是企业筹措资金十分重要的渠道。银行借款根据期限的不同可分为短期借款和长期借款。

短期银行借款是指期限在 1 年以内的借款。按照国际惯例，短期银行借款按有无担保可分为信用借款（无担保贷款）和抵押贷款（担保借款）；按偿还方式可分为一次偿还和分期偿还借款。在我国，短期借款按借款的目的和用途分为周转借款、临时借款、结算借款、贴现借款等。

长期借款是指企业或公司向银行等金融机构借入的、期限在 1 年以上的各种借款，主要用于固定资产投资和流动资金的长期占用。在国外，长期贷款一般称为定期贷款。

七、租赁信用融资

租赁，一般是一种契约性协议，是指资产所有者（出租人）以收取租金为条件，在契约或合同规定的期限内将资产的使用权和在一定范围内对财产的处分权让渡给使用者（承租人）的一种经济行为。租赁行为在实质上具有借贷属性，不过它直接涉及的是物而不是钱。在租赁业务中，出租人主要是各种专业租赁公司，而承租人则主要是其他各类企业，租赁物大多为设备等固定资产。

租赁活动在历史上由来已久，现代租赁已成为公司融资的一种方式，用来补充替代其他融资方式。在租赁业务发达的条件下，它为众多公司所普遍采用，被认为是现代公司融资的一种特殊方式。

八、典当融资

典当融资一般是指小型企业将部分不动产，如房屋、设备等典当给典当行，套取一定比例的资金用于企业周转或急用，典当行业以收取质押贷款的高额利息为条件，并在典当合约中规定典当物在约定的期限内不能赎回，典当行有权处分典当质押物（转让或拍卖变现）。

思 考 题

1. 影响企业融资能力的内部因素有哪些？
2. 怎样开发企业的融资能力？
3. 怎样进行融资机会分析？
4. 为什么要对资金特点进行分析？
5. 正常的融资渠道有哪些？

第四章　融资策划的方法与创新

近年来，随着建设速度的加快，各种大型项目的相继上马，资金需求量的不断攀升，房地产开发升温，加上政府新项目的不断立项开工，形成了一个形式多样、精彩纷呈的投资及融资大环境。近年来出现的融资手段和方法层出不穷，下面让我们撷取一部分，为融资策划方法的创新提供思维的源泉。

第一节　常用的融资方法概述

一、融资方法分类

（1）按融资来源分为内部融资和外部融资。内部融资包括增收节支、加速资金周转、内部股份制、资产变卖、加速折旧等；外部融资主要包括银行融资、商业融资、证券融资、财政融资、国际融资等。

（2）国际融资分直接融资和间接融资两类，其中，直接融资包括境外股票融资、海外投资基金融资、合资与合作融资等；此外还有BOT、TOT等融资方式。

（3）财政融资主要包括：预算内拨款、财政贷款、政策性银行贷款、财政补贴等。

（4）商业融资主要方式有：赊购、期票、承兑汇票、商业凭证、预收货款等。

（5）银行融资概念主要有：短期贷款、中长期贷款、担保贷款、抵押贷款、租赁贷款。

二、常见的融资方法探讨

融资方式有法定的，有商务惯例形成的，也有策划者自创的。融资策划中一大部分是组合使用多种融资方式来达到融资目的的。融资方式十分繁多，作为企业策划人，在企业融资中只起到策划的辅助作用，所以，只要掌握几种常用的融资方式即可。这里概要介绍26种常用的融资方式供融资策划人在今后的策划中作为参考，权当抛砖引玉。

（一）常用融资法

1．内部股份制融资

职工全体或部分职工与企业的上级主管部门合股组成有限责任公司。股份合作制只是一种过渡式的公司形式，股份制的正式形式只有《公司法》中规定的两种：有限责任公司和股份有限公司（后者可以发行股票）。股份制不仅是融入资金资源的工具，也是融入智力资源的主要工具。

2．股票上市融资

主要有 5 个步骤：①改制成产权明晰的股份公司；②注册会计师、律师、证券商推荐；③证券监督委员会和证券交易所批准；④募集社会股份投资；⑤股票挂牌上市交易。中国境内上市有主板上市和二板上市（创业板上市）两种。二板主要接纳高科技领域的中小企业股票上市，上市的企业条件比主板要求低，但企业上市后被监管得更加严格，防止股市危机。美国的二板证券市场叫纳斯达克（音译）。境外上市融资的主要概念包括：B 股——境外或国内用外币投资在境内上市；H 股——中国政府控股的、按内地法律运行的公司，在香港上市；红筹股——受香港法律管制的内地在香港注册并上市的公司股份；蓝筹股——英资或港资控股的香港上市股份。

3．投资基金

这是聚集众多个人投资者的资金，交由专门的投资机构管理，由投资专家具体操作运用，根据设定的投资目标，将资金分散投资于特定领域的资产组合。投资基金分证券、产业、风险投资三类，风险投资基金把资金投资于具有高增长潜力的项目（如网络项目），与项目创始公司合股成中小企业，培育一段时间后，争取在创业板股票市场上市，选高价位退出资本，这是投资基金机械的典型操作模式。所以，高科技项目公司愿把投资基金机构作为主要融资对象。

4．合资合作

这是通过设立有限公司吸收其他投资者作为股东，使项目拥有必要的配套资金的融资行为。

5．BOT 融资

Build-Operate-Transfer，即建设—经营—转让，BOT 是指基础设施建设的一类方式，有时被称为“公共工程特许权”，常见的操作方式是针对政府设立的基建项目（如道路、桥梁等），向私人公司招标（外国企业居多），中标公司投资建设，按约定经营一个时期（一般 20 年以上），期满后返还给政府。

6．TOT 融资

Transfer-Operate-Transfer，即将建设好的公共工程项目移交给外商企业或私人企业进行一定时期的运营管理，条件是向政府（或建设单位）缴一定的资金，合约期满后，再移交给建设单位。

7．无形资产融资

企业努力构筑无形资产价值，注意及时获取其产权，把无形资产（企业标志、商品标志、企业荣誉、网络域名、品牌、专利等）进行评估，在合资中把它计入资本金，使“虚”资产“实”化。

8．特许权融资

把企业特有的知识、品牌、经营模式、技术标准等对广域空间内的企业进行出租、入优先股等方式经营，抽取特许金的融资方式。“特”要达到经营模式化、标准化、知识化、可复制化，并有核心竞争力长期支持。“特”是前提，“许”是目的。“许”需要有良好的心态、责任心、维护意识、严格的选择特许对象的标准，麦当劳、肯德基等都是特许权融资的典型。

融资方式可以组合使用，如无形资产融资、投资基金融资与创业板上市融资三者相结合。

（二）融资实践中的方法创新

1．债券融资法

南京某建筑集团在苏州圈地开发大型房地产项目，加上在南京也开发了很多房地产项目，2004年初该集团深感资金不足，开发苏州楼盘遇到了资金供应不上的瓶颈，怎么办？该集团立即与南京的一家外地独资银行联手发行企业债券，年收益率约为5%左右，时间两年，到期还本付息，要求购买债券的起步数额为10万元。由于前期广告宣传到位，加上该企业在南京一贯声誉较好，数千万的融资额度3天即售完，融资取得了空前的成功。

2．项目融资法

珠海西区的钟华生为“中国最大的空手道大师”，钟华生初到珠海西区空着一双手，肩头顶着一个脑袋。三年后他成为拥有5亿多元资金的西区大开发商，他利用珠海特区的许多优惠政策，决定围海造地。他利用这个项目向民间集资，他设计的方案规定每股1 000元，入股者可享受100 m^2 建房用地和外地迁入户口农转非，可进入西区参加开发建设的权益。消息向外发布后，西区立即门庭若市，短时间内便吸纳了万余股。西区将这笔资金的一部分用于填海造地，换来了4km^2的土地，用1km^2给入股者建房，其余的用来招标兴建城市配套设施。按现行地价计算，围海造地投入的几千万元已产出了几十个亿的价值。

3．产权商铺融资法

某大世界商城的前身是展览馆，由于开发商当时在繁华闹市区将6层楼的门面房用于商业展览，经营定位失准，造成该商城多年闲置。2003年经专门的营销公司策划，终于一举成功。其做法是将整座楼的每一层楼层面切成每块20km^2左右的面积，向外出卖产权，利用人们一铺富三代的传统心理，大做广告进行炒作。广告宣称凡购商铺者必须把经营权交给大世界商业城营运，每年包赚 8%的纯利，投资商铺者每年盈利是存银行的 5 倍。2003 年 6 月左右南京房价疯涨的时候，即时推出了黄金地段的商铺，一下子销售十分火爆，开售当天形成了一股抢购风潮，开发商甩掉了多年的亏损包袱，除了收回房屋成本 1.2 亿元外，还净赚 3 000 万元。

4．回赠购物券融资法

南京大光明购物广场于 1997 年 4 月不断在媒体上发布消息，4 月 23 日、24 日、25 日连续三天在南京的《扬子晚报》上登载了大光明百货广场的促销广告，“倾情回报消费者，实实在在六百万”，4 月 28 日至 5 月 2 日回报比例为：4 月 28 日回报 50%、4 月 29 日回报 40%、4 月 30 日回报 30%、5 月 1 日回报 20%、5 月 2 日回报 10%；同时承诺“真情回报光临者，惊喜兑奖等着您”，宣称只要你来就是我们的缘，没有让你空手回去的理（礼）。每位光临者，哪怕一点不消费都能得到兑奖券，每日开奖，光顾即可参与，即开即奖，三天内免费派送 14 台 25 英寸彩电、14 台冰箱，以及若干精美礼品。大光明购物广场所有柜台皆参加此次活动。广告登出后，4 月 28 日整个新街口近百万消费者云集在一楼，很多柜台被强大的人流挤翻，大家都是冲着购 100 元可得 50 元的返利回报而来，当天上午的营业额冲过 400 万元大关，全天营业额估计在 2 000 万元，购物广场宣称所有 50%的返利在 8 个月后，商场的四楼、五楼装修完毕后凭 50%的返利购物券在第二次购物时冲抵掉。

该策划的亮点在于，从大光明广场第一天就融到 2 000 万元资金用于商场装修与发展来分析，表面上看商家返利 50%，实质上商家未赔本反而净赚 10%。若第一次购物 100 元，里面就有商家 30%的利润，看似返利 50%，实际只返利 20%；第二次消费时购物 100 元抵冲 50 元，实际 100 元里又有 30%利润，二次购物后商家净赚 10%；另外商家还赚了 20%的利润，因为 1997 年银行私人存款利息加保值已达 18%，如向银行贷款则利率在 20%以上。企业与企业之间的资金拆借，当年利息在 20%～25%之间，且必须有第三方担保或财产抵押。按商场第一天的营业额 2 000 万元中 30%的加价利润约为 600 万元，等于商场向消费者借款 600 万元用了 8 个月，而 8 个月的利息若按 20%计算，约为 160 万元左右，等于商家在利息上又净赚 160 万元左右，当时策划界称此融资手法为“奇特的融资，成功的策划”。

5．民间请会融资法

这一融资法与会员制有相同的一面，即由一人牵头请会，联络所有要好的同事或朋友，每人每月从工资中或其他收入中，拿出大部分资金汇集起来。请会人即发起人拿第一个月的款，然后通过摇号抽签后，按各人所得到的签号按 2、3、4、5、6……的顺序得款。如每人每月出 500 元，若 12 人参加，每月就有一个人得到 6 000 元的资金，一下子聚 6 000 元确实能办成大事。这种融资方法是民间常用的融资方法，又叫请会法。

6．发放年度优惠券融资法

有些大商场、百货公司，经常采用发放年度购物优惠券的方法融资，即单位团体购券，按面值打折一般是 9.5 折，若单位购买面值为 100 万元的礼品购物券，只需付给发券方 95 万元的现金。由单位将礼金券发给员工，员工凭券到指定的商场购物，采用这种方法融资，商场或百货公司等单位经常能融到一大笔资金，用于年终周转和企业发展。

7．反季节抛售融资法

我们经常看到羽绒服、皮装、夏装、冬装等进行反季节抛售，反季节抛售实质是一种融资策划。大家都知道商家的时令商品，在应时的季节如售不完，必然要压库至第二年的季节来临才能上柜销售，这样压库一年，资金也就压一年，同时，占用仓库，调动运输车辆转运，需要人员搬运管理等一大笔费用。况且时令商品每年都受流行趋势影响，品种花样不断翻新，今年流行的，明年很可能成为淘汰品。而夏天卖冬天的服装，正是厂商抓住了消费者认为反季节的服装一定便宜的心理，同时商家也趁消费者未能看到当年流行新款，提前吸引消费者先购买便宜货，而当消费者发现时令新款上市时，已悔之晚也，其时商家已融到了大量资金用于新款开发和企业发展。

8．抵押融资法

常用的是实物抵押融资法：黄金抵押、股票抵押、国库券抵押、专利产品抵押、房地产抵押、古董古玩抵押、字画抵押、财产抵押等，而最高明的抵押则为具有超前眼光把危机转嫁给典当行的抵押法。如某人预测到房地产 3 年后必定会大幅降价，而房地产爆涨至顶峰时，将其按 70%的价格抵押给银行或当铺或第三方，待筹借到大量资金后，用于更大的赢利项目。自己从房地产虚高的价格风险中出逃，当别人发现时你已平安转行，经营其他高收益的品种了，这样就可将风险转移给第三方。此种融资方法难度较大，必须具有超前眼光和高超的预测能力，所融资金运作年获利必须超过 20%以上。

9．彩票融资

国家发行各种彩票进行融资，这是众人都明白的，而我们策划人在一定的时候也可以借用此法，将内部债券融资与彩票抽奖法合并策划出新的融资方法和创新的融资手段。

10．期货融资

1985 年—1990 年期间，21 英寸的彩电每台售价在 1 800 元至 3 000 元之间，当时国家实行的是计划经济和市场经济的双轨制。某些能拿到国家计划调拨单的国有商业企业利用国家在市场转型期的某些政策空隙进行运作。用国家批文批到计划调拨价的彩电后（当时每台批发价为 1 200 元），实行异地抛售，当时每台价格为 2 800～3 000 元，每台盈利在 1 600～1 800 元之间，但因手中资金不足，遇有大批量的计划内批发价新彩电无资金提货时，有些人即与商场联系，利用大商场、国营商场的无形资产和信誉，先行向消费者以市场价预约供货，并收费开票约定数月内交付彩电。这样，批发商就融到了大量资金，将大量低价彩电购回，销售后获取高额利润。

11. 房地产开发商常用的融资方法

（1）出卖批文融资法。

某些项目中介商，策划出一个比较能吸引政府领导的项目，并以此项目要求政府发给批准文件。当项目中介商拿到政府批文后，就向外发布信息，寻找项目开发商用假合作的形式，变向出卖批文进行融资。

（2）出卖部分土地融资法。

当某个开发商获取政府划拨的土地后，却没有该项目开发的所需全部资金，这时开发商往往采取高价出卖部分土地，获得资金后开发自己预留的土地，有时也采用联建方式，以土地入股或作价成立联合公司。

（3）将工程分解后进行分包的融资法。

具体做法为某房地产开发商圈了一大片土地后，可盖若干幢商住楼，在图纸设计好后进行划块，分项目招标，每幢楼或数幢楼由一个工程队进驻施工。全部项目由多个工程队进驻施工，而工程发包方常常以收取工程质量保证金为辞，收取多家工程队的质量保证金，而整个项目的质量保证金就是一笔巨款。当施工方要求付给施工款时，发包方常常以先垫资盖楼、验收合格后分期付款的方式操作，这样项目发包方在项目开工前就融到了大量的资金，用于工程的开始运作。随着我国建筑市场的不断规范，上述融资方式已逐渐被工程队识破，且操作难度不断加大。

（4）炒作卖楼花。

这种融资方式的具体操作形式为：当房地产开发商获得一块待开发的土地后，欲想再投入资金进行开发，往往显得资金不足，这时开发商就会先进行设计，做效果图、盖售楼处，对所属土地和各售楼处采取盖围墙、出大型写真效果图、炒概念炒新闻进行包装，并赋予新开发的楼盘一个新颖奇异好听的名称，而后进行工程招标，同时进行宣传炒作，引起社会瞩目。在工程队进场施工，刚打下基础时，开发商就立即开始启动各售楼处的销售人员，进行煽动性的促销活动，对着效果图和平面分布图模型，将未来的小区描绘得像仙境一般，并承诺先购者优惠大，后购者房屋将涨价，冲击消费者心理，吸引购楼者纷纷掏钱购买未开发出来的所谓新居，此融资方法是开发商惯用的。目前政府的现行政策，对卖楼花融资已进行了严格的限制。

（5）内部认购融资法。

内部认购套取银行按揭资金，随着房地产市场的不断规范，房地产市场卖楼花的方法被政府明令禁止后，开发商欲想筹集到全部资金，用于开发楼盘，封顶后再开始售楼，则经济实力差的开发商，实感力不从心，怎么办？开发商在楼房盖到符合银行按揭的程度时，在对外售楼的同时私下招集自己的雇员，每人都去找亲朋好友的身份证，用其复印件附在购房合同后面，充当购楼人并与开发商签订按揭购房合同，后去银行贷款套取银行资金。据某些方面的消息反馈，有时一个内部员工一人能找来十多张身份证，签订虚假的内部认购合同，套取银行购房贷款。

（6）通过中介方签约融资法。

开发商与中介方联手，用高价卖房合同与消费者联手，获取银行按揭贷款。具体操作方法为：用两个合同进行三方操作。如某套房屋卖给消费者实价为70万元，而为了获取银行按揭贷款，往往由中介方代表开发商与购房者，签订一个售价为100万元的合同，并注明消费者已付30万元（实质消费者未付一分钱），由贷款人向银行出示先期支付的30万元的购房凭证，消费者拿着100万元的标的合同和30万元的付款凭证到银行办理了70万元的按揭贷款，这样开发商与中介方、与消费者共同联手获取了银行贷款，把购房危机转嫁给了银行，而开发商融到了资金，中介方拿到了中介费，消费者不花一分钱得到了价值70万元的房屋，市场房地产风险全由银行承担。

（7）假开盘融资法。

这是指房地产开发商在楼房建到地平面正负零以上，进行楼盘预售炒作时惯用的伎俩。某开发商为了能使开盘的时候造成千百购房人踊跃购房、场面火爆的形势，不惜花钱从农民工劳务市场雇人充当托儿，在开盘的前一天晚上即连夜排队，拿号购楼。这样给想购房和处于中间状况的购房者，造成该楼盘热销的盛况，给人一来迟了就买不到楼的感觉，促使购房者在短时间内受火爆场面的影响，掏钱购楼。开发商这样的炒作方式刚开始时欺骗了不少消费者，使其预售楼大获成功，为其筹到了后续的盖楼资金。

（8）签订意向协议法。

开发商经常用提前订购优惠法或叫内部关系户先行认购法，在房屋未拿到销售许可证前又亟需后续盖房资金时，采用与内部客户签订购房意向协议，并以较低的价格用购房意向协议书的形式将房屋卖出，协议规定在签约时要求购房者先预付1/3房款作为预付款，开发商承诺交房时按意向协议书办事。许多开发商在正式交房时发现房价大涨，这时开发商就会推翻以前的意向协议书，并承诺退还以前的首付款，且承担利息。购房者由于不懂开发商的诡计而中圈套，当诉诸法律时，法庭判决意向协议书不是正式合同，不受法律保护，购房者在开发商困难时期提供了1/3的房款给其运作，却由于不懂法律而丧失了购买其他房屋的机会。开发商在前期融到了大量的资金，完成了房屋的全部开发，而最后赔偿给购房者的只是利息和一万元左右的违约金，购房者损失的是（2007年每月房价按10%上涨）签约至交房这段时期的房价上涨额（以南京为例，半年之内房价均价上涨1 000～2 000元/平方米）。

12．期货融资法

此融资方法经常在期货交易所进行。假设春季的期货市场挂牌出售今年夏季或秋季才能提供的某种农副产品，供求购方订货或交易的价格为现行交易价格，并约定此项产品交货期为该产品成熟上市时。订货与供应有一段时间，所以叫做期货，而当供需方签订购货合同后，时隔10天或月余该项预订产品挂牌价格上涨了，原低价位订货人可立即抛售订单，变现获取期货的差额利润，也可分析市场风险和自己的资金占用情况决定取舍。在自己资金许可的情况下，也可等待订购产品上市后，转手获取差价，或将产品囤积待价格上涨后，抛售或易地抛售。

13．商业承兑汇票融资法

商业承兑汇票融资经常用在对外贸易活动中。具体做法为：由境内某企业与境外某企业，签订一份由境内企业提供的产品或为境外企业加工或生产的合同，合同签订后，由境外企业开出不可撤销的银行承兑汇票，境内企业获得承兑汇票后，可将汇票从银行抵押贷款，所贷款项可在产品出售后取得外汇偿还，也可由银行直接与开具汇票方银行按合同约定的时间内划款。

14．国外常用的融资方法——传销融资法

这种方法的运用一定要注意不能违反所在国家的相关法令（目前我国禁止传销），具体做法为：由提供传销产品的公司，通过产品营销部培养的营销经理作为上线，鼓动宣传吸引一大批传销人员加盟，先加盟者为金字塔尖，然后按先后顺序和加盟人的分布，构成一张金字塔形的传销网络。在这个传销网络中，大家都以卖产品和发展下线来获取利润，通常将价值1 000元的商品，以每份2 000元卖给下线，由下线再发展下线，这样每发展一个下线，上线就能获得300元左右的利润，平均每人发展到四个下线才能收回成本。下线越多获利越多，当你的下线又发展下线时，你将往上升了一个层次，下线的下线又发展了下线你将升入更高层次。如此往下不停地发展，就会形成一个巨大的金字塔形的传销网络，而你的下线每个网络成员都会给你提成，当你发展到一定层次时，你的职务也不断往上升，你的获利也在不断增加，而供货商将永远获得每个传销员留给他的50%左右的利润，其他50%的利润为上下线互相共享。在传销中，供货商永远是最大的赢家，供货商的主要职责就是供货获取暴利，同时负责管理传销网络，按时抽取部分利润分配给传销网络中的人员，并协助传销骨干加强发展新传销人员的宣传鼓动工作。

15．第三方担保融资法

在银行贷款时，除了房产抵押款外，通常还有由第三方有实力的公司、厂、矿、企事业单位的法人为贷款人担保贷款。第三方担保人必须有超过实际担保贷款标的的双倍财产，且担保人在银行的信誉要好，担保人必须是法人；若贷款人出现贷款到期无法偿还时，银行将追诉担保人还款；请第三方担保贷款融资也是一个很好的办法，有时出现提供担保的担保人连环担保的现象，甲为乙担保，乙为丙担保，丙为甲担保，且不在一家银行贷款。有时担保人和被担保人联手逃避还款责任，在贷款人无力偿还贷款的情况下，担保人先行申请破产。

16．汇多张信用卡融资法

用银行借记卡，也就是可透支的个人信用卡进行融资，是人们常用的融资方法。现行银行规定一张借记卡可透支 1 万～3 万元。现在的信用卡有数种：一种是直接在银行办理，仅凭个人收入证明和家庭财产状况即可办卡；一种是需第二人为其担保的信用卡（如长城卡），如果有一张卡即可透支 3 万元，5 张卡即能透支 15 万元。若亟需钱用时，可用家人或朋友的卡，用透支来的款解决资金亟需；自己在不同的银行分别办卡，分别透支借贷，也不失为一种临时融资的好办法。

17．支票延期支付融资法

在现代企业之间的经营活动中，常常采用一种内部约定的延期支付融资方法，即由其中一方开出一张面额为对方能接受且开出方到期又具有支付能力的定额支票，双方约定（一般为 1～3 个月）先由收票方按票面支付 90%的款项（其中 10%为利息及其他费用），给支票开出方周转及使用，在约定期限到期后，由开票方按约还款给对方。支票借款是有条件的，一是双方以往关系很好；二是出票方诚信度高；三是出票方有时能按约支付高额利息或其他费用；四是出票方有能使对方感到安全的固定资产或不动产作为信誉保证的基础；五是双方的共赢项目互相吸引；六是出票方的产品市场前景广阔，赢得对方的信任。

这种融资方法有一定的风险，一是出票方不能如期偿还借款，若接票方反目则可能会形成出票方将承担开空头支票的法律责任（重新约定再延续还款的除外）；二是接票方在借款不能收回的情况下，将会形成讨债和诉讼的尴尬境地，特别是借款利息超过国家同期贷款四倍的情况下，合同将不受法律保护。

18．企业内部融资法

所谓内部融资法，即是指当企业发展壮大需要资金时，充分利用企业内部的资金资源（如企业的所有管理人员、所有员工、所有股东，都是融资对象），采取不同的方式、方法将企业内部的资金融汇、集中的全过程。

企业吸收存款有两种形式：一种是通过企业股东或经理的个人信用招揽存款；另一种是设立存款机构，公开向社会吸收存款。

用前一种形式吸收存款的范围虽然狭小，但有时大多数中小企业都偏好于这种形式，其主要原因一方面在于企业资力薄弱，信用不高，难以获得银行、金融机构的放款，只能依赖内部存款。一般来说，企业资本越小，存款比率越高，存款在公司财务中的地位越显重要。改革开放初期，棉纺织业是中国金融界的宠儿，贷款比率较高，其他制造工业则为金融界所冷落，其企业自有资本常占 7/10，余下的三成中，存款高于借款。例如，上海××工程公司股本仅120万元，全部投资于厂房、基地、机械工具等设备中，承造项目从2万～300万元到5万～600万元，资金调度非常紧张，银行允许的担保透支只有80万～100万元，“所恃以周转流动者，只能信仰本公司同志存款100万元”。该厂吸收的存款与股本相等，比银行借款高出两三倍。另一方面是企业中普遍存在着浓厚的乡族主义，“有难同当，有福同享”、“肥水不流外人田”等思想，促使每一个企业的周围都存在一定的乡情亲属关系网。企业的存款主要是董事股东的垫款、职工的储金及亲友的个人借款。它们虽然也有定期活期之分，但实际上更像通知存款，不订明期限，取款必须事先通知，约期提取，而且提出取款要求还有一层很重的面子障碍。

企业直接设立收储机构，如银业部、储蓄部等，在一些规模大的企业，特别是企业集团中较为普遍。

总之，上述融资方法只不过是人们常用的融资方法的几种。在策划人的眼中，创新思维是融资策划的灵魂，融资策划的过程就是融资创新的过程。在社会主义市场经济的大环境下，以竞争为前导的策划思想，将会培育出许许多多融资策划人，融资策划的手段将不断创新，融资策划的方法将层出不穷。

第二节　企业融资方式

企业融资策划的主要理念：

潜在价值共享，即双方均有闲置资源，把双方潜在的闲置资源组合为一体，可能产生新的显在价值，双方可以分享此新增价值。

共同创造价值，即双方如有一些显在资源，但价值量都不大，双方把各自的资源与对方的资源组合于一体会产生超过双方资源简单相加的资源价值和，从而实现“双赢”。

交换价值各得其所，即融资双方把各自资源采取“易货”的方式交给对方，各自新获得的利益均大于从前的资源价值。

1．资本融资

企业利用资本制度、机制、手段获取资源。企业资本通过上市，使资本流动性增强，同时把企业未来价值“拉近”到目前实现，使企业原有流动性较密切的资本增值；股份制可以融入商业信誉和品牌价值；有人利用国有企业改制的机会，采取低估国有资产价值，尤其低估或不记无形资产的办法，买股份合资套值，非法向国有企业融资；一些大型企业转型时会甩掉一些非核心企业，一些企业由于错误地估计了产业前景或急等着变现而低价出售企业，这时候，适合的企业兼并这些待出售的企业，会有长足进展；企业股份上市后，为兼并、收购企业创造了方便条件，同时也容易引来竞争者；两家同业企业合并会共同提高市场竞争地位，产业互补性企业间合并会提高企业的产业规模，进而提高市场竞争力，甚至造成垄断。

未来，随着市场经济的法律体系不断完善，对濒临破产的企业实行破产保护、投资银行为配合兼并者或收购者提供债券融资支持等资本融资机制与环境会越来越完善。

2．品牌融资

企业利用品牌优势融入其他资源。品牌是信誉，它可提供顾客从不怀疑的承诺，世界园艺博览会的品牌信誉可以在几乎为荒地的地方，在没有担保的情况下建起博览城；品牌是一种永恒不变的质量象征，它为顾客提供着无法割舍的价值，一个成功品牌可以连接很多品牌域内的优质产品，许多好产品因为没有品牌而向品牌企业“投降”；成功的品牌是核心竞争力的象征，它具有竞争者无法复制的特性，如果一个品牌全面包容且强势于另一个品牌，那么消灭弱势品牌之后，会得到原弱势品牌所覆盖的几乎全部的市场资源。企业之品牌，就像军队之旗帜一样，具有极大的精神力量，其感化力和感召力往往是融资的杀手锏。

例如：一个基金托管公司中的基金管理人，虽然没有多少个人资产，也没有别人为其提供资产担保，但由于他借助了某品牌金融机构的委托进行基金运作，他可能在顷刻之间获得大额的委托投资资本，原因是这个人有十分出众的投资理财水平和业绩，还有同样出众的人品和职业道德，水平、业绩、人品、道德就是个人的品牌。目前中国金融市场上各种投资基金的涌现，繁荣了我国投融资市场的同时也为众多的基金炒手提供了施展才能的天地，从而也为某些基金管理人的个人品牌的塑造提供了平台。

3．产品融资

利用产品技术或市场容量融入其他资源。大而全、小而全不仅是计划经济时代僵化的投资经营体制的一种表现，今天，一些产品生产者仍怀有这种封闭的投资经营思想来组织产品经营。好的产品有两种典型情况——技术先进、市场容量大。为先进的技术配套生产条件、为占领市场而配套经营条件，两者都不是顷刻之间完成的，不能变成畅销商品的先进技术实质上相当于落后的技术，不能占领市场的产品实质上就是没有市场的产品。要改变“大而全、小而全”理念带来的不利局面，就需要有产品融资思路。采取契约制，与各种有关的生产企业形成产业联盟，等于别人替你事先准备了相关投资；采取生产许可证制、市场分配制等，借助别人的现有销售网络，可实现产品可控制地销售。此外，企业在项目投资中要注意投资顺序，要把那些具有融资性的子项目排列在先。

三、设立发行股票的特殊条件

设立发行股票是指在股份有限公司设立或经改组、变更而成立新的股份有限公司时为募集资本而进行的股票发行，亦即股份有限公司首次发行股票。公司首次发行股票要具备一些特定的条件，遵循特定的要求。

（1）设立股份有限公司首次发行股票，须具备的特殊条件和要求。

① 发起人认缴和社会公开募集的股本达到法定资本最低限额；

② 发起设立须由发起人认购公司应发行的全部股份；

③ 对于募集设立，发起人认购的股份不得少于公司股份总数的 35%，其余股份应向社会公开募集（关于发起人认购公司股份的比例，各国法律规定不一，一般规定不得少于 25%或 30%以上）；

④ 发起人应有 5 人以上，其中必须有过半数人在中国境内有固定住所和常住户口；

⑤ 发起人以工业产权、非专利技术作价出资的金额不得超过股份有限公司注册资本的 20%；

⑥ 发起人在最近 3 年内没有重大违法行为；国务院证券委员会（简称证券委）规定的其他条件。

（2）国有企业改组为股份有限公司时，其发起人可以少于 5 人，但应采取募集设立方式发行股票。严禁将原公司的国有资产低估折股、低价出售或无偿分给个人，而且国家拥有的职工股份在公司拟发行的股本总额中所占的比例，应由国务院或国务院授权的部门规定。

（3）有限责任公司变更为股份有限公司时，折合的股份资本总额应当相等于公司的净资产额；原有限责任公司的债权、债务由变更后的股份有限公司继承；变更后的股份有限公司为增加资本首次向社会公开募集股份，须具备向社会公开募集股份的有关条件。

四、定向募集公司申请公开发行股票的特殊条件

定向募集公司申请公开发行股票，除了符合设立和改组设立股份有限公司申请公开发行股票的条件外，还应符合下列条件：

（1）定向募集所得资金的使用与其招股说明书所述的用途相符，且资金使用效益良好，并距最近一次定向募集股份的时间不少于 12 个月；

（2）最近一次定向募集到本次公开发行股票期间没有重大违法行为；

（3）内部职工股权证按照国家规定范围发放，并已交国家指定的证券机构集中托管；

（4）证券委根据国家经济和社会发展在新时期制定的一系列规定和其他条件。

第五节　股票发行价格的确定

股票是用以证明股东具有公司财产所有权的法律凭证。股票持有人能够凭此获取公司收益，即股票能够给持有人带来股息和红利，因此股票就有了价值，可以用货币衡量持有者获利手段的能力。股票作为有价证券，其价值有多种，如理论价值、票面价值、账面价值、清算价值、市场价值等。股票价格则是股票市场价值的集中表现。股票的价格又分为股票的发行价格和交易价格。其中股票的发行价格，是指股份公司在招募公司时或增资发行新股时，公开将股票出售给特定或非特定投资者所采用的价格，亦即投资者购买股票时所支付的价格。股票发行价格通常由发行公司根据股票面值、发行公司声誉及经营状况、股市行情和其他有关因素决定。在以募集设立方式设立公司首次发行股票时，由发起人决定，因公司再次增资发行新股时，由股东大会或董事会决定。

不同种类的股票，如普通股和优先股，因股东权利、义务、股利分派顺序等的差别，其发行价格也有不同。即使同一种类（同是普通股或同是优先股）由于发行人不同或发行时期不同，其发行价格也会有很大的差异。最常见的（普通股）股票发行价格有面值发行、市价发行和中间价发行等。

一、面值发行

面值发行就是以股票面额作为发行价格发行股票，即股票的发行价格与其面额等价，故也称平价发行或等价发行。例如，某公司股票面额为每股20元，若按面额发行，则其出售价格就是每股20元。在股票市场不甚发达的情况下，设立公司首次发行股票或给老股东配发股票时，选用面值发行可以确保及时足额地筹措资金，按面值发行股票一般比较容易推销，但发行公司不能取得溢价收入。

二、市价发行

市价是指市场价，一般情况下股票的市价总高于股票的面值，因此市价发行也就变为溢价发行。市价发行，即以已发行的股票现行价格为基准来确定增发新股的发行价格。例如，某公司过去发行的股票在市场上的近期卖价为48元，若该公司决定再次发行同种新股票，则虽其面额仍为20元，但按每股48元发行，这就是市价或溢价发行。采用市价发行股票，其溢价部分由发行公司所得（计入公司的资本公积金），在几倍乃至几十倍溢价发行的情况下，发行公司只要发行较少的股份就能获得较多的资金，其资金成本也更低。需要指出的是，市价发行的价格是以已发行股票的现行价格为基准，但并非与这种市价完全一致。在具体确定市价发行的价格时，要综合其他有关因素，一般按低于市价的5%～10%来确定。

选用市价发行股票，考虑了股票的现行市场价值，可促进股票的顺利发行。综观世界各国股市现状与趋势，市价发行颇为流行。

三、中间价发行

中间价，是取股票市场价与面额的中间值作为股票的发行价格。例如，某股票的现行市场价为48元，每股面额为20元，若发行公司按每股34元的价格增发该种新股票，就是按中间价发行。显然，中间价兼有等价和市价的特点。

四、溢价发行和折价发行

溢价发行是指按超过股票面额的价格发行股票，发行公司所获的溢价数列入资本公积金。按照国际惯例，股票通常采用溢价发行和等价发行。折价发行是指按低于股票面额的价格发行股票，按照国际惯例很少折价发行。即使在特殊情况下折价发行，也要受折价幅度和时间等严格的法律限制。我国《公司法》规定，股票发行价格可以是票面金额（即等价），也可以超过票面金额（即溢价），但是不能低于票面金额（即折价）。

第六节　股票的发行方法和销售方式

股票的发行和推销方式对于公司能否及时有效地筹集和筹足资金具有重要作用，尤其对那些知名度不高、社会公众不甚了解的公司更是如此。因此发行股票的公司应根据自身、证券市场和投资者等诸方面的实际情况，正确地选择适宜的股票发行方法和推销方式。

一、股票的发行方法

目前国内外较通行的股票发行方法主要有以下几种。

1．有偿增资

有偿增资是指投资人须按股票面额或市价，用现金或实物购买股票。有偿增资又可分为公募发行、股东优先认购、第三者分摊等具体做法。

（1）公募发行。这是指向社会公众公开招聘认股人认购股票。它有两种情形：一是

思 考 题

1. 股票的特点主要表现在哪几个方面?
2. 简述股票的种类。
3. 根据《公司法》,发行股票必须符合哪些条件?
4. 写出股票发行的基本程序。
5. 简述我国股票上市的条件。
6. 简述股票筹资的优缺点。

现在华泰证券能够承销此债券，表明其已步入第一梯队的行列。

作者：管伟

延伸阅读

投资公司债要点

上海证券交易所昨日依据中国证监会发布的《公司债券发行试点办法》及本所相关规则，发布关于公司债券有关事宜的通知。

试点期间，上海证券交易所对公司债券网上发行不收取发行手续费。

参与发行认购的投资者应使用在中国证券登记结算有限责任公司开立的首位为A、B、D、F的证券账户。

网上发行以1 000元面值为一个认购单位。上海证券交易所按“时间优先”的原则确认成交。

试点期间，公司债券现货交易可在上交所竞价交易系统和固定收益证券综合电子平台同时进行，并使用相同的证券代码和证券简称。

公司债券现货交易按证券账户进行申报，并实行净价交易、全价结算。公司债券现货净价交易比照国债相关规定执行。

当日通过竞价系统（电子平台）买入的公司债券，可于当日通过该系统（平台）卖出，也可于次一交易日通过电子平台（竞价系统）卖出。

来源：上交所网站

本案例摘自2007年9月21日《金陵晚报》B3版

【案例二】 中国网络公司再掀上市高潮

在刚刚结束的“第四届中国网商大会”上，阿里巴巴集团董事会主席兼CEO马云一句“阿里巴巴很快每个人都会很有钱”，暗示赴港上市进展顺利。与此同时，“完美时空”不久前已登陆美国股票，而金山也启动路演，准备在香港联交所挂牌。有关专家称，中国互联网上市高潮已经再次来临。

纳市不再是唯一选择

由于正是上市前夕，阿里巴巴公司高层不能对外发表可能影响投资人决策的言论。因此，在本届网商大会上，马云显得格外谨言慎行，对阿里巴巴何时路演以及何时登陆香港股市等问题都绝口不提。

但在此前的7月28日，马云在公司内部会议上已经公开确认了阿里巴巴的B2B业务将启动上市程序，并已于此前一天向港交所递交了第一次上市申请。按照外界推算，阿里巴巴 B2B 业务的融资规模大约在 78 亿港币(约 10 亿美元)，预计市值将达到 40 亿～50 亿美元。

记者了解到，史玉柱以网络游戏为主营业务的新“巨人”公司也将在第四季度赴海外上市。

有关专家称，继 2004 年的盛大、九城、腾讯等先后掀起上市高潮后，中国互联网正在掀起新一波上市高潮。

不过，与以往专注于美国股票不同，此番对上市地点的选择更加多元化，我国香港股市、日本股市也纷纷进入选项。“香港的投资者离内地市场更近，对这里更了解。” 马云此前在解释阿里巴巴赴港上市原因时说。

新一轮网络造富运动

一旦这些公司上市成功，中国互联网又将诞生一批新的百万、千万富翁。此前不久，一家门户网站甚至专门列出了一张阿里巴巴百万富翁名单。

阿里巴巴集团旗下 B2B 业务子公司及淘宝网董事崔仁辅对外透露，阿里巴巴集团 65%的员工有公司期权。接近阿里巴巴的人士透露，实际持有期权的比例比这个数字更高。据了解，阿里巴巴目前拥有员工 7 000 余人，按此计算，获得期权的人数超过 4 500 名。这些人的财富在阿里巴巴上市后将迅速膨胀。“傻坚持总比不坚持好。”马云透露，他近期专门召集 300 余名老员工“忆苦思甜”。而完美时空、金山、新巨人都将共同把中国网络造富运动推向高潮。

风投更关注中国市场

随着中国互联网上市高潮的再度来临，风险投资商也比以往更加关注中国市场。记者发现，今年以来，互联网公司举办的大型论坛上，几乎无一例外地都设立了风险投资商演讲环节，IDG、软银、赛伯乐等风投的身影更是时常闪现。“公司一旦上市，风投的回报将十分丰厚。”有关专家说，完美时空就是一个典型的例子。据了解，软银赛富一年前花 800 万美元投资完美时空，在后者上市后获得的回报高达 4 亿美元，“一年内竟翻了 50 倍!” 而在此之前，软银赛富投资盛大网络，获得的回报也高达 14 倍。

这种投资回报的乘数效应，让 IDG 也感同身受。在参加阿里巴巴中国网商大会时，IDG 亚洲区总裁熊晓鸽感慨地说：“IDG 没订投资阿里巴巴。让我觉得很失败!”这位投资专业人士透露，当年他来中国做风投时，能募得 2 000 万美元风投基金都很难，但现在动辄就能获得数亿美元。

本案例摘自 2007 年 9 月 19 日《金陵晚报》B8 版

【案例三】 苏宁环球（000718）借壳上市成功案例

自两年前苏宁环球（000718）借壳上市至今，其书写了一个又一个神话。昨天下午两点，苏宁环球的临时股东大会吸引了许多投资者及众多潜在投资者。记者采访中了解到，此次股东大会不但来了许多公募基金的基金经理，也吸引了许多私募基金投资人。

募资不超过 110 亿元

8 月 9 日，苏宁环球公告，拟向控股股东及其他投资者定向发行不超过 4.2 亿股，融资不超过 110 亿元（合资产认购部分）。此次融资采取“控股股东资产认购+其他机构投资者现金认购”模式。

公告显示，本次非公开发行募集资金将用于收购浦东公司 84%的为股权及对浦东公司项目开发，收购浦东公司 84%的股权全部以本次非公开发行的部分股份结算，浦东公司项目开发投资（现金）204 765 万元，其中用于威尼斯水城三期项目开发 191 065 万元，用于浦东大厦项目开发 13 700 万元；天华百润项目开发投资（现金）202 334 万元，其中，用于支付剩余土地出让金 46 103 万元，用于天润城四期项目开发 156 231 万元。另外，用于新项目的发展投资 10 亿元。

给中小股东持股信心

据了解，在“控股股东资产认购+其他机构投资者现金认购”模式中，“控股股东的资产认购”是其公司实际控制人张桂平及其关联人张康黎分别持有的南京浦东房地产开发有限公司 46%和 38%的权益认购不低于本次发行总量的 50%；“其他机构投资者”以现金认购其余不超过本次发行总量的 50%。

兴业证券南京营业部首席分析师王雷评析说，该模式近两年很多上市公司都在运用。“控股股东利用自有资产认购，说明其对公司今后的发展充满售心，是给中小股东坚定持股的信心。因此预计，后期该股还会上涨。”王雷说。

实现销售目标没问题

根据公告显示，此次定向增发 3.8 亿至 4.2 亿股后，苏宁环球总股本将扩张至不低于 8.7 亿股。截至 8 月 23 日收盘，苏宁环球股价为 48.29 元，苏宁环球的市值也有了 400 多亿元。无论从总股本还是总市值来看，苏宁环球俨然跻身于国内房地产上市公司前列。

苏宁环球表示，5 年内要实现年开发面积 250 万～300 万平方米，年销售收入达到 120 亿～150 亿元，成为国内综合大型地产运营商。

对于 5 年内年销售收入达到 120 亿元，有机构投资者表示质疑，对此，张桂平解释说，截至目前，苏宁环球每年实际销售收入达到40亿元左右，如果按照每年20%递增，那么，根据这样的业绩，5年内实现年销售收入达到120亿元至150亿元应该没有什么大问题。

发展大盘自有模式

记者了解到，目前，苏宁环球旗下的几个楼盘都是“大盘”。来自深圳的一投资公司投资总监顾九明对于苏宁环球运作大盘的能力表示担忧，“大盘开发是政府和企业之间互惠互利的合作模式，公司能够分享土地升值和成本节约的双重收益。但是，因为对管理层的眼光、管理策划运作大盘的经验要求比较高，因此，也存在着巨大的风险。”顾九明表示，“开发大盘的风险就相当于把所有的鸡蛋放在一个篮子里。”

对于发展大盘，张桂平觉得，苏宁环球不会学习别人的模式，公司通过多年的摸索，已经有了一套自己的模式。张桂平说：“房地产企业开发大盘，有利于节约成本，节约人员和便于管理。”

后期将实行股权激励

昨天的股东大会上，张桂平透露，为了激励管理层，让管理层更好地为股东创造效益，公司后期将实行股权激励。目前计划正在做。

张桂平表示，目前，公司的开发部门已把视角伸向了全国，只要有合适的地块，他们将在全国发展房地产业。

本案例摘自2007年8月25日《金陵晚报》B4版

思 考 题

1. 何为买壳上市融资法？
2. 简述借壳发行新股的程序。
3. 简述上市公司的股利分配。
4. 简述二板市场的历史特征。
5. 简述在香港创业板上市的条件。
6. 简述买断融资（承兑汇票业务）。

第七章　租赁融资策划法

融资租赁一词是从英文“finance lease”翻译而来，20 世纪 50 年代首先在美国出现。我国的融资租赁形成于 20 世纪 80 年代，目前已有近 500 家专营和兼营融资租赁的企业和机构。融资租赁与传统租赁相比，具有一定的融资、融物性质。企业可以用支付租金的方式用较少的资金先取得所需要的机器设备等，然后边生产、边收益、边还款，最后还可以留购所需要的机器设备。因此融资租赁是企业扩大生产经营规模、更新设备、进行技术改造的一项重要手段。

第一节　融资租赁业现状

融资租赁业起源于美国，它是一种以金融、贸易与租赁相结合，以租赁物件的所有权与使用权相分离为特征的新型信贷方式。融资租赁业在我国是近几年的事。几年来，通过融资租赁引进了大量外资和大批先进设备，这对支持我国企业设备更新和技术改造，促进国民经济发展起到了积极的作用。到 1998 年底，在我国现有的几种租赁公司当中，中外合资租赁公司主要是为国内用户解决资金短缺和引进先进设备服务的，它已成为我国租赁业中一支最活跃的力量。中资专营租赁公司和兼营租赁的非银行金融机构，由于受信贷规模和境外筹资规模的影响，业务规模及发展速度都受到一定限制。租赁公司目前仍处在起步阶段，但这些公司在推销产品和设备、促进资金回笼方面所起的作用已引起广泛的重视，发展势头方兴未艾。

融资租赁的一般操作程序是：由有意以租赁方式购置某种设备的企业，向选定的租赁公司提出办理租赁业务的申请，租赁公司经审查认为项目可行后，由租赁公司代为融资，并根据承租企业的需求，向供应厂商购进企业所需的设备，再交付承租人使用，承租人须按期交付租金。在租期结束时，企业通常只需象征性地交付一些价款，即可取得该项设备的所有权。租赁融资一般期限较长，在一次租期内，出租人可以收回所有的成本并获得利润，而设备的选择、维修及保养均由承租人负责。

我国经过近几十年的建设发展，固定资产的积累急剧增加，大量设备亟待更新改造。由于我国固定资产基本折旧率偏低，使企业无力实行自我积累、自我发展。另外，长期以来我国固定资产投资存在重基建轻技改的倾向，更加大了固定资产更新改造和技术更新的难度。因此，我国的融资租赁要充分发挥其资金使用比率较高、融资时间长、能有效控制资金作用方向等功能，积极参与我国企业的资产重组，提高存量资产流动性，有效支持企业设备的技术更新改造，才能在我国资本市场的激烈竞争中取得长足的发展。

我国的融资租赁作为一个新兴行业，其共同基础是市场经济发展的客观需要，也是金融服务经济的必然结果。当前，凡是适应市场经济需要、符合价值规律要求的事情，在我国都有存在和发展的必要。融资租赁是发展市场经济必需的，在我国有着广泛的市场和发展前景。但由于我国租赁业务起步较晚，在发展国民经济中的优势与作用还远未被人们所认识，因而在某些程度上制约了融资租赁业的发展。

随着我国社会主义市场经济的建立和完善，融资租赁在我国也将要成为继银行贷款、证券之后第三个重要的资本市场筹资方式。但是，由于我国租赁业起步较迟，虽已形成了一定的规模，但尚缺乏一定的发展模式，使得我国租赁业的发展缺乏有序性和全面性。因此确定一个适合我国国情的租赁发展模式对促进我国租赁业的发展，提高企业的租赁融资功能具有深远的指导意义。为此，国内人士就进一步发展我国的融资租赁业务，提出了独到的见解：强化国家宏观调控，扶持租赁业健康发展。首先，要统一会计核算标准，强化租赁项目的管理和监督，允许租金进入成本，防止国家税收流失。其次，要把金融性租赁公司放在优先发展的位置，允许租赁公司向商业银行借款，或通过发行债券筹集资金，并帮助组织清理；鼓励租赁企业出口创汇和外汇的自求平衡，允许企业用租赁设备生产的产品经出口所得外汇优先归还租金，然后上缴利润，并纳入国家、地方用汇计划；对租赁业贯彻税负从轻、优惠从宽、手续从简的原则，营造一个宽松、高效可行的融资租赁环境，为社会主义经济建设服务。

在我国金融体制不断深化改革加快与世界经济融合的情况下，推进我国租赁市场走向国际化市场已成为一种大趋势，只有深化金融管理体制改革，逐步取消对租赁经营规模的监控才能使我国的租赁业得到快速发展，在完全市场化的租赁市场上，中央银行可以通过调控租赁企业年度周转金、租赁利率浮动幅度、租赁市场发展宏观目标和业务指导等方式，对租赁企业根据市场供求状况和资金来源情况，自行制订经营计划，使其真正成为自主经营、自负盈亏、自担风险、负重奋进、自我平衡、自我发展、自我约束的金融企业。

发展租赁多种经营，确保租赁市场开放化。要促使金融机构类租赁、制造商类租赁、综合专营租赁并行发展；允许国家、集体、股份、中外合资（独资）或私人参与租赁经营；要积极探索直接租赁、转租、合作租赁、杠杆租赁等多种租赁形式；要冲破租赁地区封锁，确立全国一盘棋的思想，以期形成以供求关系为导向、租赁成交条件为杠杆，多层次、多方式、公平竞争、相互制约的开放型的良性运行的租赁市场体系。

针对当前我国的国有企业经营和我国融资租赁业的现状，租赁业的运作可以从以下几方面入手：

(1)利用融资租赁进行设备更新和技术改造。目前，我国国有企业的现有设备落后，亟需进行设备更新和技术改造，以增强产品在市场上的竞争力。因此，在盘活企业现有固定资产的基础上，有条件的企业可以充分利用融资租赁的方式进行设备更新和技术改造。融资租赁可分为直接租赁、转租赁和出售回租三种形式。根据设备来源又可分为国内租赁和国际租赁。其中国内租赁多为直接进口租赁、进口转租赁和回租后的进口转租赁。可以通过租赁机构融通国外资金，有效增加资本投入，使其成为引进外资的途径之一。同时，由于租赁项目须经承租企业和租赁公司共同确定，资金由租赁公司根据确定的项目进行安排，这种相互制约的机制可以确保较合理的投资结构和正确的投资方向，避免重复引进造成的资金浪费。

（2）利用"出售回租"的形式盘活企业现有资产。出售回租指由设备物主将自己拥有的部分资产（如设备、房屋等）卖给租赁公司，然后再从租赁公司租回来的做法。这是一种当企业缺乏现金时，为改善财务状况而采用的对企业非常有利的一种做法，叫回租。通过回租，承租人能把固定资产变为现金，再投资于其他领域，同时在租期内仍可继续使用这项资产，而企业的利润和折旧在出售期间便可以收回。我国现在的国有企业，尤其是国有大中型企业。在进行企业资产重组时，国家不可能拿出这么大一笔钱扶持所有企业，而国有银行在居高不下的坏账压力下，对企业的贷款支持也变得十分谨慎。企业利用"出售回租"这种形式就可以把固化的设备流动起来，并借此获得进行资产重组的资金。

（3）设备生产部门和流通部门可利用租赁形式扩大销售渠道。目前，国有企业一方面面临着设备落后，亟需改造和更新的现状，另一方面又面临着资金缺乏的困难。因此，国内的设备生产部门和流通部门应该抓住这一时机，成立自己的租赁公司，帮助推销自营产品，使销售手段多元化，借以吸引部分资金紧张又需要更新设备的企业，这样既可以解决购买企业资金不足、融资困难的状况，又可以扩大设备供应厂商的销售量，提高市场份额，为盘活设备供应厂商的存货资产，提高供应厂商的经济效益寻找一条新途径。

采取以上手段，再加上各种配套措施，就能尽快落实我国国有大中型企业的资产重组方案，尽快走出困境。

第二节　融资租赁合同类型

融资租赁是融资与融物的结合，是一种以融物达到融资目的的有效手段，在企业的长期经营过程中，企业在进行设备升级换代、技术改造、扩大生产规模时经常会出现资金短缺，倘若通过融资租赁方式，企业就可以用比较少的租金取得所需设备的使用的收益权，然后在经营中边生产经营边收益边支付租金，租赁期满企业还可以以较低的价格回购设备，取得完全的设备所有权。

融资租赁合同是指设备的出租人根据承租人对出卖人（供应商）和租赁物的选择，向出卖人购买租赁物，提供给承租人使用，承租人按合同约定支付租金的合同。

一、直接租赁、转租和回租类型

（一）直接租赁

直接租赁是采用购进租出的做法，即出租人根据承租人对设备的规格要求用在资金市场上筹措到的资金，向制造厂商订货并支付货款，购进设备后直接出租给用户（承租人）。

直接租赁合同一般由两个合同组成：一是出租人与承租人签订的一项租赁合同；二是出租人按承租人订货要求，与厂商（供货商）签订一项买卖合同。直接租赁中的出租人在筹措资金方面能主动、充分地发挥其金融运营增值功能的作用，并可视租期长短，支付租金的次数和间隔期，从各种不同的资金渠道，借入长短期比例搭配合理的资金，以降低实际贷款成本，增强租赁公司自身的竞争力。

在中国，直接租赁方式往往为资金雄厚的大租赁公司所采用。

（二）转租的法律特征

1. 什么是转租

转租是指第二出租人按最终承租人的要求先以承租人的身份从第一出租人处租进设备，然后再转租给承租人使用的一项租赁交易。

2. 转租的法律构架

转租是在融资租赁的基本形式基础上产生的，在保留融资租赁基本特征的同时，由于又增加了一个出租人，其交易程序略显复杂于基本形式。根据与供货商洽谈签订合同的不同当事人，转租又可分为两种主要模式。

第一种转租的法律构架如图 7-1 所示。

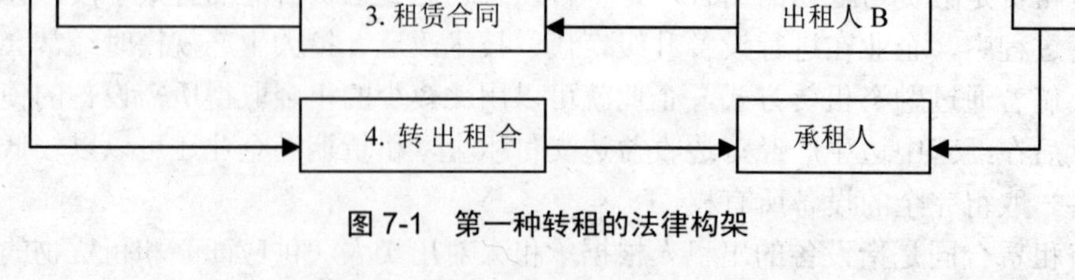

图 7-1　第一种转租的法律构架

（1）出租人 A 根据用户（承租人）的要求与供货商签订购货合同。

（2）出租人 A 以出租人 B 为其融资为条件，与出租人 B 签订购货合同的转让合同，将租赁设备的所有权转让给出租人 B，但保留其他权利。

（3）出租人 A 以承租人身份与出租人 B 签订租赁合同，租进已转让所有权的设备。

（4）出租人 A 与用户签订转租合同，再将从出租人 B 处租进的设备转租给用户。供货商直接向用户承租人交货。

第二种转租的法律构架如图 7-2 所示。

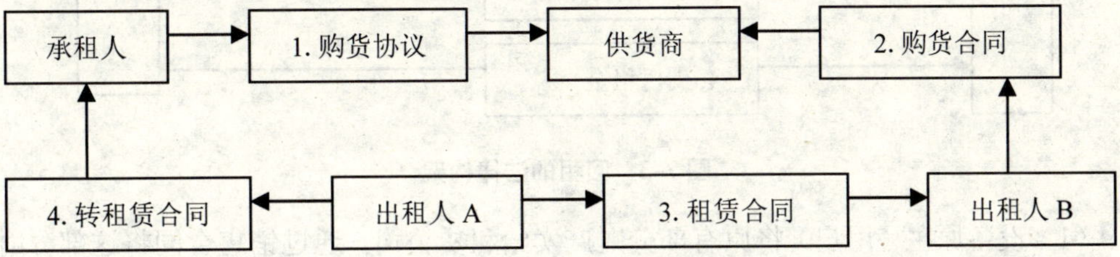

图 7-2　第二种转租的法律构架

（1）由承租人与供货商就设备规格、性能、价格及交货条件等问题进行洽谈，草签购货协议。

（2）出租人 B 根据购货协议与供货商正式签订购货合同。

（3）出租人 A 与出租人 B 签订租赁合同。

（4）出租人 A 与用户签订转租合同。

3．转租赁形式的优越性

首先，一家租赁公司在其自身借贷能力较弱，融资技术也不太发达，资金来源又有限的情况下，往往会采用转租赁，以期利用别家租赁公司条件优惠的融资便利。

其次，在跨国租赁中，当出租人不能从本国政府获得任何税收方面的好处时，一般采用以低廉租金从外国租赁公司转租的方式来分享外国政府提供的税收优惠。

一般情况下，只有在租赁内含利率低于贷款利率时，租赁公司才会考虑转租赁，否则再加上自己的利润，租赁成本便会大大高于贷款购买成本从而失去竞争性。

（三）回租的法律特征

1．什么是回租

回租是指承租人将自制或外购的机器设备先按账面价格或重估价格卖给租赁机构，然后再以租赁方式租回使用的一种租赁方式。承租人同时为租赁物的出卖人。

2．回租的法律框架

回租的法律构架如图 7-3 所示。

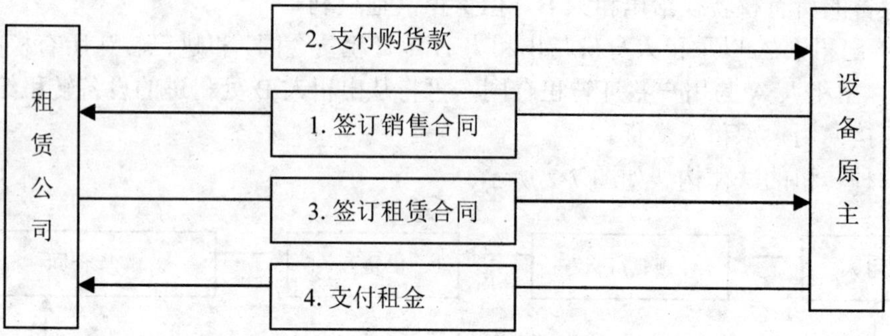

图 7-3　回租的法律构架

（1）设备原主（用户）将原有部分财产卖给租赁公司，通过销售合同将这部分财产的所有权转让给租赁公司。

（2）租赁公司支付货款，为用户融资。

（3）设备原主与租赁公司签订租赁合同，租回卖出的财产。

（4）设备原主分期向租赁公司偿付租金。

3．回租的优越性

回租业务使承租企业既能保持原有设备的使用权，又能使这些设备所占用的资金变为现款，用以增加其他设备的投资或其他资金需要。回租有利于改善企业经营管理，对于搞活企业具有十分重要的意义，回租省去了承租人大笔设备搬运、安装、调试的费用，减少了经营成本。

（1）有利于设备的操作、维修及解决企业技术难题。回租成交后，设备的所有权改变了，但设备的使用权并没有改变，设备的操作人员和技术管理售货员也没有改变。因此，他们对设备的操作程序和技术性能都很熟悉，这样可以保证设备的技术优越性得以充分发挥。

（2）有利于企业转移投资，灵活调整产品结构。设备如果归承租企业所有，那么作为固定资产，企业调整产品结构是困难的，但回租后，设备所有权归租赁机构，企业一旦需要转产，便可以在租赁期届满时，停租原租赁设备，改租自己所需要的设备，从而可根据市场变化情况，迅速地调整产品结构。

（3）有利于企业在不放弃设备使用权的情况下，减少资金占用，从而可以加速资金周转，提高资金使用效益。

（4）可以使企业固定资产流动化，有利于调整企业固定资产积累与流动资金积累的比例。实现回租后，企业原有的固定资产很大一部分转化为流动资产，增加了企业自有流动资金。这样，便于企业自我发展和自我改造，充分挖掘企业内部资金潜力，改变企业劳动资金不足的状况。

二、单一投资者租赁与杠杆租赁类型

根据出租人在一项租赁交易中的投资比例来划分，融资租赁可分为单一投资者租赁和杠杆租赁。

（一）单一投资者租赁

在一项融资租赁中，凡设备购置成本的 100%由出租人独自承担的称为单一投资者租赁。单一投资者租赁是人们所熟悉的融资租赁的传统做法。

（二）杠杆租赁的法律特征

1．什么是杠杆租赁

杠杆租赁又叫做平衡租赁，是指在一项租赁交易中，出租人只需投资租赁设备购置款项的 20%～40%的金额，即可在法律上拥有该设备的完整所有权，享有如同对设备100%投资的同等税收待遇；设备购置款项的 60%～80%由银行等金融机构提供的无追索权贷款解决，但需出租人以租赁设备作抵押，以转让租赁合同和收取租金的权利作担保的一项租赁交易。购置成本的借贷部分称为杠杆，这一财务杠杆的作用在于，充分利用政府提供的好处，使交易各方，包括出租方、承租方和贷方，获得一般租赁所不能获得的更多的经济效益。在杠杆租赁中，金融机构提供的是无追索权的货款，但需出租人以设备、租赁合同和收取租金的受让权作为对该项借款的担保。所谓无追索权的贷款是指当承租人不履行支付租金义务时，作为债权人的该金融机构不得向承租人直接追索债务，只能从出租人的出租资产中得到偿付。

2．杠杆租赁合同的当事人

杠杆租赁包括多个当事人：承租人、制造商、物主出租人、物主受托人、债权人、合同受托人、包租人或经纪人。

（1）承租人：租赁设备的未来使用者，并具有相当资本实力，否则无法获得金融机构提供的无追索权资金，或成本极高。

（2）制造商：向承租人交付租赁资产，从合同受托人手中获得货款。

（3）物主出租人：租赁设备的制造商或销售商，购置款项并取得租赁设备所有权的投资人。由于杠杆租赁资产的价值一般都很高，需要几家投资人共同分担风险，因此一项杠杆租赁一般由多个投资者（以下称所有权投资者）共同组成物主出租人。根据信托制度的要求，当有多个所有权投资者时，需要设立信托，成为物主信托人，即平衡法上的所有权持有人，或称受益人。

（4）物主受托人：往往是负责管理物主出租人租赁财产的、物主出租人都表示认可的一家租赁公司、银行或信托公司。物主受托人是杠杆租赁交易的核心，在交易中同时具有三重身份。第一，作为所有权人，承担普通法律所规定的所有权的一切风险与责任，如当租赁资产对第三人造成伤害的，由物主受托人负责处理对外赔偿等；第二，作为出租人，与承租人签订租赁合同；第三，作为借款人，负责向债权人签发借据。

（5）债权人：是负责提供60%～80%租赁设备购置成本的、无追索权的资金银行等金融机构。融资既可以贷款的形式，也可以债券的形式出现，在前一种形式下，债权人是无追索权贷款的提供者，在后一种形式下，债权人是无追索权债券的持有者。在承租人不履行支付租金的义务时，债权人不得向股权人追索债务，只能从物主受托人持有的信托财产——出租资产上得到偿付。

（6）合同受托人：债权人有好几个时，自然也采用信托制度即设立一个合同受托人，由其管理各债权人的利益。有时，即使在租赁开始时只有一个债权人，但为了便于将来处理部分贷款，也设立合同受托人更为方便。物主受托人把出租资产、租赁合同和收取租金的权利抵押给合同受托人，使合同受托人在该项财产上持有并行使担保物权。担保物权优于所有权，即当承租人不履行义务时，合同受托人可申请法院执行其担保物权——代表贷方占有设备。如果抵押品——租赁资产被清偿，受托人则将清偿所得首先用以清偿贷款人的债务，如有余额才交物主受托人。

合同受托人的主要义务包括：合同受托人核对、证明债权证书，办理债权转让手续；将所有权投资者、债权人交来的资金，向制造商支付租赁资产货价，接受承租人支付的租金，用以向贷款人还本付息；将余额交付物主受托人，由后者再支付给各个所有权投资者。

（7）包租人或经纪人：他们在承租人和出租人之间充当中间人，其责任是安排、起草租赁合同，物色有力的投资者，寻找有利的借款来源和资信良好的承租人，组织、促成租赁交易，其回报是收取佣金。租赁公司、投资银行或经纪商往往担任这一角色。

3．杠杆租赁的法律构架

杠杆租赁的法律构架如图7-4所示（此图仅供参考）。

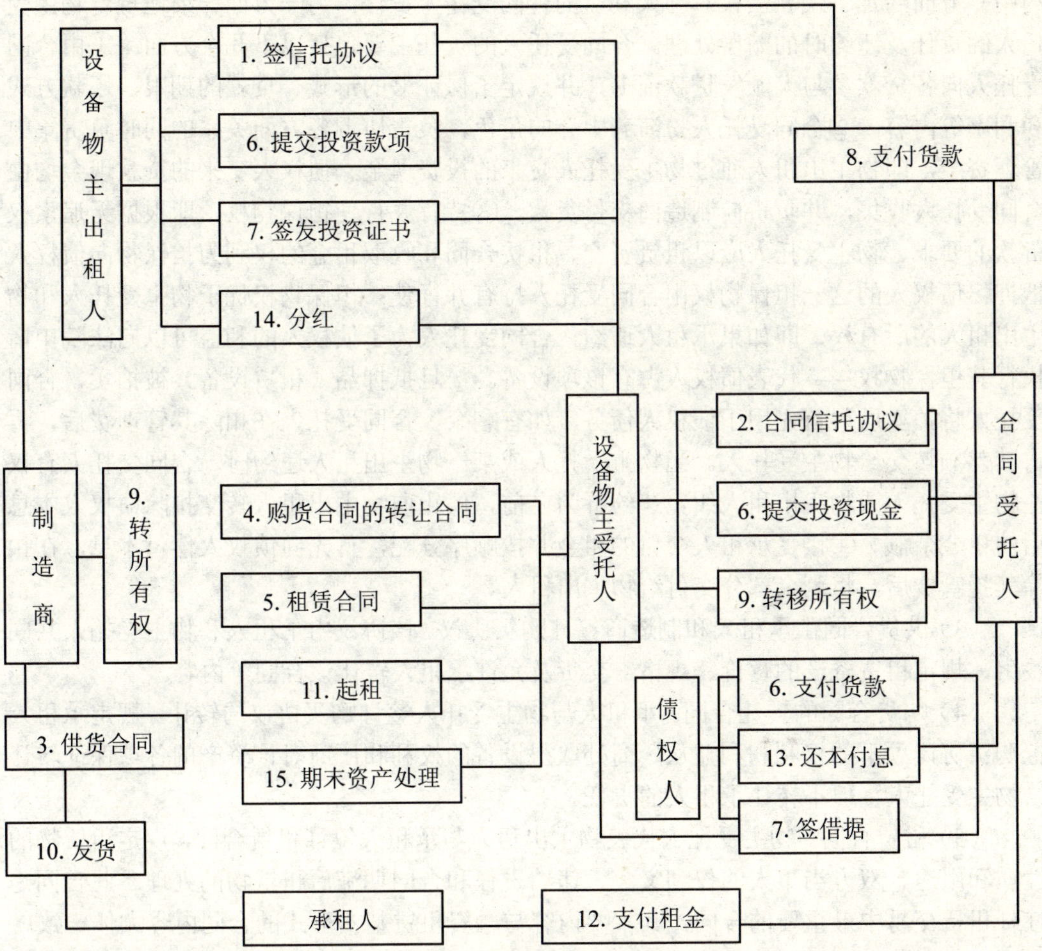

图 7-4 杠杆租赁法律构架

（1）签信托协议。物主出租人与物主受托人签订一项信托协议，该协议一方面规定了物主出租人同意提供投资的比例与金额；另一方面规定，由物主出租人投资购买的租赁资产和租金为信托财产，由物主受托人在信托协议授权的限度和活动范围内负责管理，并代表物主出租人执行一切与该财产有关的协议和文件，如向物主出租人签发作为所有权凭证的投资证书；接受物主出租人提供的投资款项，并代其购买租赁设备；代表物主出租人在普通法上持有该租赁资产的物权；如果承租人违约，物主受托人要向物主出租人提供书面通知，并代表他们取得信托协议中所规定的赔偿。

（2）合同信托协议。物主受托人与合同受托人也签订了一项信托契约。在其信托契约中一方面约定了代表债权参与人利益的合同受托人责任；另一方面详细地规定物主受托人的责任及违约时的赔偿处理。合同受托人的责任主要包括以下几个方面：①由合同受托人向各贷款参与人颁发贷款证书，并规定了保证书的形式、贷款的期限、还款方式和利率等内容。②合同受托人扮演着中介的角色，负责协调各方面关系的同时负责集中管理资金，即物主出租人通过物主受托人交来的投资现金、债权人交来的贷款现金均由合同受托人收集，并负责向制造商支付货款。③持有并行使担保物权，即根据无追索权货款的要求，物主受托人应以租赁资产、租赁合同和收取租金的权利为担保物向债权人抵押，债权人的这一担保物权由合同受托人持有并行使；担保物权优于物主受托人和物主出租人的所有权，即如果承租人违约，合同受托人为了债权人的利益可以向法院申请执行其担保物权——代表债权人占有该项设备。一旦抵押品（租赁设备）被拍卖，合同受托人将拍卖所得首先用于债权人债务，如有剩余，合同受托人在扣除其管理费后，再将其差额转交给物主受托人。当物主受托人或某一物主出租人违约时，合同受托人有权在物主受托人或物主出租人纠正违约行为之前，停止向物主出租人转交扣除债权人本息后的租金余额。④接受承租人交付的租金并按顺序分配，首先向债权人偿付本息，在扣除其托管费后，将剩余部分交付给物主出租人。

（3）供货合同由承租人和制造商签订购买协议。该协议由承租人和物主受托人共同签字，规定租赁资产的货价、规格、交货及允许承租人转让该合同等内容。

（4）购货合同的转让合同。承租人与物主受托人签订购买协议的转让。规定承租人把购买协议项下的权利和利益从厂商处取得设备的权利和厂商对该资产的各项保证转让给物主受托人，但不转让承租人的责任。

（5）租赁合同。物主受托人代表物主出租人与承租人签订租赁合同，规定租赁物的性质和用途、双方当事人的权利义务、违约责任和合同期满后租赁物的处理。此合同是杠杆租赁交易中最重要的合同，其主要内容与融资租赁基本形式的合同内容大体一致。

（6）提交投资现金。物主受托人将物主出租人交来的投资现金、债权人将贷款现金分别交付给合同受托人。

（7）签投资证书及签借据。物主受托人向物主出租人签发投资证书，向债权人签发借据。

（8）支付货款。合同受托人向制造商支付货款。

（9）转移所有权。根据购买协议的转让协议，制造商将设备的所有权凭证交给物主受托人；物主受托人再根据信托契约的要求，将设备的所有权凭证交给合同受托人。

（10）发货。制造商向承租人发货。

（11）起租。承租人验收合格后，向物主受托人签发物件收据，租赁开始。

（12）支付租金。根据信托契约，由承租人向合同受托人支付租金。

（13）还本付息。合同受托人在收到承租人交付的租金后，首先以利息和本金的形式分配给贷款参与人，在扣除自身的信托费用后，然后再把剩余的部分分配给物主受托人。

（14）分红。物主受托人在扣除其自身的信托费用后再按投资比例向物主出租人分红。

（15）期末租赁资产所有权的处理。

（16）各方需要特别说明的条款（指在租租赁操作过程中各方签署的规范格式条款文件中未能全部涵盖的需要特别补充说明的各方真实意愿的表达和陈述内容）。

三、国内租赁、国际租赁、租赁的国际业务及国际集团租赁类型

根据融资租赁的各当事人所在国的不同，又可分为国内租赁、国际租赁、租赁的国际业务及国际集团租赁。

（一）国内租赁

租赁双方及供货人同在一个国家，出租人与承租人之间签订的租赁合同，称为国内租赁合同。

（二）国际租赁

一般来说，国际租赁又可分为跨境租赁和间接对外租赁。

1. 跨国租赁

跨国租赁是指分别处于不同国家或不同法律体制的出租人和承租人之间的一项租赁交易。跨国租赁较为复杂，至少要考虑到两个以上国家的不同法律、税收和会计准则，因此要求当事人具有高水平的融资技巧和知识。

由于跨国租赁一般不要求支付预付金，有 100%的融资效果，减少了承租人国家现汇的大量流出，因此颇受外汇紧张而经济增长需求大的国家的青睐。此外，由于设备所有权的转移，不是发生在租期的开始，而是在期末，因此不少国家允许以跨国租赁方式进口设备的承租人常常不必在进口时支付进口关税，而是到期末才按设备残值交纳进口税，而且租赁双方无须办理进口许可证。至于不转移所有权的经营租赁更不必被要求支付进口税和办理进口许可证。由于迟交或免交进口税及不需领取进口许可节约下的时间、费用给跨国租赁带来了很大好处，这是一般国际贸易所不能比拟的。

跨国租赁与补偿贸易、来料加工、来件装配、包销相结合是租赁服务创新性的表现，是引进国外技术设备，扩大出口的好形式。

（1）租赁与补偿贸易相结合是指出租人把设备租给承租人使用，承租人不是以现汇，而是以租进机器设备所生产的产品来偿付租金。

（2）租赁与来料加工、来件装配相结合，是指承租人在租进设备的同时，承揽出租人的来料加工、来件装配等业务，承租人以来料加工与装配业务的收入来抵付租进设备的租金。

（3）租赁与包销相结合，是指出租人把设备租给承租人，而承租人生产的产品由出租人包销，出租人从包销收入中扣取租金。在以上这些形式中，鉴于有些国外的设备出租方多为专业性的租赁公司，缺乏产品推销方面的专门机构和技能，有的合同规定允许出租方将回购义务转交给第三人履行，但事先必须取得合同当事人的同意，如第三人未履行义务，则该设备出租人应承担责任。这种交易涉及六方当事人，有租赁公司、承租人、外贸公司、银行、接受返销责任的外商和技术设备供应商。以中国东方租赁公司为例，1981 年 7 月 28 日，海关总署下发了《关于中外合营中国东方租赁有限公司经营范围和有关监督、征税、统计事项的通知》，规定“租赁或租借进口的设备，凡用于对外加工装配和中小型补偿贸易项目，并按国务院颁发的《开展对外加工装配和中小型补偿贸易办法》及国务院批转财政部《关于进出口商品征免工商税收的规定》，用所得的加工费和所生产的商品偿付设备租金的，对该项租赁或租借进口的设备，可免征进口的关税和工商税”。同时规定，对中国东方租赁有限公司以外的其他经营租赁业务的企业，也按上述规定办理。

2．间接对外租赁

间接对外租赁是指一家租赁公司的海外法人企业（合资或全资）在当地经营的租赁业务。不管承租人是不是当地的用户，对这家租赁公司而言是间接对外租赁，但对它的海外分支机构而言，如承租人为当地用户，他们之间的租赁安排则为一项国内租赁。间接对外租赁是国际租赁市场上增长最快的一种租赁方式。多国银行集团是这个领域的首要推动者。发达国家的许多租赁公司，特别是那些附属于银行集团的租赁公司纷纷建立起国外分公司或分支结构的利益驱动在于：首先，出租人在当地从事交易获得了进入当地金融市场的机会；其次，减少了货币风险；再次，扩大了适合于租赁的设备范围，弥补了跨国租赁的不使用于小金额和不易移动设备的缺陷；还有就是回避了承租人所在地对外国出租者的法律方面的限制，弥补了租赁公司跨国租赁业务的不足。

（三）租赁的国际业务

当出租人、承租人同在一个国家，但供货人在另一个国家时，租赁双方签订了一项国内租赁合同，出租人与制造商签订了一项国际贸易合同，这种由两类合同、三个当事人组成的租赁业务称为租赁的国际业务，以区别于供货人与租赁双方同在一个国家、租赁设备为本国制造的纯国内租赁业务。

（四）国际集团租赁

国际集团租赁，即由租赁公司等组成租赁集团（SYNDI-GATE），共同承做超大型国际租赁项目，这需要具有多方面的特别是国际金融、国际贸易方面的知识。举世瞩目的香港第二条海底隧道工程是香港最大的公共工程之一，项目金融高达 44 亿港币（5.64 亿美元）。世界 50 家国际金融机构参与了对这个项目的融资。中国东方租赁公司通过与东方利市（亚洲）的合作，作为东方利市（亚洲）组织的国际租赁集团的一员，参与了这一工程项目租赁融资部分中 4000 万港币（约合 512 万美元）的份额，并从中获得了许多国际租赁的先进经验。

第三节　租赁双方的权利

《合同法》对融资租赁合同作出了明确规定，融资租赁合同是指出租人根据承租人对供货商、租赁物的选择，向供货商购买租赁物，提供给承租人使用，由承租人支付租金的合同。在融资租赁合同中，第一，出租人必须按照承租人对供货商、租赁物的选择，出资购买租赁物，这点有别于租赁合同，租赁合同中出租人是按照自己的需要购买财物用于出租，或是以现有的财物出租给承租人使用、收益。第二，出租人购买租赁物的目的是为了交付给承租人使用、收益，以获取租金。这点有别于买卖合同，买卖合同中购买方购买标的的目的是为了自己使用、收益。由于融资租赁合同具有其特殊性，使得合同当事人的权利也不同于传统的租赁合同。出租人与承租人各自所享有的权利是融资租赁合同中的重要内容之一，体现了立法中的公平原则。正确理解和使用当事人的权利，对订立和履行融资租赁合同，减少纠纷的发生，具有一定的现实意义。

一、出租人的主要权利

1. 在合同终止时有权收回租赁物

融资租赁合同期满后，对租赁物的处理，承租人可以选择留购、续租或者退租三种方式。第一，留购是承租人在合同期满时支付给出租人少量的名义价格，即可购得租赁物，取得租赁物的所有权。第二，续租是承租人在合同期满时与出租人更新合同，继续承租租赁物，或者承租人未退回租赁物，出租人同意合同继续有效延至承租人退回租赁物或留购租赁物的最终时间为止。如承租人没有选择续租或留购的，出租人有权收回租赁物，要求承租人将处于良好工作状态的租赁物按出租人要求的运输方式运至出租人指定的地点，由此而产生的一切支出，如包装、运输、途中保险等费用均由承租人承担。如果双方当事人没有约定租赁物的归属或约定不明确的，双方又不能达成补充协议或根据合同有关条款及交易习惯加以确定时，租赁物的所有权即归出租人享有，出租人可依法收回租赁物。此外，因承租人违约而造成合同终止的，出租人也有权收回租赁物并要求承租人承担相应的损失。

2．对租赁物享有所有权

出租人按照承租人对供货商、租赁物的选择向供货商购买租赁物后，自供货商将标的物交付承租人之日起，标的物的所有权即归出租人，出租人对标的物始终享有占有、使用、收益和处分的权利。出租人可以将租赁物出售、转让，也可以将租赁物设定抵押权，但必须通知承租人。承租人因保管、使用、维修不当造成租赁物有毁损、灭失危险的，出租人可以请求停止使用或赔偿损失。在租赁期内，合同承租人对租赁物只享有使用权和收益权，并不得妨碍出租人对租赁物的所有权，在融资租赁合同履行完毕之前，未经出租人同意，不能将租赁物出售、转让、转租、分租、赠与、抵押或用作投资等。当承租人破产时，租赁物不属于承租人破产清算财产的范围，出租人可以将其收回，也可以将其拍卖。

3．收取租金的权利

出租人按照合同约定收取租金，这是出租人的主要权利，也是出租人参与融资租赁关系收回融资成本和获取利润的唯一途径。融资租赁合同中承租人所支付的租金，不是承租人使用租赁物的代价，而是出租人向承租人提供融资的代价。承租人支付的租金，实际上是出租人购买租赁物的成本以及出租人所确定的合理利润。在租赁期内，即使承租人未使用租赁物，或者虽使用租赁物，但未取得预期经济效益，出租人仍有权按合同规定的时间、支付方式、支付余额向承租人收取租金。租赁物存在质量瑕疵或权利瑕疵以及租赁物自身灭失的，均不影响出租人这一权利的行使。承租人未按约定支付租金的，并经催告后在合理期限内仍不支付租金的，视为违约。在融资租赁合同中，由于租赁物是为了承租人的特殊需要购买的，专用性较强，在承租人违约时，出租人很难通过重新转让或出租而收回成本。为避免扩大损失，收回所投资金，出租人有权采取两种救济措施。首先，要求承租人支付租赁物的全部租金，即支付合同规定的全部已到期而承租人未支付的租金以及其他依约定未到期的租金。在租赁合同规定的每期租金支付期限到来之前，出租人无权请求承租人支付，这是承租人享有的期限利益，但融资租赁合同中，一旦承租人不支付租金或者有其他违约行为时，即丧失期限利益，必须对出租人付清全部租金。这是对违约行为的一种制裁，有利于保护出租人的利益。其次，出租人不选择要求承租人支付全部租金的，可以解除合同，收回租赁物，行使出租人对租赁物的所有权，并要求承租人赔偿损失，其赔偿额应相当于残存租金额。

二、承租人的主要权利

1. 在租赁期届满时享有优先购买权

在融资租赁合同期满后，承租人享有租赁物的优先购买权，在同等条件下，出租人只能将租赁物出售给承租人，而不能转让给其他购买人。如果租赁合同中约定期满后对租赁物的处理采取留购方式的，则承租人按原先的合同约定向出租方支付设备折旧的价款就可取得租赁物的所有权。

2. 向供货商行使索赔权

融资租赁合同涉及三方当事人，即出租人、承租人及供货商，其中出租人与承租人之间形成一种租赁关系，出租人与供货商之间形成一种买卖关系。当出租人根据承租人的要求，出资向供货商购买租赁物后，租赁物的所有权即转移给出租人，出租人同时享有因供货商违反合同规定而造成损失，要求供货商赔偿的权利。但由于融资租赁合同的特殊性，出租人作为买卖合同中的买受人，其主要义务是支付价款，而租赁物是根据承租人指定购买的，对其生产要求、性能等，出租人很难作出检验和判断，同时承租人又享有租赁物的使用、收益权。为了保证租赁物符合要求，便于及时解决使用中出现的问题，出租人与承租人往往约定由承租人负责收货验收，验收过程中发现质量技术问题，由承租人直接与供货商交涉，即出租人将索赔权转移给承租人。对由于供货商的过错，致使租赁物质量不合格或者迟延供货等原因所造成的损失，承租人可以直接向供货商行使索赔权而得到赔偿。为了保护承租人的合法权益，也为了便于索赔，融资租赁合同中可以明确规定，承租人可以自行向供货商索赔。承租人行使索赔权时，出租人应协助承租人索赔。当供货商交付的标的物质量不符合约定时，承租人可以要求供货商：第一，减少租金。如果供货商交付的标的物虽然不符合合同约定，但并不影响使用，承租人也愿意继续使用的，可以按质论价，要求减少租金。第二，修理、调换。如供货商交付的标的物不能利用时，应根据标的物的具体情况，由供货商负责修理或者另行交付无质量瑕疵的标的物，并承担因修理、调换而支付的实际费用。第三，支付约定或法定的违约金。第四，解除合同并赔偿损失。如供货商交付的标的物由于质量问题无法使用时，承租人不仅可以要求解除合同，而且可以要求赔偿损失。当供货商未交付或者迟延交付标的物的，承租人可以请求供货商继续履行交付义务，并请求支付违约金或者解除合同并要求损害赔偿。

3. 有权选择租赁物的供货商

在融资租赁合同中，承租人所承租的租赁物虽然由出租人出资购买，但却是由承租人选择决定的，承租人是租赁物的直接占有、使用和受益者，因此承租人有权依靠自身的专业知识、技能和经验选择租赁物的名称、规格、型号、性能、数量等，以及选择租赁物的供货商。

4．有权对租赁物进行验收

根据《合同法》的规定，融资租赁合同中，出租人根据承租人对供货商、租赁物的选择订立的买卖合同，供货商应当按照约定向承租人交付标的物，承租人享有与受领标的物有关的买受人的权利。根据这一规定，承租人享有买卖合同所授予买方的一切权利。这是融资租赁与传统租赁的一个重要区别，在传统租赁中，出租人是将自己现有的物或者是根据自己的意愿购买的物出租给承租人，承租人与供货商之间不存在任何法律关系，出租人对租赁物负有瑕疵担保责任。而在融资租赁中，融资租赁合同的租赁物又是买卖合同的标的物，融资租赁合同的一个重要特征就是融资与融物相结合，融资为融物服务，在出租人与供货商的买卖合同中，出租人只负支付货款的义务，实质上是为承租人购买租赁物提供资金，真正的买卖双方是承租人和供货商，因此承租人有权要求供货商直接交付标的物，供货商不得拒绝将标的物交付给承租人，并且要承担租赁物的瑕疵担保责任。承租人对供货商的这一请求权是出租人让予的。租赁物如遇瑕疵或因供货商的原因迟延交货，承租人享有购货合同中买方所享有的一切权利，如对货物瑕疵担保的请求权、全面履行合同请求权、损害赔偿请求权等。此外，承租人对租赁物提出特定要求并选择了供货商后，承租人除应按合同约定的日期、地点接受租赁物外，还应对租赁物进行验收，并出具验收证明，在验收过程中如果发现租赁物有问题，应及时通知出租人。

5．享有优先使用权

承租人订立融资租赁合同是通过融资达到融物的目的，取得租赁物的使用权，因此，承租人一旦接受供货商交付的租赁物后，在租赁期间，承租人对租赁物就享有独占的使用权，对使用租赁物所取得的收益可以独立处分。出租人虽享有租赁物的所有权，但不能影响承租人对租赁物的使用、收益，不能擅自改变原承租条件，出租人还应保证承租人在租赁期间内对租赁物的占有和使用，不受他人的干扰。出租人转让、抵押、出售租赁物，必须通知承租人。承租人对租赁物的优先使用权可以对抗抵押权人、出售后租赁物的新所有权人，出租人转让租赁物所有权的，融资租赁合同对新的所有权人继续有权，新所有权人不得解除合同，取回租赁物，这是“买卖不破租赁”原则。出租人将租赁物设定抵押时，出租人的抵押行为不得影响承租人的使用收益权。

三、承租方资金成本的确定

融资租赁是企业在资金短缺情况下取得生产所需设备的手段之一，它具有融资和融物相结合的特点，其实质是一种信贷行为。在融资租赁中，承租方以向出租方支付租金为代价，取得了资产大部分使用年限的使用权，并实现了资产所有权上附带的报酬和风险由出租方向承租方的转移。因此，融资租赁和其他筹资方式一样，对于承租方而言应考虑资金成本。在实际操作中企业是否进行融资租赁及如何进行融资租赁的财务决策中，准确测定融资租赁的资金成本具有重要意义。

由于所得税因素的影响，对某项经济业务不同的会计处理方法可能会对企业的现金流量造成不同的影响，从而影响企业的财务决策。因此确定融资租赁的资金成本时，必须考虑融资租赁业务的会计处理方法。融资租赁会计处理方法对租赁期内现金流量的影响主要取决于以下两个因素：第一，支付的租金。租金支付的会计处理取决于租赁资产的资本化方式。融资租赁租金组成从理论上讲包括租赁资产成本、利息和出租方从事融资租赁业务的各种费用支出及要求的利润（表现形式为手续费）。在租赁资产资本化时考虑折现因素时，支付的租金在会计处理上一部分将冲减负债，一部分计入费用；当租赁资产资本化时未考虑折现因素，租金将全额冲减负债，不会起到抵税作用而对现金流量造成影响。第二，融资租赁设备的入账价值。入账价值不同将使得租赁期内租赁设备计提折旧额不同，折旧作为成本的组成部分将起到抵税作用，从而导致现金流量的差异。

思　考　题

1. 简述融资租赁的一般操作程序。
2. 试述目前我国融资租赁业务应从几方面入手进行运作。
3. 简述融资租赁合同的几种类型。
4. 简述杠杆租赁的内容。
5. 简述出租人的主要权利。
6. 简述承租人的主要权利。

第八章　债券融资策划法

发行债券进行融资是一种常用的融资方法，今天市场经济的发展开辟了大量的融资新渠道，融资方法不断创新，债券融资方法现今已被大量使用，并出现了多种债券的发行融资方法和多种债券的营销手段，新的时期赋予了债券融资的新内容。

众所周知，债券是政府、工商企业、金融机构依照法定的程序直接向社会借债融资时，面向投资者发行并约定在一定期限还本付息的有价证券。债券是债务的说明书，具有法律效力。债券的持有人（投资者）即为债权人，可以凭债券定期从债券发行者那里获得固定利息，以及在债券到期日收回债券本金，发行债券方无论其亏盈都必须按期向债券持有人给付约定的利息。

第一节　债券的类别、功能和特征

一、债券的类别

1．国家债券（国库券）

中央政府是国家的权力象征，它以国家的征税能力作为国债还本付息的保证，投资者一般不用担心“国债”的偿还能力。为了鼓励投资者购买国债，大多数国家都规定国债投资者可以享受国债利息收入方面的税收优惠，甚至免税。因此，“国债”为投资者所热衷，流动性很强，并被广泛地用作抵押和担保。不过，由于国债的风险低、安全性和流动性好，它的利率一般也低于其他类型债券。当物价上涨，人民币遭遇贬值时，国债与人民币一样可享受保值贴息，不受贬值的影响。

政府发行公债，一般有两种情况：一是为国家经济建设筹集资金发行公债，称为“建设公债”，比如我国在建国初期发行的“人民胜利折实公债”等；二是为弥补预算收支差额发行的公债，称为“赤字公债”，如我国 1981 年以来发行的国库券就属于这种性质。在有些情况下，利用举借公债的办法加大经济建设投入，不失为一种积极的发展战略；利用公债来弥补预算收支差额，有时候也是平衡财政收支的一种有效手段。但国债的规模必须控制在适度的范围以内，否则将出现债务危机，影响国债的到期兑付。

2．地方政府债券

除中央政府发行债券之外，不少国家中有财政收入的地方政府及地方公共机构也发行债券，它们发行的债券称为地方政府债券。地方政府债券一般用于交通、通讯、住宅、教育、医院和污水处理系统等地方性公共设施的建设。同中央政府发行的国债一样，地方政府债券一般也是以当地政府的税收能力作为还本付息的担保。

但是，有些地方政府债券的发行是为了某个特定项目或给企业融资，因而不是以地方政府税收作为担保，而是以债券发行人经营项目所获的收益作为担保。比如地方政府为解决当地中低收入居民的住房困难，利用发行债券所得收入修建一批经济适用房或中低价“商品房”，由此获得的租售收入用于偿还债券的本金和利息。再如为修建一条专营铁路而发行债券。

地方政府债券的安全性较高，被认为是安全性仅次于“国债”的一种债券。而且，投资者购买地方政府债券所获得的利息收入一般都免交所得税，这对投资者有很强的吸引力。但目前我国地方政府尚不能独立发行债券。

3．企业债券

企业债券通常是企业依照法定程序发行，约定在一定期限内还本付息的债券。企业债券代表着发债企业和投资者之间的一种债权债务关系。债券持有人是企业的债权人，不是所有者，无权参与或干涉企业经营管理，但债券持有人有权按期收回本息。企业债券和股票一样，同属有价证券，可以自由转让。由于企业主要以本身的经营利润作为还本付息的保证，因此企业债券风险与企业本身的经营情况直接相关。如果企业发行债券后，经营状况不好，连续出现亏损，可能无力支付投资者本息，投资者就面临着遭受损失的风险，从这个意义上来说，企业债券是一种风险较大的债券。所以，在企业发行债券时，一般要对发债企业进行严格的资格审查或要求发行企业有财产抵押，以保护投资者利益。另外，在一定限度内，证券市场上的风险与收益成正比关系，高风险伴随着高收益。企业债券由于具有较大风险，它们的利率通常也高于国债和地方政府债券。

4．短期债券

短期债券的发行者主要是工商企业和政府，金融机构中的银行因为以吸收存款作为自己的主要资金来源，并且很大一部分存款的期限是 1 年以下，所以较少发行短期债券。

企业发行短期债券大多是为了筹集临时性周转资金。在我国，这种短期债券的期限分为 3 个月、6 个月和 9 个月。1988 年，我国企业开始发行短期债券。

政府发行短期债券多是为了平衡预算开支。美国政府发行的短期债券分为 3 个月、6 个月、9 个月和 12 个月 4 种。我国政府发行的短期债券较少。

5．中长期债券

中长期债券的发行者主要是政府、金融机构和企业。发行中长期债券的目的是为了获得长期稳定的资金。我国政府发行的债券主要是中期债券，集中在 3～5 年这段期限。1996 年，我国政府开始发行期限为 10 年的长期债券。

6．固定利率债券

根据债券利率在偿还期内是否变化，可将债券区分为固定利率债券和浮动利率债券。

固定利率债券指在发行时规定利率在整个偿还期内不变的债券。固定利率债券不考虑市场变化因素，因而其筹资成本和投资收益可以事先预计，不确定性较小。但债券发行人和投资者仍然必须承担市场利率波动的风险。如果未来市场利率下降，发行人能以更低的利率发行新债券，则原来发行的债券成本就显得相对高昂，而投资者则获得了相对现行市场利率更高的报酬，原来发行的债券价格将上升；反之，如果未来市场利率上升，新发行债券的成本增大，则原来发行的债券成本就显得相对较低，而投资者的报酬则低于购买新债券的收益，原来发行的债券价格将下降。

7．浮动利率债券

浮动利率是指发行时规定债券利率随市场利率定期浮动的债券，也就是说，债券利率在偿还期内可以进行变动和调整。浮动利率债券往往是中长期债券。浮动利率债券的利率通常根据市场基准利率加上一定的利差来确定。

浮动利率债券的种类较多，如规定有利率浮动上、下限的浮动利率债券；规定利率到达指定水平时可以自动转换成固定利率债券的浮动利率债券；附有选择权的浮动利率债券；在偿还期的一段时间内实行固定利率，另一段时间内实行浮动利率的混合利率债券等。

由于债券利率随市场利率浮动，采取浮动利率债券形式可以避免债券的实际收益率与市场收益率之间出现任何重大差异，使发行人的成本和投资者的收益与市场变动趋势相一致。但债券利率的这种浮动性，也使发行人的实际成本和投资者的实际收益事前带有很大的不确定性，从而导致较高的风险。

8．金融债券

金融债券是由银行和非银行金融机构发行的债券。在我国及日本等国家，金融机构发行的债券称为金融债券。

金融债券能够较有效地解决银行等金融机构的资金来源不足和期限不匹配的矛盾。一般来说，银行等金融机构的资金有三个来源，即吸收存款、向其他机构借款和发行债券。存款资金的特点之一，是在经济发生动荡的时候，易发生储户争相提款的现象，从而造成资金来源不稳定；向其他商业银行或中央银行借款所得的资金主要是短期资金，而金融机构往往需要进行一些期限较长的投融资，这样就出现了资金来源和资金运用的期限上的矛盾。发行金融债券比较有效地解决了这个矛盾。债券在到期之前一般不能提前兑换，只能在市场上转让，从而保证了所筹集资金的稳定性。同时，金融机构发行债券时可以灵活规定期限，比如为了一些长期项目投资，可以发行期限较长的债券。因此，发行金融债券可以使金融机构筹措到稳定且期限灵活的资金，从而有利于优化资产结构，扩大长期投资业务。由于银行等金融机构在一国经济中占有较特殊的地位，政府对它们的运营又有严格的监管，因此，金融债券的资信通常高于其他非金融机构债券，违约风险相对较小，具有较高的安全性。所以，金融债券的利率通常低于一般的企业债券，但高于风险更小的国债和银行储蓄存款利率。

按不同标准，金融债券可以划分为很多种类。最常见的分类有以下两种。

（1）根据利息的支付方式，金融债券可分为付息金融债券和贴现金融债券。如果金融债券上附有多期息票，发行人定期支付利息，则称为付息金融债券；如果金融债券是以低于面值的价格贴现发行，到期按面值还本付息，利息为发行价与面值的差额，则称为贴现债券。比如票面金额为 1000 元，期限为 1 年的铁路金融债券，发行价格为 900 元，1 年到期时支付给投资者 1000 元，那么利息收入就是 100 元，而实际年利率就是 11.11%（即（1000－900）÷900×100%）。按照国外通常的做法，贴现金融债券的利息收入要征税，并且不能在证券交易所上市交易。

（2）根据发行条件，金融债券可分为普通金融债券和累进利息金融债券。普通金融债券按面值发行，到期一次还本付息，期限一般是 1 年、2 年和 3 年。普通金融债券类似于银行的定期存款，只是利率高些。累进利息金融债券的利率不固定，在不同的时间段有不同的利率，并且一年比一年高，也就是说，债券的利率随着债券期限的增加累进，比如面值 1000 元、期限为 5 年的金融债券，第 1 年利率为 9%，第 2 年利率为 10%，第 3 年为 11%，第 4 年为 12%，第 5 年为 13%。投资者可在第 1 年至第 5 年之间随时去银行兑付，并获得规定的利息。

此外，金融债券也可以像企业债券一样，根据期限的长短划分为短期债券、中期债券和长期债券；根据是否记名划分为记名债券和不记名债券；根据担保情况划分为信用债券和担保债券；根据可否提前赎回划分为可提前赎回债券和不可提前赎回债券；根据债券票面利率是否变动划分为固定利率债券、浮动利率债券和累进利率债券；根据发行人是否给予投资者选择权划分为附有选择权的债券和不附有选择权的债券等。

由金融机构发行的金融债券与国库券相比利率较高，与银行存款相比主要是在市场物价持续上涨、人民币存款出现贬值时，国库券、银行存款可享受国家的保值，而金融债券不能享受保值待遇。

二、债券的主要功能

世界各个成熟的金融市场，无不有一个发达的债券市场。债券市场在社会经济中占有十分重要的地位，是因为它具有以下几项重要功能。

（1）宏观调控功能。一国中央银行作为国家货币政策的制定与实施部门，主要依靠存款准备金、公开市场业务、再贴现和利率等政策工具进行宏观经济调控。其中，公开市场业务就是中央银行通过在证券市场上买卖国债等有价证券，从而调节货币的供应量，实现宏观调控的重要手段。在经济过热、需要减少货币供应量时，中央银行卖出债券收回金融机构或公众持有的一部分货币，从而控制经济的过热运行；当经济萧条需要增加货币供应量时，中央银行便买入债券，增加货币的投放。

（2）资金流动导向的功能。效益好的企业发行的债券通常较受投资者的欢迎，因而发行时利率低筹资成本小；相反，效益差的企业发行的债券风险相对较大，受投资者欢迎的程度较低，筹资成本较大。因此，通过债券市场，资金得以向优势企业集中，从而有利于资源的优化配置，发挥资金在经济建设中的功能最大化。

（3）融资功能。债券市场作为金融市场的一个重要组成部分，具有使资金从资金剩余者手中流向资金需求者，为资金不足者筹集资金的功能。我国政府和企业先后发行多批债券，为弥补国家财政赤字和国家的许多重点建设项目筹集了大量的资金。据保守估计，在“八五”期间，我国企业通过发行债券共筹资 820 亿元，重点支持了三峡工程、上海浦东新区建设、京九铁路、沪宁高速公路、吉林化工、北京地铁、北京西客站等能源、交通、重要原材料等重点建设项目以及城市公用设施建设。2007 年国家于 8 月份开始陆续发行 1000 亿特别国债来调节金融市场。

三、债券的主要特征

债券购买者与发行者之间是一种债权债务关系，债券发行人即债务人，投资者（或债券持有人）即债权人。债券作为一种重要的融资手段和金融工具具有如下特征。

（1）收益性。债券的收益性主要表现在两个方面：一是投资债券可以给投资者带来定期或不定期的利息收益；二是投资者可以利用债券价格的变动，买卖债券赚取证券交换市场出现的差额。

（2）安全性。与股票相比，债券通常规定有固定的利率，与企业绩效没有直接联系，收益比较稳定，风险较小。此外，在企业破产进行财产清算时，债券持有者享有优先于股票持有者对企业剩余财产的索取权。

（3）流通性。债券一般都可以在流通市场上自由转换，有特殊约定的除外。

（4）偿还性。债券一般都规定有偿还期限，发行人必须按约定条件偿还本金并支付利息。

第二节　企业债券的分类及特点

一、企业债券的分类

一个企业可以根据自己的意愿和需要，采取不同的形式来发行债券，或者约定不同的发行条件，由此而产生了不同种类的企业债券。在通常情况下，发债券企业可以发行企业债券的种类，都由《公司法》或者其他有关法律事先加以明确规定，发债券企业在法律规定允许发行的企业债券种类之内，确定发行哪一种企业债券。我国《公司法》规定，发债券企业可以发行记名企业债券和无记名企业债券、转换企业债券和非转换企业债券。在国外，还有担保企业债券和无担保企业债券、普通企业债券和参加企业债券、附新股认购权企业债券和无新股权认购权企业债券、登记债券和实物债券、金融债券和事业债券等。

1．记名企业债券

这是指在企业的债券存根簿上记载企业债券债权人的名称、住所等事项的企业债券。由于存在这些记载，记名企业债券的挂失、转让、本息支付等方面就有特别的规定。

2．无记名企业债券

这是指在企业债券存根簿上不记载企业债券债权人的名称、住所等事项的企业债券。这种债券在挂失、转让、本息支付等方面比较自由。

发债券企业既可以确定发行记名企业债券，也可以确定发行无记名企业债券。而且，法律亦未禁止同时采用两种方式，因而，可以认为，在同一次企业债券的募集中，不妨碍同时发行记名企业债券和无记名企业债券。

3．转换企业债券

能够按照企业债券债权人的请求，而依事先确定的办法转换为企业股份的债券叫做转换企业债券。在发债企业属于上市企业时，既可以确定发行转换企业债券，也可以确定发行非转换企业债券。

转换企业债券在性质上仍为企业债券，但由于这种企业债券具有转换为股份的可能性，因而在经济上可以视为潜在的股份，也是企业债股份化的一种表现。对于投资者来说，投资于企业债，在到期时能够取得本金和固定利息，因而具有投资上的安全性，但同时也使收益带有固定性；而投资股份，则有可能取得更丰厚的收益，因而具有投资上的机会性，但同时也使收益带有极大的风险性。转换企业债券则有可能使两者结合起来，使得投资者有可能兼收两种投资方式之利，而又同时避开两种投资方式之弊。转换企业债券的债权人，在企业股票价格下跌时，可以依本来的企业债券取得还本付息，以保证定期的收益；而在企业股票价格上升时，则可以将企业债券转换为股份，以获取股票增值的收益。由于转换企业债券赋予了债权人以转换选择权，使转换企业债券在权利行使上具有更大的灵活性，使得一般投资者乐于认购，从而使发债企业更易于进行企业债的募集。同时，对于发债企业自身来说，在发行转换企业债券并可能实现其向股份的转换时，则可以在取得增资的同时，减少相应的债务负担。对于转换企业债券的发行，发债企业仅限于股份有限公司中的上市企业，必须同时具备发行企业债券和发行股票的条件，必须特别报请国务院证券管理部门批准。

4．非转换企业债券

只能按照规定的时间和条件还本付息而不能转换成企业股票的债券叫做非转换企业债券。这也是最常见的企业债券。与转换企业债券相比，其发行条件比较宽松。

5．担保企业债券

就企业债券的偿还，设定一定的担保，企业债券债权人在其企业债券债权不能实现时，得依担保权的行使而优先受偿；不难看出，担保企业债券的持有人增加了一种实现债权的选择，因此风险要小得多。从国外企业债券发行的实际情况来看，绝大部分普通企业债券均采用担保企业债券的方式发行。就担保企业债券来说，存在着人的担保和物的担保两种情况。

（1）人的担保是由发债券企业以外的第三人作为担保人，对企业债券的偿还提供保证，在发债券企业不能偿还到期的企业债时，由该保证人承担偿还义务。因此，设定人担保的担保企业债券，也称为保证债券。在由发债券企业以外的其他企业承担担保时，这是一般保证债券；在由政府承担保证时，则为政府保证债券。保证人应当具有相应的偿还能力。

（2）物的担保则是由发债券企业以自己所有的财产，对企业债券的偿还提供担保，在发债券企业不能偿还到期的企业债时，企业债券债权人有权从提供担保的企业财产中优先获得清偿。实际上，设定物担保的担保企业债券，乃是就全体企业债券债权人设定共同的担保权、使之共同享受担保利益的企业债券。在以发债券企业的总财产作为担保物，企业债券债权人有权从企业总财产中优先获得清偿时，为一般担保企业债券；在以发债券企业的特定财产作为担保物，企业债券债权人有权从该特定财产中优先获得清偿时，为特别担保企业债券。

6．无担保企业债券

这是指没有担保的企业债券，企业债券债权人仅能作为一般债权人取得受偿，而不能通过担保权的行使取得优先受偿。这种企业债券相对于有担保企业债券来说，风险要大得多。

可以认为，现行有关企业债券的规定，应该属于一般企业债券或者无担保企业债券的规定。

7．其他种类的企业债券

在上述主要的企业债券种类以外，还存在若干其他的企业债券类型，例如，登记债券和实物债券，前者为不发行实物形态的债券，仅通过在登记机关对企业债券债权人进行登记而发行的企业债券；而后者则为实际发行实物形态的企业债券。登记债券减少了印制债券的成本，发行成本较低。

二、企业债券的特点

与其他债券相比，企业债券的主要特点包括：

（1）风险性较大。企业债券的还款来源是企业经营利润，但是任何一家企业的未来经营都存在很大的不确定性，因此企业债券持有人承担着损失利息甚至本金的风险。

（2）收益率较高。风险与收益成正比的原则要求较高风险的企业债券须提供给债券持有人较高的投资收益。

（3）对于某些债券而言，发行者与持有者之间可以相互给予一定的选择权。

企业在生产经营过程中，可能会由于种种原因需要使用大量资金，如扩大业务规模、筹建新项目、兼并收购其他企业及弥补亏损等。在企业自有资金不能完全满足其资金需求时，便需要向外部筹资。通常，企业对外筹资的渠道有三个：发行股票、发行债券和向银行等金融机构借款。

由于股票经常是溢价发行，故股票筹资的实际成本较低，而且筹资的资金不用偿还，没有债务负担。但股票发行手续复杂，前期准备时间长，还要公布企业财务状况，受到的制约较多。此外，增发股票还导致股权稀释，影响到现有股东的利益和对企业的控制权。

向银行等金融机构借款通常较为方便，能较快满足企业的资金需求，但信贷的期限一般较短，资金的使用范围往往受到严格的限制，有时信贷还附有一定的附加条件。而且，在企业经营情况不佳时，银行往往不愿意提供贷款。

相对而言，发行债券所筹集的资金期限较长，资金使用自由而且购买债券的投资人无权干涉企业的经营决策，现有股东对企业的所有权不变，从这一角度看，发行债券在一定程度上弥补了股票筹资和向银行借款的不足。因此，发行债券是许多企业非常愿意选择的一种筹资方式。这种筹资方式是建立在企业知名度、企业规模、企业经营状况、企业品牌消费认知度、企业信誉度和美誉度基础上的，不是所有企业都能采用的一种融资方式。

三、债券与股票的区别

企业债券与股票既有相同之处，也有不同之处。其相同点主要表现在：二者都是有价证券，具有可流通性；二者都是筹措资金的方法。但二者的不同之处也很明显，概括而言，主要有以下几点。

1．债券的收益有多种选择

股票一经认购，就不能够要求退股，股东要想收回投资，只能在依法成立的证券交易场所转让；而债券的持有人既可以转让债券，也可以在债券到期时连本带利一起收回，对于可转换债券来说，还可以随时转换成股票，因此债券的持有人拥有多种利益实现选择。

2．债券的利息固定，风险比较小

债券持有人除取得固定利息外，还可于债券到期时收回本金，其风险比较小。股票持有人不能退股，其股息率与企业经营状况好坏直接挂钩，企业经营有盈利，就可以分到股息、红利。盈利越多，分得的股息、红利越多，反之，分得的股息、红利就越少。若企业经营不善而破产时，还应以其出资（持有的股份）为限对企业债务负责，在这种情况下，企业的股东对股票的投资可能一无所获。所以股票持有人的投资风险就远大于企业债券持有人。当然，在企业因为资不抵债而破产时，债券的本息也存在着不能完全收回的可能性。

3．在获利和权益顺序上债券优先于股票

企业在发放股息之前应优先偿还债券利息；企业破产清算时，必须优先偿还债券本息，只有在偿还债券本息后还有剩余时，股东才能按照持有股票的多少来分得企业的剩余财产。

4．债券持有人与股票持有者对于企业的法律地位不同

债券持有人是企业的债权人，与企业之间只有债权债务关系，只能就自己所持债券享有特定权利。股票持有人则是企业的投资人，是企业的组成成员，股票体现了股东对于企业的所有权法律关系，股东享有《公司法》上规定的权利和义务。

5．企业债券与股票的发行主体范围不同

股份有限企业、国有独资企业和两人以上的国有企业或者其他两个以上的国有投资主体投资设立的有限责任公司，都可以发行公司债券，而股票只能由股份有限公司发行。

6．企业债券的内容与股票不同

企业债券的制作受到法律的约束，根据我国《公司法》的规定，企业债券的票面应当符合下列要求：

注明企业名称、债券票面金额、利率、偿还期限等事项，并由董事长签名，企业盖章。

与债券不同，股票的制作也受到有关法律的约束。

与股票不同，企业债券有一个固定的存续期限，而且发行人必须按照约定的条件还本付息，因此，债券上市的条件与股票有所差异。为了保护投资者的利益，保证债券交易的流动性，证券交易所在接到发行人的上市申请后，一般要从以下几个方面来对企业债券的上市资格进行审查。

（1）债券的发行量必须达到一定的规模。这是因为，如果上市债券流通量少，就会影响交易的活跃性，而且价格也容易被人操纵。

（2）债券发行人的经营业绩必须符合一定条件。如果发行人的财务状况恶化，就会使发行人的偿债能力受到影响，从而可能发生债券到期不能兑付的情况，使投资者的利益受到损害。

（3）债券持有人的人数应该达到一定数量。如果持有者人数过少，分布范围很小，那么即使债券的发行量大，其交易量也不会太大，从而影响债券的市场表现和形象。

在目前还没有统一的债券上市规则的情况下，上海和深圳证券交易所分别制定了基本相同的上市规则。以上海证券交易所颁布的《上海证券交易所企业债券上市交易规则》为例，申请上市的企业债券必须符合下列条件：

（1）募集的资金用于本企业的生产经营，其投向符合国家产业政策及发行审批机关批准的用途；

（2）债券须有担保人担保；

（3）累计发行在外的债券总面额不超过发行人净资产额的 40%；

（4）最近 3 年平均可分配利润足以支付发行人所有债券的利息；

（5）债券的信用等级不低于 A 级；

（6）债券的实际发行额在人民币 1 亿元以上（含 1 亿元）；

（7）经国家发改委和中国人民银行批准并公开发行；

（8）债券的期限在 1 年以上（含 1 年）。

第三节　企业债券发行市场与发行因素

一、债券市场

目前，我国债券流通市场由三部分组成，即沪深证券交易所市场、银行间交易市场和证券经营机构柜台交易市场。

债券市场是发行和买卖债券的场所，债券市场是金融市场的一个重要组成部分。根据不同的分类标准，债券市场可以分为不同的类别，最常见的有以下几种：

（1）根据债券发行地点的不同，债券市场可以划分为国内债券市场和国际债券市场。国内债券市场的发行者和发行地点同属一个国家，而国际债券市场的发行者和发行地点不属于同一个国家。

（2）根据市场组织形式，债券流通市场又可进一步分为场内交易市场和场外交易市场。证券交易所是专门进行证券买卖的场所，如我国的上海证券交易所和深圳证券交易所。在证券交易所内买卖债券所形成的市场，就是场内交易市场，这种市场组织形式是债券流通市场的较为规范的形式。交易所作为债券交易的组织者，本身不参加证券的买卖和价格的决定，只是为债券买卖双方创造条件、提供服务，并进行监管。

场外交易市场是在证券交易所以外进行交易的市场。柜台市场为场外交易市场的主体。许多证券经营机构都设有专门的证券柜台，通过柜台进行债券买卖。在柜台交易市场中，证券经营机构既是交易的组织者，又是交易的参与者。此外，场外交易市场还包括银行间交易市场，以及一些机构投资者通过电话、电脑等通信手段形成的市场等。

（3）根据债券的运行过程和市场的基本功能，可将债券市场分为发行市场和流通市场。债券发行市场又称一级市场，是发行单位初次出售新债券的市场。债券发行市场的作用是将政府、金融机构及工商企业等为筹集资金向社会发行的债券，分散发行到投资者的手中。债券流通市场又称二级市场，指已发行债券买卖转让的市场，债券一经认购，即确立了一定期限的债权债务关系，通过债券流通市场，投资者可以转让债权，把债券变现。债券发行市场和流通市场相辅相成，是相互依存的整体。发行市场是整个债券市场的源头，是债券流通市场的前提和基础。发达的流通市场是发行市场的重要支撑，流通市场的发达是发行市场扩大的必要条件。

二、债券发行的内容及因素

企业在决定通过债券筹集资金后，接着就考虑发行何种类型的债券以及发行债券的条件。债券发行的条件指债券发行者发行债券筹集资金时所必须考虑的有关因素，具体包括期限、面值、发行额、票面利率、偿还方式、付息方式、发行价格、发行费用、有无担保等。由于企业债券通常是以发行条件进行分类的，所以，确定发行条件的同时也就确定了发行债券的种类。适宜的发行条件可使筹资者顺利地筹集资金，使承销机构顺利地销售出债券，也使投资者易于做出投资决策。在选择债券发行条件时，企业应根据债券设定的发行条件及具体内容综合考虑下列因素。

（1）债券的期限。从债券发行日起到偿还本息日止的这段时间称为债券的期限。企业通常根据资金需求的期限、未来市场利率走势、流通市场的发达程度、债券市场上其他债券的期限情况、企业的项目运行及投资回报的周期、投资者的偏好等来确定发行债券的期限结构。一般而言，当资金需求量较大，债券流通市场较发达，利率有上升趋势时，可发行中、长期债券，否则，应发行短期债券。

（2）债券面值。债券面值即债券票面上标出的金额，企业可根据不同认购者的需求，使债券面值多样化，既有大额面值，也有小额面值。多种面值额的数字确定形式可参照人民币面额的数字，便于流通和交换、上市交易。

（3）发行额。债券发行额指债券发行人一次发行债券时预计筹集的资金总量。企业应根据自身的资信状况、资金需求程度、到期偿还能力、利息承受能力、市场资金供给情况、债券自身的吸引力等因素进行综合判断后再确定一个合适的发行额。发行额定得过高，会造成发售困难；发行额太小，又不易满足筹资的需求。

（4）票面利率。票面利率可分为固定利率和浮动利率两种。一般地，企业应根据自身资信情况、企业承受能力、利率变化趋势、债券期限的长短等决定选择何种利率形式及利率的高低，同时还应考虑企业的运营情况和对未来市场情况的预测及预期收益情况。

（5）债券的偿还方式。按照债券的偿还日期的不同，债券的偿还方式可分为期满偿还、期中偿还和延期偿还三种或可提前赎回和不可提前赎回两种；按照债券偿还形式的不同，可分为以货币偿还、以债券偿还和以股票偿还三种。企业可根据自身实际情况和投资者的需求灵活做出决定。

（6）付息方式。付息方式一般可分为一次性付息和分期付息两种。企业可根据债券期限情况、筹资成本要求、对投资者的吸引力等确定不同的付息方式，如对中长期债券可采取分期付息方式，按年、半年或按季度付息方式，对短期债券可以采取一次性付息方式等。

（7）发行方式。企业可根据市场情况、自身信誉和销售能力等因素，选择采取向特定投资者发行的私募方式，还是向社会公众发行的公募方式；是自己直接向投资者发行的直接发行方式，还是让证券中介机构参与的间接发行方式；是公开招标发行方式，还是与中介机构协商议价的非招标发行方式等。

（8）是否记名。记名企业债券转让时必须在债券上背书，同时还必须到发行企业登记，而不记名企业债券则无须如此。因此，不记名企业债券的流动性要优于记名企业债券。企业可根据市场需求等情况决定是否发行记名债券。

（9）发行价格。债券的发行价格即债券投资者认购新发行的债券时实际支付的价格。债券的发行价格可分为平价发行（按票面值发行）、折价发行（以低于票面值的价格发行）和溢价发行（以高于票面值的价格发行）三种。选择不同的发行价格的主要考虑因素是使投资者得到实际收益与市场收益率相近。因此，企业可根据市场收益率和市场供求情况相机抉择。

（10）发行费用。债券发行费用，指发行者支付给有关债券发行中介机构和服务机构的费用。债券发行者应尽量减少发行费用，在保证成功和有关服务质量的前提下，选择发行费用较低的中介机构和服务机构。

（11）担保情况。发行的债券有无担保，是指在债券发行中，发行者给予持有者一定的选择权，如可转换企业债券、有认股权证的企业债券、可退还企业债券等。一般来说，有选择权的债券利率较低，也易于销售。但可转换企业债券在一定条件下可转换成为企业发行的股票，有认股权证的债券持有人可凭认股权证购买所约定的企业的股票等，因而会影响到企业的所有权。可退还的企业债券在规定的期限内可以退还给发行人，因而增加了企业的负债和流动性风险。企业可根据自身资金需求情况、资信状况、市场对债券的需求情况以及现有股东对企业所有权的要求等选择是否发行有选择权的债券。

第四节　不可转换型债券的发行

一、发行条件

（一）有利的条件

根据我国的相关法律规定，发行企业债券，必须符合以下条件。

1．对企业营业利润水平的要求

企业债发行不仅需要有一定数量的企业净资产作为其基础性的责任财产保证，还需要企业债券发行主体在经营上有良好的业绩，以确保发债企业有足够的偿债能力，而作为业绩优劣的评定标准，则要求其营业利润达到一定水平。此外，发债企业的良好业绩表现，也表明企业在一定时期内有发展前景，从而使企业债的发行更具有安全性。我国《公司法》规定，发行企业债时，发债企业最近三年的平均可分配利润，必须达到足以支付企业债券一年的利息。

2．对企业债的总额限制

为保护企业债债权人的利益，在通常情况下，当然不能允许企业债发行主体超过自己现有的净资产额而发行企业债，甚至也不能允许超过一定比例的现有净资产额，否则将可能造成债权人的损害，并可能导致社会经济秩序的混乱。因而，必须对企业债的发行总额加以必要的限制。目前，我国《公司法》规定，发行企业债时，累计债券总额不得超过净资产额的 40%。

3．对企业净资产额规模的要求

企业所拥有的净资产额的规模如何，是衡量企业的财产责任能力大小和企业信用程度高低的标志。鉴于企业债所具有的数额大的特点，要求企业债发行主体的净资产额必须达到一定规模，才能保证企业债的成功发行及按期还本付息，只有这样债券持有者的权利才能得到保证。为此，我国《公司法》规定，发行企业债券的股份有限公司其净资产额不低于人民币3 000元，有限责任公司的净资产额不低于人民币6 000万元。

4．对企业债利率的限制

企业债对公众发行，其利率的高低对于整个社会经济生活可能发生一定的影响。在通常情况下，企业债的利率不可能低于同期的银行储蓄存款利率，否则将无法完成发行，因而，无须对企业债的最低利率做出限制。根据《企业债券管理条例》的规定，企业债券的利率不得高于银行同期居民储蓄定期存款利率的40%。可以认为，这一利率限制亦应适用于企业债。

5．国务院规定的其他条件

我国《企业债券管理条例》规定了公司法人发行债券的条件，企业作为法人，原则上也应当符合这些条件：

（1）资金投向须符合国家产业政策；

（2）企业经济效益良好，发行企业债券前连续3年盈利；

（3）具有偿债能力；

（4）企业财务会计制度符合国家规定；

（5）企业规模达到国家规定的要求。

发债企业通过企业债发行而筹集的资金，具体用于企业的生产经营，以扩大企业营业，使一定产业领域的规模得以发展。尽管这一部分资金并非国家的直接投入，而来源于社会集资，但在我国目前可筹集资金总量尚属有限的情况下，仍须保证使有限的资金尽可能地发挥更大的经济效益，因而，就需要对企业债的发行进行宏观管理和调控。从这一需要出发，我国《公司法》规定，发债企业通过企业债发行而筹集的资金，其投向必须符合国家产业政策。

（二）某些限制条件

我国《公司法》第162条规定，凡有下列情形之一的，不得再次发行企业债券：

（1）对已经发行的企业债券，其债务有违约或者延迟支付本息的事实，且仍处于继续延期归还状态时，不得再次发行企业债。该限制的发生，首先是就已发行的企业债有违约的存在，包括迟延支付本息以及违反其他约定的义务；其次是该违约的事实仍持续存在而未能改变。如果属于违约在先，而其后已经予以补救，则仅构成对发债企业信誉的影响，而不构成对再发行的限制。

（2）前一次发行的企业债券尚未募足的不得再次发行企业债。所谓尚未募足，指的是尚在发行期间内，仍在募集，但未达到预定发行额，换言之，也就是前一次企业债尚在发行之中。这种情况的存在说明该企业的债券对投资者没有吸引力，再重新发行债券也难以成功，不必浪费重新发行债券的成本。

二、发行步骤

第一步：发行前的准备阶段

1. 股东会决议

由于发行债券是企业的举债行为，对企业具有重大的意义，需要有股东大会的授权。根据《公司法》的规定，股份有限公司、有限责任公司发行企业债券，要由董事会制订方案，股东大会作出决议。

国有独资企业发行企业债券，应当由国家授权的机构或者国家授权的部门作出决定。

2. 制订发行章程

根据我国《企业债券管理条例》的规定，企业发行企业债券应当制订发行章程。发行章程内容包括下列12项：

企业的名称、住所、经营范围、法定代表人；企业近三年的生产经营状况和有关业务发展的基本情况；财务报告；企业自有资产净值；筹集资金的用途；效益预测；发行对象、时间、期限、方式；债券的种类及期限；债券的利率；债券总面额；还本付息方式；审批机关要求载明的其他事项。

第二步：向上级主管部门提出发行申请

企业要发行不可转换债券的，应当向国务院证券管理部门报请批准。企业申请发行企业债券，应当向审批机关报送文件。

1. 向审批机关保送的文件

发行企业债券的申请书；营业执照；发行章程；经会计师事务所审计的企业近3年的财务报告；审批机关要求提供的其他材料。

2. 向有关部门报送的文件

企业发行企业债券用于固定资产投资，按照国家有关规定需要经有关部门审批的，还应当有报送有关部门审批的文件。其中企业向国务院证券管理部门报请批准时还应当提交下列文件：企业登记证明；企业章程；企业债券募集办法；资产评估报告和验资报告。

第三步：发行债券的核准

企业债券发行规模由国务院确定。国务院证券管理部门审批企业债券的发行，不得超过国务院确定的规模。因此，企业发行债券时需要注意经过配额审核和资格审核两个环节。

1．配额审核环节

（1）发行人在发行债券前，必须向其行业主管部门提出申请，只有在行业主管部门正式批准并且推荐的前提下，才能申请发行债券；

（2）该企业主管部门向省、自治区、直辖市和各计划单列市人民银行分行、发展与改革委员会（以下简称发改委）申报发行配额；

（3）省、自治区、直辖市和计划单列市人民银行分行、发改委共同编制当地债券年度发行计划，并报中国人民银行总行和国家发改委审核；

（4）中国人民银行总行、国家发改委综合各地申报的发行计划，共同编制全国债券年度发行计划，并报国务院批准；

（5）全国债券年度发行计划被批准之后由中国人民银行总行、国家发改委联合将发行配额分给各省、市、自治区和计划单列市；

（6）各省、市、自治区和计划单列市人民银行分行与发改委共同将发行配额分给企业或主管部门，企业获得发行配额，并得到人民银行分行发放的"发放企业债券申请表"；

（7）发行债券所得的资金如果用于固定资产投资，还必须列入我国固定资产投资规模中。

应当注意的是我国最新公布的《证券法》对债券的配额问题并未有明确的规定，但在实际审核时一般还会考虑额度问题。随着我国证券行业的发展，我国将会逐渐放松对发行额度的要求，最终有可能会取消额度限制。

2．资格审核程序应经过的环节

（1）企业在得到债券发行配额之后，应向有权审核发行申请的国务院证券监督管理机构报送相应的申请文件；

（2）中央企业发行债券，由中国人民银行会同国家发改委审批，地方企业发行债券，由人民银行分行会同当地计划管理部门审批。

国务院证券监督管理机构对发行申请进行审核时，主要考虑以下因素：发行人的资格、发行条件、禁止发行的事由，在对这几个方面进行审查后，作出批准发行或者不予批准的决定，并且就不批准发行的理由向企业作出说明。

第四步：发布发行债券的公告

企业发行企业债券应当公布经审批机关批准的发行章程。

其中企业发行不可转换债券的申请经批准后，应当公告企业的债券募集办法。企业债券募集办法中应当载明下列主要事项：企业名称；债券总额和债券的票面金额；债券的利率；还本付息的期限和方式；债券发行的起止日期；企业净资产额；已发行的尚未到期的企业债券总额；企业债券的承销机构。

第五步：对企业发行债券的评级

在国际市场上发行债券，一般要对债券进行评级，债券的价格与利率跟信用评级有密切的关系。所谓债券评级是指具有独立性的评级机构对发行人发行的债券的风险程度进行评定，并将发行者的信誉和偿债能力的可靠性等公之于众，从而保护投资者的利益，使投资者免遭由于情况不明或判断失误而造成的损失。没有经过评级的债券，在市场上一般不被广大投资者所接受，也很难有销路。所以，发行人发行债券一般都自愿向证券评级机构申请评级。

债券的等级一般分为以下几个级别：AAA 级、AA 级、A 级、BBB 级、BB 级、B 级、CCC 级、CC 级、C 级九个级别。一般情况下投资人称 AAA、AA、A、BB 为投资升值潜力强的四个等级的债券为投资级债券，风险较小；称 BB、B、CCC、CC 四个级别的债券为投机级债券；C 级债券为高投机债券，风险很大。

我国《企业债券管理条例》规定，企业发行企业债券，可以向经认可的债券评信机构申请信用评级。随着证券评级业的发展，我国统一的证券信用级别标准（主要是债券信誉级别标准）已经形成。这个标准基本上是参照了国外主要评级机构的做法并结合我国评级工作的实际情况而制定的。它的主要内容侧重于两方面：证券到期时的还本付息能力与投资者购买该证券的投资风险程度。

从债券评定的九个等级（AAA、AA、A、BBB、BB、B、CCC、CC、C）来看，AAA 债券为质量最高、风险最小的优质债券。以此类推，可知 C 级债券则为最低等级的债券，具有完全投机性，兑现还本付息的能力最弱。

第六步：企业债券的销售

企业债券的发行主要是由证券经营机构负责承销。承销有包销、助销、分销三种。我国债券的发行主要采用承购包销方式，即先由某家证券经营机构同发行债券的企业签订一个承销协议，企业准备发行的债券由该机构承销，未能销完部分由该机构购买。

如果债券的承销数额较大，则成立承销团。具体程序如下：

（1）证券承销商在检查发行债券的企业发行章程和其他有关文件的真实性、准确性和完整性后，与企业签订承销协议，明确双方的权利与义务；

（2）主承销商和其他分销商签订分销协议；

（3）主承销商与其他单位签订代销协议；

（4）开展广泛的宣传活动并利用自己的网络，把债券售给金融机构、企事业单位和个人投资者；

（5）在规定的时间内，承销商把所筹款项转入发行人的账户中并扣除有关承销手续费。

第七步：对企业债券的管理

根据我国《公司法》的规定，在不可转换企业债券的管理方面，记名债券和无记名债券有所不同。

1．记名不可转换企业债券的管理

（1）不可转换企业债券的制作。

企业发行企业债券，必须在债券上载明企业名称、债券票面金额、利率、偿还期限等事项，并由董事长签名，企业盖章。

（2）债券存根簿的置备。

企业发行债券应当置备债券存根簿。

发行记名企业债券的，应当在企业债券存根簿上载明下列事项：债券持有人的姓名或者名称及住所；债券持有人取得债券的日期及债券的编号；债券总额，债券的票面金额，债券的利率，债券的还本付息的期限和方式；债券的发行日期。

（3）关于记名不可转换企业债券的毁损与遗失。

记名债券毁损或遗失后，可以通过公示催告程序请求企业补发，具体程序按债券发行时的约定执行或参照股票公示催告的有关内容。

2．无记名不可转换企业债券的管理

发行无记名企业债券的，其债券的制作与记名债券的制作基本相同，除此之外，还应当在企业债券的存根簿上载明债券总额、利率、偿还期限和方式、发行日期及债券原编号。

如果发生无记名不可转换企业债券毁损或遗失的情况，则权利人只能自认损失，就如同现金丢失一样，无法再申请补发。从这种意义上说，无记名债券的权利行使与债券的持有是同一的，有债券就有权利；无债券就无权利，债券的毁损或遗失也就意味着权利的终止。

第五节　可转换债券的发行概述

由于可转换企业债券在设计、发行、转换等方面存在着较不可转换债券复杂得多的问题，因此发行这种债券的难度是相当大的。我国尽管已经出台了可转换企业债券发行方面的管理法规，但在操作实践中还处于探索阶段。

既然企业可以发行普通债券，为什么还要发行可转换企业债券呢？发行可转换企业债券的目的首先是为企业的经营筹集资金；其次是这种资金在一定条件下可以转换成企业的股份，不再构成企业的负债，从而扩大企业的经营规模。上述目的的达到是与可转换企业债券的特点分不开的。

一、发行条件

根据我国《公司法》的规定，发行可转换企业债券的企业除具备发行不可转换企业债券的条件外，还应当符合股票发行的条件。

根据国务院证券委员会关于发布《可转换企业债券管理暂行办法》的有关规定，发行可转换企业债的主体包括两类，既可以是上市企业，又可以是重点国有企业，并且这两种主体的发行条件具有一定的区别。

（一）上市企业发行可转换企业债券，应当符合下列条件

（1）可转换企业债券的最短期限为 3 年，最长期限为 5 年；
（2）可转换企业债券的利率不超过银行同期存款的利率水平；
（3）可转换企业债券发行后，资产负债率不高于 70%；
（4）累计债券余额不超过企业净资产额的 40%；
（5）募集资金的投向符合国家产业政策；
（6）最近 3 年连续盈利，且最近 3 年净资产利润率平均在 12%以上；属于能源、原材料、基础设施类的企业可以略低，但是不得低于 8%；
（7）可转换企业债券的发行额不少于人民币 1 亿元；
（8）国务院证券委员会规定的其他条件。

（二）重点国有企业发行可转换企业债券，应当符合下列条件

（1）有可靠的偿债能力；
（2）有具有代为清偿债务能力的保证人的担保。
（3）募集资金的投向符合国家产业政策；
（4）有明确、可行的企业改制和上市计划；
（5）累计债券余额不超过企业净资产额的 40%；
（6）最近 3 年连续盈利，且最近 3 年净资产利润率平均在 12%以上；属于能源、原材料、基础设施类的企业可以略低，但是不得低于 8%；
（7）可转换企业债券的利率不超过银行同期存款的利率水平；
（8）最近 3 年连续盈利，且最近 3 年的财务报告已经由具有从事证券业务资格的会计师事务所审计；
（9）可转换企业债券的发行额不少于人民币 1 亿元；
（10）国务院证券委员会规定的其他条件。

需要注意的是，可转换债券的发行人必须是整体改制或部分改制后设立的股份有限公司，因此，重点国有企业要发行可转换企业债券，必须进行股份制改制，以符合《公司法》的要求。

进行股份制改制的目的是为了解决以下几个方面的问题：

（1）改变产权关系和经营关系，转换企业经营机制，规范管理行为；

（2）消除债券发行主体和其母体之间的同业竞争，减少不合理、不公平的关联交易；

（3）剥离非经营性资产，使改制后的债券发行主体主营业务突出、资产质量优良、业绩良好。

二、债券的优缺点分析

可转换企业债券具有债券和股份的双重优点，具体表现在以下两个方面。

（一）债券的优点

同普通的企业债券相比，可转换企业债券具有以下优点。

（1）不需要进行信用评级。

（2）可以在市场不利的条件下发债融资。

（3）较普通的企业债券利率低。可转换企业债券为投资者提供了未来股票价格增长的投资机会，从而向投资者支付较低的利息费用，并且这种债券对发行人的限制性不强，因为转换成股票是投资人的最终目的。同普通债券相比，投资人对可转换企业债券的收益要求并不高，其收益率也因企业和期限的不同而不同，普通企业债券的收益率总是较高。

（4）可以较低价格赎回。

（5）减少股本扩张对企业权益的削弱程度。由于发行可转换企业债券延缓了股本的直接计入，从而股东当前权益得到保护。经验理论证明，在一定范围内，企业举债量在资本结构中所占比例越大，企业效益越好。可转换企业债券作为企业债务，可以带来较好的投资收益。但未来转股过程会降低每股收益，只有企业效益增长率保持与股本扩张一致的速度，企业股本权益才能不因转股而削弱。这样，可转换企业债券的高溢价发行才能被接受。为什么投资人能接受高溢价发行呢？理由是投资人所期望的股票价格增高带来的利益很大。

（6）到期日灵活。可以根据市场走向、收益率曲线（企业获利能力）、转股的可能性等方面来确定到期日长短。到期日可以完全依照企业的自身条件来设计。

（7）发行价格比较高。一般来说，转股价格总是高出当前股价水平的（溢价发行），就同等股本扩张来说，发行可转换企业债券比直接发行股票所得到的企业资本要多。

（8）债券属性更强的可转换企业债券，如零息票可转换企业债券，由于其固定收益高而转股能力低，因而发行规模对企业股本影响较小。相反，股票属性更强的可转换企业债券，其发行量对股本影响较大。

（9）赎回设计比普通企业债券的赎回设计的自由度大。如发行企业为降低借贷成本或保证股东权益等，可要求赎回发行在外的未到期的可转换企业债券。发行企业在设计赎回可转换企业债券的条款时，限制因素较少，灵活性较强。

（二）作为潜在股份的优点

它具有股权融资工具的优点。

（1）有利于市场状况不利时的融资。

（2）转股后，股本扩大，从而可以扩大发行企业的举债能力。

（3）市场需求较大，因为可以吸收获取固定收益的投资人和持有股票为目的的投资人。

（4）可以在资本结构中引进杠杆，从而改进股本收益率。由于可转换企业债券在不转股之前是记入负债的会计科目，因此，它具有抵扣税收的作用。转股使股本收益发生变化。

（5）与发行普通股票相比，对每股效益减少作用小。

（6）通过转股溢价，发行企业可以设计高于股票市价的转股价格。

（7）可以在条件有利时强制转换。

（三）可转换企业债券的缺点

可转换企业债券在具有上述优点的同时，对发行人来说，也存在下列缺点。

（1）在转股时，转股价格会高于股票的价格。通常是当股票价格高于可转换企业债券的转股价格时，投资人才有理由转换股票和获得明显的利益。

（2）发行可转换企业债券并不一定保证获得永久性资本，因为对能否转换股票并无保证。

（3）在转换发生前，会减少发行企业的举债能力，但比发行普通企业债券的影响要小。

（4）对企业效益有一定的减少作用。

（5）如果股市处于牛市，股价飙升不降，则发行股票进行融资更为直接；如果股价下跌，已发行可转换企业债券的企业若不能强迫转股，则将加大企业的还债压力。

三、可转换债券发行的有关规定

（一）发行可转换企业债券必须先提出申请

上市企业发行可转换企业债券，应当经省级人民政府或者国务院有关企业主管部门推荐，报中国证券监督管理委员会（以下简称“中国证监会”）审批；重点国有企业发行可转换企业债券，应当由发行人提出申请，经省级人民政府或者国务院有关企业主管部门推荐，报中国证监会审批，并抄报国家发改委、国家经济贸易委员会、中国人民银行、国家国有资产管理局。对符合《可转换公司债券管理暂行办法》规定条件的，中国证监会予以批准。

申请发行可转换企业债券，应当向中国证监会报送下列文件。

（1）发行人申请报告。

（2）股东大会作出的发行可转换企业债券的决议或者国有企业主管部门同意发行可转换企业债券的文件，应当包括以下内容：可转换企业债券的发行总额，票面金额，可转换企业债券利率，转股价格确定方式，转换期，募集资金用途，可转换企业债券还本付息的期限和方式，赎回条款及回售条款，股东大会决定的或者国有企业主管部门同意的其他事项。

股东大会决议还应当包括股东购买可转换企业债券的优先权的内容。

（3）省级人民政府或者国务院有关企业主管部门的推荐文件。

（4）企业章程或老企业组织章程。

（5）可转换企业债券募集说明书。

（6）募集资金的运用计划和项目可行性研究报告。

（7）偿债措施、担保合同。

（8）经会计师事务所审计的企业最近三年的财务报告。

（9）律师事务所出具的法律意见书。

（10）与承销商签订的承销协议。

（11）中国证监会要求报送的其他条件。

（二）发布发行公告

发行可转换企业债券，发行人必须公布可转换企业债券募集说明书。发行人应当在承销期前 2 至 5 个工作日内，将可转换企业债券募集说明书刊登在中国证监会指定的至少 1 种全国性报刊上。

可转换企业债券募集说明书的有效期为 6 个月，自可转换企业债券募集说明书签署之日起计算。可转换企业债券募集说明书失效后，可转换企业债券的发行必须立即停止。

募集说明书应当包括下列内容：发行人的名称；批准发行可转换企业债券的文件及其文号；发行人的基本情况介绍；最近三年的财务状况；发行的起止日期；可转换企业债券票面金额及发行总额；可转换企业债券利率和付息日期；募集资金的用途；可转换企业债券的承销及担保事项；可转换企业债券偿还方法；申请转股的程序；转股价格的

确定和调整方法；转换期；转换年度有关利息、股利的归属；赎回条款及回售条款；转股时不足1股金额的处理；中国证监会规定的其他事项。

（三）关于可转换企业债券的定价及承销

（1）关于可转换企业债券的定价。根据我国《可转换企业债券管理暂行规定》的要求，上市企业发行可转换企业债券的，以发行可转换企业债券前一个月股票的平均价格为基准，上浮一定幅度作为转股价格；重点国有企业发行可转换企业债券的，以拟发行股票的价格为基准，折合一定比例作为转股价格。

（2）可转换企业债券的承销。发行可转换企业债券，应当由证券经营机构承销，证券经营机构应当具有股票承销资格。承销方式由发行人与证券经营机构在承销协议中约定。与股票承销类似，证券经营机构承销企业债券，也应当对发行债券的企业所发行章程和其他有关文件的真实性、准确性、完整性进行核查，并与发行人一起对上述文件存在的重大遗漏等负连带责任。

（3）发行人和证券经营机构应当在可转换企业债券承销期满后的15个工作日内，向中国证监会提交承销情况的书面报告。

（四）发行方式

根据我国《可转换企业债券管理暂行办法》的规定，可转换企业债券采取记名式无纸化发行方式，可转换企业债券的发行可以采取上网定价方式。

（五）发行时机的选择

发行时机的选择对发行人具有重要的意义，这不仅涉及企业能否顺利足额地筹到急需的资金、筹资成本是高是低，而且还关系到企业的市场形象和日后再筹资的企业信用。

1．股市高涨时宜直接增资配股

当经济处于发展周期的高涨时期，往往股市也正是牛气很足的时候。具体表现在股指冲高，股价高挂，成交活跃。此时上市企业如有筹资计划，与其发行可转换企业债券，还不如直接实施增资配股。一来此时正是股市价居高，相对配股溢价才有条件相应抬高，企业可在一定的配股额度内筹得最多的资金；二来二级市场交投活跃，配购新股也会趋于踊跃，企业可以在短时间内便捷地筹得所需资金。

相反，如此时发行可转换企业债券，由于事前对若干年后的市场发展难以把握，且日后因股指大幅下调而导致转股功能丧失的风险概率也较大。果真这样，那么不仅一级市场债权人损失了债息差，二级市场的投资者也将受到损失，而且发行企业届时还得再筹资还本付息，既扰乱了企业的经营秩序，又损害了企业的社会形象。

2. 股市低迷时宜发行可转换企业债券

股市低迷时往往也是经济周期的相对萧条期，社会资金紧缺，银行利率高，股市交投清淡。此时如想进行增资配股，由于正是股市价较低，一定的配股额所能筹集的资金较少；股东配股热情不高，企业即便是低溢价也未必能筹到预计的资金额，使得稀缺的股本资源未得到充分的利用。

随着经济发展的加快，股市也逐步进入牛市，股价高涨，此时可转换企业债券的持有人便会纷纷将可转换企业债券转为股票。当然，当经济处于紧缩、股市处于低迷的时期发行可转换企业债券也是可以的，但应避免在经济处于高涨，股市处于牛市顶峰时发行可转换企业债券。否则，将很可能导致可转换企业债券在到期前转换为股票的困难。

综合上面所有因素，在兼顾债权人、股权人和发行人三方利益的基础上，在考虑发行顺利的同时更要考虑日后转股的成功。因此选择一个股指（股价）位于历史上中偏下的次低区域作为发行可转换企业债券的时段，较为适宜和理想。

有一点需要特别注意，只有在发行和转换过程中双双获得成功的可转换企业债券方案，才称得上是真正意义上的成功设计。而要获得这双双成功，发行时机的选择不能不说是至关重要的。发行时机选择不当，要么造成可转换企业债券发行的困难，要么造成可转换企业债券在到期之前转换为股票的困难。不管发生以上哪一种情况，对市场或投资者都会产生不利的影响。可以这么说，有的可转换企业债券方案由于发行时机的选择不佳，从一开始便注定了其日后转换失败的命运。

（六）关于可转换企业债券的国际发行

在西方国家中，资本市场的市场化程度很高，发行债券的发行人只要按照有关法律法规规定，全面申报文件、披露信息、登记注册后即可发行。

如何最大限度地筹集资金和降低成本，降低承销商的发行风险，甚至后市支持都需要主承销商成熟和准确的策划，以雄厚的资金作为后盾，因此，可转换企业债券融资（或国际融资），承销商承担了重要的作用。

第六节　可转换债券发行的具体工作步骤

第一步：前期准备工作

上市企业发行可转换企业债券，应该在发行前做好充分的准备工作，主要包括以下五个方面。

1. 将发行可转换企业债券的议案提交董事会和股东大会批准

上市企业发行可转换企业债券，应该先获得股东大会和董事会的批准。因为发行可转换企业债券一般数额较大，对企业发展和对股东权益影响也较大，所以，发行可转换企业债券须召开股东大会，股东大会投票通过以后，方可进入发行的实际运作程序。

企业发行债券一般要经过三分之二以上董事出席的董事会半数赞成通过（企业章程另有规定除外）。由于可转换企业债券具有债券和股票的双重性质，是一种混合证券，其复杂程度要比债券和股票大。发行可转换为股票的企业债券，必须根据我国的相关法律规定报请国务院证券管理部门批准。企业债券可转换为股票的，除具备发行企业债券的条件外，还应当符合股票发行的条件，其批准的复杂程度大于债券和股票，并特别要求发行可转换企业债券要经股东大会的批准。要使议案在股东大会上获得通过，发行企业做好初步的方案是必要的。一般来说，发行企业要将筹资的必要性、筹资的可行性、资金的用途对股东作出解释，而且还必须对发行可转换企业债券的发行金额、发行时间、存续的年限、到期时间、票面利率、转换的价格、回售及赎回条款、上市的地点作出初步的估计，向股东作出说明，必要的话，企业还须作出一定的承诺，承诺发行可转换企业债券不会损害老股东的利益，使发行能够顺利地获得股东大会和董事会的批准。

2．发行筹备工作

发行企业应该成立发行办公室或发行小组，并制订工作方案和工作流程图，做到专人负责，按计划的进度顺利完成各项发行前的准备工作。

3．选择主承销商

发行企业应该就发行的可行性、发行的方式、发行的程序进行初步的调查、咨询，并适当地与政府有关部门及承销债券的投资、财务顾问进行初步的接触。

一次发行的成功与否，与主承销商有很大的关系，如果主承销商挑选不好，很可能造成发行的失败。因此，在挑选主承销商的时候，发行企业应该挑选信誉卓著、业绩良好的投资银行作为主承销商。主承销商一般负责协调发行企业的各项发行工作，包括负责组织编写发行的文件、组织发行债券的推介和销售、推介发行的证券的上市交易等。选择策划水准高、公关能力强、配售技术好、行业经验丰富的投资银行，就为发行企业的顺利发行奠定了基础，不但能够顺利地为发行企业筹集到所需资金，而且还能为发行企业发行的证券在上市交易后获得良好的信誉。

4．发行的宣传、公关与促销

配合发行的需要，发行的企业应当进行适当的宣传和介绍，并适当地对投资者进行调查和问询，以了解投资者对发行的可转换企业债券的态度，以便将来设计发行方案时，能够充分考虑投资者的要求。

发行可转换企业债券，进行筹资活动，在我国现阶段，不但要获得政府有关部门的批准，而且要赢得社会和公众媒介的支持，更重要的是筹资者的活动要赢得投资者的认可。顺利地将发行的证券销售出去，必须使企业在筹资的同时，尽可能地扩大企业的声誉，并有效地进行一系列的宣传公关活动。

在向政府申请发行时，要在充分准备的基础上，全面进行公关活动，必要的话，要把企业的筹资活动与当地的社会经济发展联系起来，要充分宣传企业的筹资给当地的经济建设、财政收入、就业、社会发展带来的重大影响，以促使当地政府的支持，进而获得更高一级政府的支持。

在向投资者进行宣传活动时，应当充分利用广播、电台、报纸等公共媒介及时地报道企业的动向和意图，向投资者展示企业的发展潜力，必要的话，还应该聘请专家、学者就企业发行可转换企业债券举行研讨会，在充分吸收专家、学者意见的基础上，认真改进企业的各项工作，或者，也可以聘请专家和学者为潜在投资者做投资分析报告，以使投资者获得专家的指导。

5. 编制主要申报及发行文件

发行企业应对各种资料作全面的收集，并在发行前起草完全部发行文件，并印制出来，重要文件等材料更应进行全面的包装，以突出自己的形象，文件的封面最好请设计师精心设计、制作。

第二步：提出发行债券的申请

发行可转换企业债券相当于发行一次债券和发行一次新股（经过转换）的情况，企业向国务院证券管理部门申请批准发行企业债券，大致所需的文件主要如下。

（一）批准性文件

1. 批准设立企业的文件

这包括企业的营业执照和经过国务院授权的部门或者省级人民政府批准成立企业的文件，以及部门行业的经营许可证文件。发行可转换企业债券的企业必须是股份企业，而现阶段，我国限定于上市企业。从以上的要求来看，企业的设立应该是由国务院授权的部门或者省级人民政府批准设立的。假如上市企业是属于特殊行业，则必须提供工商行政部门批准的特种行业经营许可证，同时还需要提供法人代表的批复文件。如现阶段，我国金融企业的法人代表则须中国人民银行的批准。另外批准设立的文件有时还有必要补充企业的历史沿革和发展情况等。

2. 股东大会及董事会决议

发行可转换企业债券既是一次筹资活动，又是企业投资活动的重大变动。《公司法》第103条第9款规定，股东大会对企业发行债券作出决议，同时，第106条规定，股东大会作出决议，必须经出席会议的股东所持表决权的半数以上通过。原因是发行可转换企业债券，有可能对股东权益造成重大影响。如发行的可转换企业债券转换的价格过低，则有可能对原有股东的权益有所削弱，严重损害股东的利益。因而，为发行可转换企业债券而召开的股东大会应该于会议召开30日以前或更长时间通知股东，以便使股东有足够的时间对要决议的事项作出全面判断。股东大会必须依照法定的程序召开并作出决议。决议通过后，须将决议交董事会具体负责实施，在具体执行过程中，董事会可以根据股东大会的决议作出发行可转换企业债券的具体办法，这些文件都可视为申报和发行文件的要件，一并呈报审批机关和供投资者查阅。

（二）有关发行人情况的文件

1．企业章程

企业章程是证明企业本质的必然要件，是必不可少的申请文件。

2．发行可转换企业债券申请书

发行可转换企业债券，发行企业应该向主管部门或证券管理部门提出申请，申请书就申请发行的理由、发行的数额、发行时间、利率、债券存续的期限、发行的办法或方式、资金的用途等进行初步的说明，将申请书连同其他有关的文件一并上报。

3．发行可转换企业债券的可行性报告（或资金用途报告）

发行可转换企业债券的可行性报告是申报文件中的重要文件，可行性报告撰写得好坏，是发行是否获得批准的关键。所撰写的可行性报告应该就发行的重要性、必要性、可能性作出综合的阐述，所投资的项目或产品的市场前景，也应以发展的眼光进行适当的预测，同时，所投资项目的项目批准书也应作为可行性报告的附件一并上报。

可行性报告应包括以下几个方面的内容：发行企业和名称、住所、设立状况；发行企业的生产经营状况、资信状况和投资情况；经济效益状况；发行企业的资产、负债情况；发行企业的股本构成状况；固定资金与流动资金状况；所筹资金所投入项目的建设周期及投资概算；所筹资金用于所开发产品的市场前景及所带来的经济效益，以及按照滚动投资所带来的经济效益预测和市场发展潜力前景的展望。

4．前次募集资金使用说明

发行企业应将上一次募集资金的用途、项目、效益分析等情况详细予以说明，特别是说明上次所募资金是否与所募说明书的规定用途是否相符，资金使用的效益如何。

5．发行章程（或募集说明书）

可转换企业债券的发行章程是所有申报或发行文件中最重要的文件。由于可转换企业债券具有债券和股票的双重特性，故发行章程有其特殊性。它不但牵涉到发行的溢价、折价、股东权益的保护和稀释等问题，而且还牵涉到利润、股息的分配，转换价格的制订、债券的回售与赎回条件等众多问题，这些问题都会对企业产生较大的影响。因此，发行企业如何配合主承销商编写发行章程就显得极其重要。由于发行企业对发行章程负直接的法律责任，所以发行章程所揭示的每一项内容，必须经过仔细验证，以确定正确无误，在确定整个发行章程内容没有遗漏任何要点、没有任何误导成分的情况下，发行人才可以批准发行章程。

发行章程应包括以下几方面内容：

（1）绪言。主要是揭示本发行章程系根据什么法律和规定而编写，并揭示已获什么机关的批准。在绪言中，包括发行人对发行章程的真实性、准确性、完整性所作的承诺，以及对信息披露所作的承诺。

（2）发行人情况。包括发行人名称、注册地点，发行人的成立情况、成立背景和企业历史沿革，企业的业务情况，企业的组织结构及高级管理人员和员工的构成情况。

（3）企业的股本结构及前10名股东名称及所持股份数。

（4）发行人最近三年主要财务状况及收益分红状况。

（5）本次发行可转换企业债券的主要要素，包括发行金额；可转换企业债券的面值；债券的票面利息率；发行的年限；转换的价格；转换的比例；付息的方式；兑付的时间；债券与股票转换起止时间；转换的调整价格；可转换企业债券的赎回条件，可转换企业债券回售的条件；可转换企业债券交易的时间及地点；转换后股票交易的时间及地点，可转换债券的交易费用；转换时的某些条款、细节的处理，以及某些因素的应对之策。

（6）与发行有关的当事人，包括发行人承销商、会计师事务所、法律事务所、资产评估事务所、资产评估确认机构，以及可转换企业债券及股票的登记清算机构的名称、联系电话及负责人，如有担保则包括担保人的情况。

（7）发行的方式。包括发行的时间、发行的地区、发行的对象、发行承销的方式和估计上市的时间和地点，以及达不到上市条件的处理方式。

（8）会计师事务所所作的审核报告和效益预测报告。

（9）发行可转换企业债券的相关法律问题。

（10）募集资金的运用。包括资金所投资的项目及预计所取得的经济效益。

（11）风险因素及对策。包括所面临的经营风险、政策风险、股票市场风险及相应所采取的对策。

（12）企业的发展规划及展望。

（13）企业近三年来的经营状况。

（14）备查文件。

（15）各种证明材料及数据、调查报告作为附件。

（三）有关鉴证性文件

1. 最近三年的财务会计报表及有关明细表

发行可转换企业债券是一项重要的筹资活动，特别是债券转成股票后，一般来说，会对股东的权益产生一定的影响，有时候是非常大的影响，会严重稀释股东的权益或造成发行人的财务损失。因此，在申报和发行文件中，应该将最近三年的财务报表作为必然的要件供证券管理机关审批和供投资者审阅。当然，在发行章程里，也会将三年的主要财务指标列示出来供投资者参考，但详细的财务报表在申报和发行时是不能少的。财务报表应该包括资产负债表和损益表，必要的话，还应包括现金流量变动表，同时也应包括重要经济合同或财务重大事项的说明。

2．会计师事务所的验资报告及盈利预测表

投资者在投资于可转换企业债券时，所要考虑的是，只投资于债券（这样可以获得稳定的利息，但同时要受到比一般债券利率低的损失）还是购买债券转换成股票（将来获得企业资本增值或在预计将来以高于现时股价之价格售出股票获得溢价）。投资者在投资之前，特别是大的投资机构或投资基金经理人，应该仔细审阅会计师事务所所作的验资报告及盈利预测，验资报告给投资者揭示的是投资的风险和资本的真实性，而盈利预测则是一方面给投资者展示将来的收益和发展前景，那么一方面作为计算转换价格的重要依据。在进行盈利预测时，会计师事务所应该说明计算盈利的会计准则和计算方法，所作的预测应该与发行人的发展情况相一致，使发行人能够达到，这一点可以说至关重要。如果发行人实际业绩达不到预测的业绩，造成企业的股票价格下跌，那么一方面会使发行人的形象受到影响，另一方面也会使债券转换成股票发生困难，造成转换失败，使企业面临还本付息、承受巨大压力的困境。

3．律师事务所意见书

律师事务所意见书一般作为备查文件放在申报和发行的文件中。律师事务所意见书以第三者的意见为投资者提供了一种公证。其意见书必须对筹资的活动、申报或发行前后通过所有必需的决议进行法律鉴定和公证，使投资者能够放心。律师事务所通常需要在编制发行章程的初始阶段参与工作，并且参与上市建议，安排起草文件、税务安排等工作。特别是在起草发行章程时，律师必须给予意见，协助企业按法律条例的要求作出适当的披露，并且在意见书中概括企业章程、重大合约，并对企业公布文件的事实作出验证并承诺。

4．承销协议

承销协议是发行人与主承销商（代表承销团）签订的明确双方权利与义务的销售合同。根据承销方式的不同，双方的权利与义务不同。目前，在我国，承销的方式主要是采取包销和余额包销的方式，在国外，也有采取代销的方式。

发行人在与主承销商签订的承销协议中，一般包括：

（1）双方的权利与责任、义务；

（2）付款的方式；

（3）承销的方式和承销费用；

（4）发行证券的种类、数量、金额；

（5）签约双方的名称、注册地址、联系电话、法定代表人；

（6）本次发行的依据（批准单位和文号）；

（7）承销的保密事项；

（8）违约和责任；

（9）协议生效与终止的条款；

（10）适用的法律；

（11）附则。

另外，发行的可转换企业债券的数额较大时，按照规定需要组织承销团承销时，承销商之间的承销团协议也应作为申报文件中的必备文件之一并上报，作为管理机关批准的依据之一。

发行人在与主承销商签订承销协议时，应该将权利与义务用简明、清楚的文字表述出来，尽量避免引起歧义的内容，并且应当就适用的法律和法律管辖权作出明确的规定，特别是发行境外的可转换企业债券时，更应就法律的管辖权作出明确的规定，特别是发行境外的可转换企业债券时，更应就法律的管辖权作出明确的规定。

以上是发行可转换企业债券必要的文件，但是，如果发行的是担保的可转换企业债券时，则应该将担保书一并准备。有时在公布发行章程的同时，还就发行可转换企业债券的申购规则、申购数量的摇签配号，以及中签号码公布的时间、申购款多余部分如何退回等细节发布一个发行公告。这些文件也应视作准备的文件。

第三步：可转换债券的上市

可转换债券不但具有债券的功能，同时也具备了转换成股票的功能。当企业可转换债券发行后，企业可根据自身情况和融资需要择机上市交易，最大限度地发挥可转换债券的融资功能。债券上市可为企业筹资的同时也为树立企业形象、增强持有人的信心注入了新的动力。

（一）债券的上市条件

按照我国的相关规定，企业申请其企业债券上市交易必须符合下列条件：

（1）企业债券的期限为一年以上；

（2）企业债券实际发行额应在人民币 5 000 千万元以上；

（3）企业申请其债券上市时仍然符合法定的企业债券发行条件。

（二）上市程序

1．申请。企业申请其发行的企业债券上市交易，必须报经国务院证券监督管理机构核准。

国务院证券监督管理机构可以授权证券交易所依照法定条件和法定程序核准企业债券上市申请。

向国务院证券监督管理机构提出企业债券上市交易申请时，应当提交下列文件：

（1）上市报告书；

（2）申请上市的董事会决议；

（3）企业章程；

（4）企业营业执照；

（5）企业债券募集办法；

（6）债券的实际发行数额；

2．企业债券上市交易申请经国务院证券监督管理机构核准后，其发行人应当向证券交易所提交核准文件和申请时所需提交的有关文件。

证券交易所应当自接到该债券发行人提交的前款规定的文件之日起三个月内，安排该债券上市交易。

3．上市公告。企业债券上市交易申请经证券交易所同意后，发行人应当在企业债券上市交易的五日前公告企业债券上市报告、核准文件及有关上市申请文件，并将其申请文件置备于指定场所供公众查阅。

（三）信息公开

1．债券上市交易的企业，应当在每一会计年度的上半年结束之日起两个月内，向国务院证券监督管理机构和证券交易所提交记载以下内容的中期报告，并予以公告：

（1）企业财务会计报告和经营情况；

（2）涉及企业的重大诉讼事项；

（3）已发行的股票、企业债券变动情况；

（4）提交股东大会审议的重要事项；

（5）国务院证券监督管理机构规定的其他事项。

2．企业债券上市交易的企业，应当在每一会计年度结束之日起四个月内，向国务院证券监督管理机构和证券交易所提交记载以下内容的年度报告，并予以公告：

（1）企业概况；

（2）企业财务会计报告和经营情况；

（3）董事、监事、经理及有关高级管理人员简介及其持股情况；

（4）已发行的股票、企业债券情况，包括持有企业股份最多的前十名股东名单和持股数额；

（5）国务院证券监督管理机构规定的其他事项。

3. 发生可能对上市企业股票交易价格产生较大影响而投资者尚未得知的重大事件时，上市企业应当立即将有关该重大事件的情况向国务院证券监督管理机构和证券交易所提交临时报告，并予公告，说明事件的实质。重大事件包括下列情况：

（1）企业订立重要合同，而该合同可能对企业的资产、负债、权益和经营成果产生重要影响。

（2）企业生产经营的外部条件发生的重大变化。

（3）持有企业5%以上股份的股东，其持有股份情况发生较大变化。

（4）企业的经营方针和经营范围的重大变化。

（5）企业的重大投资行为和重大的购置财产的决定。

（6）企业发生重大亏损或者遭受超过净资产10%以上的重大损失。

（7）企业发生重大债务和未能清偿到期重大债务的违约情况。

（8）企业的董事长，1/3以上的董事，或者经理发生变动。

（9）企业减资、合并、分立、解散及申请破产的决定。

（10）发行人应当在每一季度结束后的2个工作日内，向社会公布因可转换企业债券转换为股份所引起的股份变动情况。转换为股份累计达到企业发行在外普通股的10%时，发行人应当及时将有关情况予以公告。

（11）涉及企业的重大诉讼，法院依法撤销股东大会、董事会决议。

（12）法律、行政法规规定的其他事项。

发行人、承销的证券企业对企业债券募集办法、财务会计报告、上市报告文件、年度报告、中期报告、临时报告，存在虚假记载、误导性陈述或者重大遗漏，致使投资者在证券交易中遭受损失的发行人、承销的证券企业应当承担赔偿责任，发行人、承销的证券企业的负有责任的董事、监事、经理应当承担连带赔偿责任。

依照法律、行政法规规定必须作出的公告，应当在国家有关部门规定的报刊上或者在专项出版的公报上刊登，同时将其置备于企业住所、证券交易所，供社会公众查阅。

（四）上市的暂停与终止

1. 上市的暂停

企业债券上市交易后，企业有下列情形之一的，由国务院证券监督管理机构决定暂停其企业债券上市交易：

（1）企业有重大违法行为；

（2）企业情况发生重大变化不符合企业债券上市条件；

（3）企业债券所募集资金不按照审批机关批准的用途使用；

（4）未按照企业债券募集办法履行义务；

（5）企业最近两年连续亏损。

2．上市的终止

企业有下列情形的，由国务院证券监督管理机构决定终止该企业债券上市。

（1）未按照企业债券募集办法履行义务，经查实后果严重的；

（2）企业情况发生重大变化不符合企业债券上市条件，在规定的期限内未消除；

（3）有重大违法行为，经查实后果严重的；

（4）企业最近两年连续亏损，在规定的期限内经整改仍位达标者；

（5）企业债券所募集资金不按照审批机关批准的用途使用，在规定的期限内未消除；

（6）企业解散、依法被责令关闭或者被宣告破产的，由证券交易所终止其企业债券上市，并报国务院证券监督管理机构备案。

国务院证券监督管理机构可以授权证券交易所依法暂停或者终止股票或者企业债券上市。国务院证券监督管理机构对有重大违法行为或者不具备其他上市条件的上市企业取消其上市资格的，应当及时做出公告。

证券交易所依照授权作出前款规定的决定时，应当及时做出公告，并报国务院证券监督管理机构备案。

总之，可转换债券的发行及上市工作繁杂、步骤多、涉及面宽，需要准备和起草一系列文件，尽管如此，目前发行可转换债券仍然是广大企业首选的融资方法之一，发行可转换债券具有一定的风险，这就要求发行人、企业股东、承销商、投资人在这一博弈中谨慎对待、科学理智、增强风险意识、勇于冒险、敢于冒险，历史发展的事实证明成功永远属于那些敢冒风险的时代领跑者。

【案例】 商业银行热捧特别国债

今日，300亿元15年期特别国债将首次在银行间市场招标发行，根据财政部的计划，当月共发行1000亿元的特别国债。由于近来债券收益率走高，商业银行均看好特别国债的投资回报，接受采访的银行人士均表示有兴趣参与债券投标。

近日，某大型上市银行资金部相关负责人告诉记者，“目前，很多商业银行的全年贷款新增计划都基本完成”，“而紧缩信贷又是一个长期的趋势，商业银行自然要将资金配备到债券投资业务上”。

而今日也是建行 A 股 IPO 网上申购的日子，9 月 15 日的加息和市场资金临时出现紧张，都给特别国债的首次发行蒙上了悬念。

不过，从中长期来看，向市场发行特别国债，具有紧缩流动性的功能。“部分银行资金将被长期锁定，这对银行流动性将会产生一定的影响。”上述大型银行资金部人士认为。

招标发行利率或达 4.8%

由于信贷调控将长期存在，“如果资金不紧张，特别国债将会有相当的需求。”前述大型银行资金部人士如是说。言下之意，特别国债将有益于商业银行调整资产结构。

值得注意的是，特别国债都是长期国定利率附息债，期限以 10 年或者 15 年为主。“这可能跨越两到三个经济周期。”上述资金部人士称，由于未来总是充满不确定性，不排除特别国债有抗周期性调整的功能。

对于银行而言，“只要利率够高，特别国债是一个不错的投资品。”一位银行间市场交易员如是说。

“如果（特别国债）收益率达到 4.5%至 5.0%，还是不错的。”上述资金部相关负责人告诉记者，“我们的投资策略将是持有到期。”

“特别国债招标发行利率可能达到 4.8%以上。”一家中小银行资金部交易员称，而如果资金不紧张，“我们肯定也想多要一点。”

虽然特别国债扮演了收紧银行流动性的角色，但分析人士认为，这并不会太明显地拉低银行收益。“因为特别国债的收益率应该在 4.5%左右，甚至更高，而且是无风险的。而长期贷款在扣除考虑信贷成本之后，并不比特别国债的收益率高出很多。”国泰君安分析师告诉记者，“而且与提高存款准备金率等紧缩政策相比，特别国债的影响较小，主要是收益率不一样。”

长期来看，“如果贸易顺差减少，加上特别国债的紧缩功能，流动性充裕的格局可能发生改变。”一位业内人士直言。

多数商行偏爱短期债券

此前的银行年报显示，今年以来，各行均不同程度地加大了债券投资的力度。这源于银行对流动性紧缩和信贷调控的预判，银行也因此收获了较多的收益。

相比 2006 年，“今年全年的债券投资收益情况应该有一定的增长，主要原因是再投资类债券的收益率普遍较高。”前述大型上市银行资金部人士如是说。如一年期央票，目前的收益率均在 3.3%左右，而 2006 年 2 月份尚不足 2%。

不过，由于原因有商业银行再投资的资金来源主要是大量的央票到期，而中小银行由于实力较弱则在再投资上较为困难。“上周央票到期净投放 1 400 亿，但是大部分在大行；而且今年的存款是，定期存款活期化，小行存款向大行集中，小行的境况很惨。”前述中小银行资金部人士称。

目前在一级市场，多数商业银行偏爱短期债券。9 月 12 日，财政部招标发行一年期国债，建设银行、汇丰银行（上海）、交通银行分别以 35.3 亿元、28 亿元和 18 亿元的认购量，排名前三。

“大家都清楚，拿短期的要合算，越长期越不合算，一旦加息，机会成本加大。如果是短债，卖了之后，新债的收益率更高，而长期债则不能动。”前述国泰君安分析师告诉记者，期限越长，损失越大。

虽然特别国债是长债，但从调整资产结构，获取稳定的无风险收益来考虑，也是不错的选择，但让中小银行感到无奈的是，由于短期资金匮乏，面对首次发行的 300 亿元特别国债只能望而却步。

本案例摘自 2007 年 9 月 17 日《金陵晚报》B03 版

思 考 题

1. 何为债券？
2. 写出债券的主要类别及内容。
3. 写出债券的主要功能。
4. 写出债券的主要特征。
5. 简述企业债券的主要种类。
6. 简述债券与股票的区别。
7. 何为可转换型、不可转换型债券？
8. 简述不可转换型债券发行的主要步骤。

第九章　风险融资策划法

我国风险投资业开始于 20 世纪 80 年代，被称为创业投资，它在我国是一个既陌生又熟悉的概念，在其他国家出现的时间也不是很长，目前它正以其独特的魅力日益风靡世界。许多人通过风险投资一夜间变成百万富翁、亿万富翁，一笔资金在几年内收益达几百倍。许多产业，如计算机、房地产业、旅游业、生物工程、通信技术等正是在风险投资的推动下，由小到大，由弱到强，长足发展，进而带动了整个经济的蓬勃与兴旺。英国前首相撒切尔夫人曾说过，英国与美国相比，并不是落后在高新技术方面，而是落后在风险投资上。

第一节　风险投资概述

根据美国全美风险投资协会的定义，风险投资是由职业金融家投入到新兴的、迅速发展的、有巨大竞争潜力的企业中的一种权益资本。这个概念比较抽象，如果按风险投资的过程来定义就比较清晰了。风险投资是指由职业金融家将风险资本投向新兴的、迅速成长的、有巨大竞争潜力的未上市公司（主要是高科技公司），在承担很大风险的基础上为融资人提供长期股权资本和增值服务，培育企业快速成长，并能在数年后通过上市、并购或其他股权转让方式撤出投资并取得高额投资回报的一种投资方式。风险投资具有以下基本特征：

1．专业化和程序化的组合投资

由于创业投资主要投向高新技术产业，加上投资风险较大，因此要求创业资本管理者具有很高的专业水准，在项目选择上要求高度专业化和程序化，精心组织、安排和挑选，尽可能地锁定投资风险。为了分散风险，风险投资通常投资于一个包含 10 个项目以上的项目群，利用成功项目所取得的高回报来弥补失败项目的损失，并获得收益。

2．一种投资人积极参与的投资

风险资金与高新技术两要素构成推动风险投资事业前进的两大车轮，二者缺一不可。风险投资家（公司）在向企业注入资金的同时，为降低投资风险，必然介入该企业的经营管理，提供咨询，参与重大问题的决策，必要时甚至解雇公司经理，亲自接管公司，尽力帮助该企业取得成功。

3．追求超额回报的财务性投资

风险投资是以追求超额利润回报为主要目的的一种投资行为，投资人并不以在某个行业获得强有力的竞争地位为最终目标，而是把它作为一种实现超额回报的手段，因此风险投资具有较强的财务性投资属性。

4．权益投资

其着眼点不在于投资对象当前的盈亏，而在于他们的发展前景和资产的增值，以便通过上市或出售达到蜕资，并取得高额回报的目的。所以产权关系清晰是风险资本介入的必要前提。

5．无担保、有高风险的投资

风险投资主要用于支持刚刚起步或尚未起步的高技术企业或高技术产品，一方面，这些企业没有固定资产或资金作为贷款的抵押和担保，因此无法从传统融资渠道获取资金，只能开辟新的渠道；另一方面，技术、管理、市场、政策等风险都非常大，即使在发达国家高技术企业的成功率也只有 20%～30%，但由于成功的项目回报率很高，故仍能吸引一批投资人进行投机。

6．流动性较小的中长期投资

风险投资往往是在企业初创时就投入资金，一般需经 3 年～5 年才能通过蜕资取得收益，而且在此期间还要不断地对有成功希望的企业进行增资。由于其流动性较小，因此有人称之为“呆滞资金”。

第二节　风险投资的一般运作程序

风险投资的运作比较复杂，只有经过缜密调研、思考、论证后才能决策，只有具有雄厚资金实力的公司才敢涉足，虽然每一个风险投资公司都有自己的运作程序，但总的来说包括以下步骤。

一、风险投资计划书

所有风险投资项目都必须用商业计划书的形式描述项目计划的可行性、可操作性、双方共赢条款、投资回报率、公司经营方式等内容，都必须通过商业计划书来体现，撰写一份成功的商业计划书，不但是创业的蓝图，同时也是创业家向外筹资的重要依据。企业要想吸引投资者的资金，首先就必须显示出这项创业投资不但可能成功，同时还会带来很高的报酬。企业必须明确地说出事业经营的构想与战略，市场需求的规模与成长潜力，财务计划以及投资回收年限。同时创业家也要证明他对市场、财务的分析预测有具体的事实依据。这是一份高品质且内容丰富的商业计划书，是企业向风险投资者传递信息的关键媒介。因此，有人将商业计划书比作获取风险投资的冒险书，一份品质与内容均有欠缺的商业计划书，常常使企业连见投资家一面的机会都没有。商业计划书的编制是由企业或申请人自己独立完成的，企业或申请人可以求助于顾问机构协助编写商业建议书，但主题思想和具体要求必须由企业或申请人反复核实才行。本书将在第十三章较为详细地介绍商业计划书的编制要领。商业计划书写好后，下一步就开始寻找风险投资家了。

二、风险投资项目的审定

（一）寻找投资机会

投资机会可以来源于风险投资企业自行寻找、企业家自荐或第三方推荐，有时通过在报纸上刊登广告，促成双方的信息沟通，达成投资意向。

（二）初审项目

风险投资企业根据企业家交来的投资建议书或商业计划书对项目进行初次审查，并挑选出少数感兴趣者作进一步考察。

（三）聘请专家进行二审

对通过初审的少数感兴趣企业的商业计划书或经营建议书作进一步研究、论证。

（四）决策前的内部研究

风险投资家及行业专家、市场专家对通过再审的项目建议书进行研究，决定是否需要进行面谈或回绝。

（五）双方会晤洽谈

如果风险投资家对企业家的项目感兴趣，会邀请企业家面谈，这是整个过程最重要的一次会面。

（六）评估论证

如果初次面谈成功，风险投资方将通过严格的审查程序对意向中企业技术、市场潜力和规模以及管理部门进行仔细的评估。这一程序包括与潜在的客户接触、进行技术咨询并与管理部门举行几轮会谈。

（七）寻求共同出资者

风险资本方一般都会寻求其他投资者共同投资。这样，既可以增大投资总额，又能够分散风险。此外，通过多方加盟联合还能分享其他风险资本家在相关领域的经验，互惠互利，取得多方共赢的局面。

（八）投资合作条款设计

如果风险投资方认为所申请的项目前景看好，那么便可以开始进行投资形式的选择和投资回报评估及合作方式的谈判。通常企业家会得到一个条款清单，概括出涉及的内容，这个过程要持续几个月。

（九）签订合同

通过讨论后，进入草拟合同修改及签订协议的阶段。

三、投资合作过程

（一）提供增值服务

提供企业家所需的资金；作为企业家的顾问，提供管理咨询服务与专业人才中介；协助进行企业内部管理与策略规划；参与董事会，协助解决重大经营决策，并提供法律与公关咨询；运用风险投资公司的关系网络提供技术资讯与技术引进渠道，介绍有潜力的供应商与购买者；协助企业进行重组、购并以及辅导上市等。

（二）追加创业资本

风险投资方一般不会向企业一次性投入全部所需资金，而是根据项目的具体情况，分阶段投入资金。每阶段都定有一个阶段性目标：上一阶段目标的完成，是下一阶段融资的前提。但是，每一阶段的投入资金应当保证足够支撑企业完成该阶段的目标。这样做既有利于投资者降低投资风险，又可对企业构成一定的压力与动力。

四、资本退出过程

风险投资是投入到具有高成长性的企业中的一种权益资本，在投资的一定阶段，风险投资就要寻求所谓的退出机制来撤出所投资的创业企业，在实施资本退出时需要选择适合的退出方式及退出时机，使企业有负重奋进的感觉。

一般而言，风险投资退出创业企业主要有三种方式：

1．股票上市

风险投资基金组织是金融性机构，在投资后，投资者获得的高额回报便是企业成功后，其股票公开上市或企业卖出时的资本收益。如美国的 NASDAQ 证券市场（或称第二板块市场），其服务对象主要是中小企业和高科技企业，上市标准也较主板市场低。尽管创业投资占整个资本市场的比重很小，但它却是整个资本市场的重要组成部分，为资本市场提供高质量的上市公司。

2．股份转让

股份转让是风险投资退出的另一途径。由于股票上市及股票升值都需要一段时间，因此，许多风险投资方采取股份转让的退出方式。其选择的出售对象可以是创业公司或企业家本人，也可以是愿意接受股份的第三方。

3．清算退出

风险投资者退出企业的过程，相当大部分的风险投资都是不成功或不很成功的。风险投资的巨大风险反映在高比例的投资失败上。越是处于早期阶段的风险投资，失败的比例就越高。据统计，美国由风险投资所支持的企业，只有5%～10%的创业可获成功。因此，对于风险投资方来说，一旦确认创业企业失去了发展的可能或成长太慢，不能给予预期的高回报，就需要果断退出而将能收回的资金用于下一个投资循环。

据统计，用清算方式退出的投资大概占风险投资基金的32%，这种方法一般仅能收回原投资总额的64%。

总之，只有安全地退出所投资的创业企业，风险投资才可能实现高额的投资回报和进入下一轮投资计划。因此，一般认为，确定可行的退出机制是风险投资成功的关键。

第三节 政府、企业、投资公司的角色研究

风险投资，应是以高科技为基础进行研究、开发、经营，也可称为生产与经营技术密集型的投资。其运作模式一般是：先由企业或个人出资成立一个风险投资公司，再由风险投资公司发起组织相当数量的包括养老金、社会保险基金在内的风险基金，并主要以股权投资的形式将资金注入处在创业期或成长期的中小高科技企业。因此风险投资这一过程需要两个重要的角色：一是风险投资公司；二是处于创业期或成长期的中小高科技企业。但是另一个创造宏观环境的重要角色——政府，也是不可忽视的。这三者构成了风险投资的主角。就我国风险投资业的发展现状来说，我国的风险投资业还处在起步阶段，存在诸多的问题。如风险投资公司规模小、数量少，经营不规范，缺少优秀的风险投资家，风险资本主要来源于政府财政拨款，又主要投资于企业发展的中后期。在外部环境上，高科技企业上市还存在着较多困难，风险资本退出机制不完善，缺乏优惠的税收政策，监管机制不健全，缺乏相应的法律法规等。针对这些问题以下分别阐述这三个角色在风险投资中的定位。

一、政府部门

一个良好的外部环境是新事物得以存在和发展的保障。为了保证我国风险投资业的发展壮大，外部环境的创造者——政府的角色定位尤为重要。

1．面对市场，拓展风险资本的来源

我国风险资本源自于下列几个方面：（1）利用大量闲散的社会资金。主要是居民存款和企事业单位的自有资金。（2）允许养老金进行风险投资。近年来西方国家养老金广泛参与投资基金的经营活动，美国养老金已成为风险资本的主要来源。我国养老金总额已超过1万亿元，而且将继续扩大。利用养老金进行风险投资，不仅可以使养老金长期保值增值，而且不失为一条拓展风险资金来源的极好途径。（3）允许外资参与风险投资基金。由于风险投资基金不以控股为目的，不参与企业的管理，而且风险投资基金属于封闭基金，流动性差，因此外资介入不会造成对民族高科技产业的冲击，而且可以避免国际游资对中国资本市场的冲击，分散游资对中国经济的影响。

2．制定配套政策，创造政策环境

（1）制定法规，提供保障。国家对风险企业的政策扶持应通过法律的形式，如规定有关税收减免、信贷担保等方面的优惠政策，保证政策的稳定性和连续性，以便更大程度地吸引风险资本进入高新技术领域。我国政府还应在有关专门的法律法规出台前尽快制定风险投资企业的监管条例，完善证券市场功能，逐步建立第二板股票市场，为风险投资资本提供“出口”。同时还应该提供配套的税收优惠政策，鼓励风险投资业的发展。（2）通过政府担保，国家就可以少量的资金带动大量的民间资本向风险投资业发展。可以充分利用我国政府信用比较高这一无形资产，为风险资本的投资项目向金融机构申请贷款提供政府担保，来引导和促进民间资金进入风险资本领域。（3）培养风险投资人才。风险投资的成功与否主要取决于投资者对技术市场的前景及创业者素质的认识和判断。因此，政府要创造适宜环境，大力培养造就一批风险企业家、投资家、创新家和金融家，形成一支推动风险投资业及高技术产业发展的主力军。

二、高科技企业

高科技企业也即对风险投资进行实际运作的企业。它与风险投资公司的关系实际上就是一种资金所有权与使用权的关系，它最主要的目的是保证科技成果实现商品化，以此使风险投资得以最大限度的增值。高科技企业包括通过现有企业高科技化形成的企业和新生的高科技企业。

1．企业高科技化形成的企业

企业高科技化是企业在原有规模的基础上不断创新所形成的。大量的实证研究证明：创新强度与企业规模和市场控制力量没有明显的关系。目前，中小企业在技术创新上已被一致看好，加之中小企业已成为增加社会就业的主力，从加速产业升级和增加就业机会两个方面看，中小企业的地位无可替代。目前我国应在总结国外经验和教训的基础上，加大对中小企业，尤其是创新型中小高科技企业的扶持力度。

2．新生高科技企业

新生高科技企业是现代科技成果、风险资本和人力资本相结合的产物，在提高竞争力、创造就业机会、促进出口和发展区域经济等方面具有重要作用。新生高科技企业的生命周期一般包括六个阶段，即研究与开发期、创业期、早期成长期、加速成长期、稳定成长期和成熟期，各个阶段的特征各异。研究开发要通过市场研究以确定所研究的产品或劳务的市场潜力，这一阶段的投资需求较小。发起人通常还要全职从事科研性质的工作，其研究开发通常在其工作单位利用业余时间完成。创业阶段要开发最初的产品、向市场展示产品并保证第一笔业务成交。在这一阶段，企业对资本的需要显著增加，其支出包括工资、设备和推销费用等。在早期成长阶段，企业已完成生产线的开发，市场在逐步扩大，然而企业仍然处于亏损阶段，需要外部资金以增加设备、招收业务骨干，并着手进行下一代产品的开发。到了加速成长期，企业的产品或劳务已为广大消费者接受，销售和利润开始加速增长，现金流入可以满足企业大部分需要，但新的机会不断出现，企业仍然需要外部资金来实现高速膨胀，直到企业进入成熟期。针对新生高科技企业的上述特征，我国的风险投资资本应主要投资于新生高科技企业的研究和开发阶段，因为这一阶段的其他资金来源特别少，而外部效益或效益溢出较大。

现有高科技化形成的企业和新生高科技企业具有高风险性和高成长性两大特征。高风险性表现在三个方面：（1）市场风险。高科技产品面对着一个激烈竞争的市场。市场能否接受这种产品，它的扩散速度以及竞争能力都存在不确定性，因此，存在营销失败的可能性较大。（2）技术风险。将高科技转化为现实的产品或劳务具有明显的不确定性，存在出现技术失败而造成损失的可能。（3）财务风险。对于一个新项目，投资预算很难完全确定，同时投资能否回收存在着诸多不确定性。事实上，高科技行业的企业成活率要比其他行业低得多。高科技企业的第二个特征是高成长性。高科技产品一般具有较强的市场垄断力，一旦这种产品为市场所接受，就会表现出极强的扩张力。高科技行业的高风险性和高成长性带来了对一种新的资本——风险资本的需求。

三、风险投资公司

风险投资是高风险和高收益的统一体。一旦投资成功，就会带来很高的收益，而风险投资公司所追求的就是同其高风险相对应的高收益率。为了获得高收益，像所有投资者一样，风险投资公司的主要任务是向高科技企业注入资金，但它在这一过程中的操作却有别于一般的投资者，主要步骤如下。

1．组织资金

风险投资的资金大多来自养老金、保险公司、各类基金、企业、个人、国外投资者和政府等，这些资金汇集成风险投资基金。近年来，风险投资基金已成为风险投资资本的主要形式。目前我国庞大的个人储蓄领域应是我国风险投资基金的一个主要来源。

2．评估投资项目

这是一个非常重要而难度较大的阶段。由于风险投资项目涉及的是高科技领域，而且多是新建的小企业，很难在市场上找到有关它们的可靠信息，这就给评估投资项目带来了难题。因此，对风险投资公司来说，它首先需要一个科研、金融、管理等各方面的专家集团，而且他们都应有敢于冒险、勇于开拓的精神和敏锐的判断力。然后是对投资项目的评价遴选，而评价遴选过程需要规范评价遴选机制，借鉴发达国家的风险投资经验。评价遴选机制一般可以归纳为：广泛申请、多遍筛选、充分取证、谨慎立项。我国风险投资公司在这一阶段也应按照这一机制进行投资项目的评价遴选，尽可能多地吸引申请，再根据不同的标准进行多次的筛选，在筛选过程中广泛取证，在充分掌握了信息资料的基础上，谨慎确定重点投资对象。

3．确定阶段投资比例

科技成果问世，需经过一个必要的开发环节才能转化为现实生产力，实现商品化。在美国等西方发达国家，研究、开发、生产这三个环节的投资比例通常是1∶10∶100，而这一比例正说明了他们在知识经济时代高科技领先的原因所在。可见确定阶段投资比例也是风险投资公司所要特别重视的一个方面，我国风险投资公司要在这一方面本着稳健性的原则来确定适当的投资比例。在开发环节，投入少量的资金，以减少风险带来的损失。在科技成果转化为生产力的最后一个环节，要先进行科技成果现实性的考察，在充分取证的基础上，再投入足量的资金，以确保这一环节资金的需要和风险的规避。

4．注入资金

这一过程是在确定了投资比例以后，根据各个环节的实际需要，或以固定资产，或以机器设备，或以现金等的形式注入资金。但在知识经济条件下，注入资金的方式已发生了很大的变化，除了少量以高技术含量的设备等形式以外，最主要的就是以现金形式注入。

5．监督资金运作

为了确保自己投入的资金的有效运行和减少代理成本的开支，以获得高风险下的高收益，风险投资公司应在完善的出资者与经营管理者之间的监控约束机制下监督资金运作，保证风险投资公司对企业经营管理行为进行监控。这一监控过程主要包括对企业的管理权及其授予权，财务监督权以及制订和审查企业重大决策的权利的参与和监控。这样既有效防止风险资金被滥用，又增加了继续投资、扩大投资的动力。

6．收回资金

这是风险投资公司运转的最终目的。这一阶段是实实在在收回投资并获得高收益的过程。国际上风险资金套现“出口”的方式一般为：在产权交易市场，产权转让双方通过协议确定转让价格后，风险投资公司撤出风险资金；在正式股票市场，风险投资公司在高科技企业股票正式上市后，通过二级市场售卖股票撤资，并从股价上涨中获得可观的收益，或利用现有上市公司资源进行“买壳上市”、“借壳上市”或“受壳上市”等操作实现资金回收；在非正式股票市场，也即所谓的第二股票市场或称第二板市场上售卖企业股权及时撤资。目前，第三种方式已成为国际上最主要的一个风险资金的“出口”。在现阶段，我国风险投资业采取第二种“出口”方式是比较可行的。但尽快建立第二股票市场也是刻不容缓的。

第四节　风险投资者选择企业家和项目的要求

风险资金究竟向何处去？尽管没有任何人对风险投资的客体加以限制，但多数的风险投资家们都热衷于把钱投入到从事高新技术创新活动的中小企业。一般而言，投资者在选择投资对象时通常会从以下几个方面考虑。

一、选择企业家

“企业家是最重要的，其次才是市场、技术和资金。”这是风险投资家共同的观点，从某种程度上讲，风险投资者之间并不存在巨大的差异。风险投资家欣赏的企业家一般具有七种基本素质，这不意味他们在寻求七种素质不同的人，而是希望其寻求的人在这些方面都应该具有比较高的素质，这也是风险投资条件苛刻的重要表现。这里粗略介绍对企业家的基本素质要求，并不是说每个企业家都必须具备一切良好素质，但每一个都应有自己的特长所在。

（一）诚实守信

每个风险投资者都希望企业家诚实守信。尽管某些投资者也了解，有一些不忠诚的企业家或许只欺骗其他人而不欺骗风险投资者，并且可为风险投资者赚钱，然而，多数风险投资者还是只与诚实守信的企业家合作。因为，他们深刻了解，一个不忠诚的人迟早也会对他不诚实。因此与风险投资者交往过程中，要牢记诚实守信乃构成要素之首，用自己的实际行为在风险投资者心中形成一种诚实守信的形象。

（二）事业有成

风险投资者希望企业家确实能为实现既定目标而艰苦奋斗，并将赚钱的能力作为衡量个人成就的尺度。应该说，发明电脑是世界的伟大成就，但是风险投资者对此却感到无足轻重，因为电脑技术起步阶段还不能赚钱。企业家必须向风险投资家证明，你的理想是赚钱但不是由于贪心，而是因为赚钱数额多少是检测你个人成就的标准。如果风险投资者无法认定你是一个成就型的人才，则不会支持你的风险事业。

（三）健康的体魄

首先，企业家应有健康的体魄和勇往直前的奋斗精神来应付艰苦的工作，要能够为实现既定目标努力不懈，具有完成投资计划规定任务的坚定信念；其次，企业家应确有能力实现既定目标。风险投资者并不喜欢那些不知天高地厚的空想家和身体不健康的人，而喜欢那些脚踏实地的奋斗者；只有雄心壮志而无实际本事的人，风险投资者是不会支持的。作为一个企业家要耗用大量的自身能量，如果没有强健的体魄和旺盛的斗志，则计划书的目标也难以实现。

（四）天才和勤奋

由认可大学取得学位固然可证明这一点，然而，很多天资过人者都没有机会读大学。关于天资过人，风险投资者认为是人之天性。有人善于逻辑推理，也有人善于认识复杂的局面，通过综合分析，认识事务的本质。企业家必须向风险投资者证明，你能在充分分析的基础上，做出正确的判断，进而进行最优决策，同时敢于承担必要的风险。

（五）博学多才

学识也表现在多方面。接受一定的良好高等教育能标志其基本学识，而风险投资者更感兴趣的还是企业家的经验。从以往的失败中吸取了哪些教训？在从事的行业中积累了哪些经验？在头脑中积累了哪些为保证事业成功而必不可少的信息？是否已分析了所处的行业，并已确认公司成功的核心竞争力？能否接受批评并获益匪浅？

（六）领导者素质

领导者素质的研究几乎扩展到经营管理学说的各个领域。人们通常认为领导者素质包括自信、自强和一定程度的以我为核心的能力。领导能力既表现为独立处理问题的能力，更表现为组织他人共同解决问题的能力。企业家必须向风险投资者证明，你具有在发展中的小公司里集结多种力量的能力；有勇气承担整个公司的责任；在走前人未走过的路且身处逆境时，有勇气承担并冲破。

（七）策划创新能力

虽然，企业家具有策划创新能力很重要，但在数种情况下，所谓策划创新能力已不局限于原有含义，而被赋予更广泛的含义。

风险投资家对管理团队中的核心人物——企业家有十项警言，即纯为名利者勿创业，贪图权力者勿创业，觉得他人轻易成功者勿创业，人云亦云者勿创业，毫无计划者勿创业，循规蹈矩者勿创业，单枪匹马者勿创业，没有中意的合作伙伴勿创业，一旦条件成熟切莫坐失良机，面对任何困难切莫轻易放弃。这“十诫”就是想争取风险投资者的雷区，触上一个就前功尽弃。

二、选择项目

（一）有高回报的产品或服务

风险投资者非常看中产品或服务在未来是否有非常广阔的市场前景，能否带来丰厚的利润，因此特别偏爱那些在高技术领域具有领先优势的公司，比如软件、药品、通信技术领域。如果企业家能有一项受保护的先进技术或产品，那么他的企业就会引起风险投资公司更大的兴趣。这是因为高技术行业本身就有很高的利润，而领先的或受保护的高技术产品或服务更可以使企业很容易地进入市场，并在激烈的市场竞争中立于不败之地。因此，这些企业常常可以筹集到足够的资金以渡过难关，使企业得到可持续发展的资金支持。

（二）经论证确信有巨大发展潜力的企业

仅仅依靠新思想或新技术是不能形成一个企业的。事实上，只有极少数的项目在资金投入前就已经有了实际上的收入，即具备了初步经营条件。风险投资公司并不会单给一项技术或产品投资。风险投资家资助的是那些已经组成了管理队伍，完成了商业调研和市场调研并经论证有发展较大潜力，市场前景看好，项目赢利能力较强，且具有高科技含量的企业才可能获得投资。

（三）投资区域选择

一般的风险投资公司都有一定的投资区域。这里的区域有两个含义：一是指技术区域，风险投资公司通常只对自己所熟悉行业的企业或自己了解的技术领域的企业进行投资；二是指地理区域，风险投资公司所资助的企业大多分布在公司所在地的附近地区，这主要是为了便于沟通和控制。一般地，投资人自己并不参与所投资企业的实际管理工作，他们更像一个指导者，不断地为企业提供战略指导和经营建议。

（四）小规模有潜力的小公司

大多数风险投资者更偏爱小公司，这首先是因为小公司技术创新效率高，有更多的活力，更能适应市场的变化。其次，小公司的规模小，需要的资金量也小，风险投资公司所冒风险也就有限。从另一个方面讲，小公司的规模小，船小调头快，其发展的余地也更大，因而同样的投资额可以获得更多的收益。此外，通过支持创建一个公司而不是仅仅做一次投资交易，可以帮助有资金、敢于冒险的风险投资家实现他们的冒险理想，使他们从冒险中感到愉悦。

现在的风险投资行业越来越不愿意去和一个缺乏经验的企业家合作，尽管他的想法或产品非常有吸引力。在一般的投资项目中，投资者都会要求企业家有从事该行业工作的经历或成功经验。如果一个企业家声称他有一个极好的想法，但他又几乎没有在这一行业中的工作经历时，投资者就会怀疑这一建议的可行性。

思 考 题

1. 何为风险投资？
2. 简述风险投资的主要特征。
3. 写出风险投资的一般运作程序。
4. 论述风险投资中政府、企业、投资公司的角色。
5. 简述投资者选择项目的标准。

第十章　资本运营策划法

资本经营策划，又称为资本运作或资本运营，其主要目的是通过资本的科学运作，使企业现有资本实现最大化的增值，在市场经济的大环境下，进行资本运作的实践证明了，当今的资本市场是一个风险和机遇共存的市场，只要你准确地分析市场，把握机遇，掌握资本运作的规律，你就会发现使资本增值的方法有很多。目前拥有雄厚资本的企业多采用兼并收购、重组的方式，把资本盘活加速资本周转，达到迅速升值，或通过资本运作把企业做大做强的目的。

第一节　上市公司的兼并

目前上市公司兼并的目的，是企业为追求长远发展而做出的战略性决策，许多国内企业在激烈的市场竞争中，为了自身发展已进行了一系列的兼并活动，但其运作的绩效令人担忧。下面就兼并中所需考虑的几个问题进行分析，并就我国目前开展兼并活动中所遇到的问题进行探讨。

一、兼并方法

当企业决定要兼并另一家企业时，必须考虑选择采用何种支付方式来对这个企业进行兼并。由于各个目标公司的股东、管理层的要求和财务结构、资本结构的不同，在兼并中就要针对不同企业的特点，实施不同的支付及兼并方法。

1．股票兼并

如果兼并方是以本公司的股票按一定比例替换目标公司的股权，则被视为股票兼并。兼并后，目标公司被中止，或成为兼并方的子公司。股票兼并的主要特点是：兼并双方不存在大量的现金支付，无税负问题；兼并方的财务状况基本没有受到影响，不存在还本付息的压力；兼并后，目标公司的老股东没有失去所有权，只是这种所有权由目标公司转移到了兼并公司。

股票兼并中按换股方式的不同可分为增资换股、库存股换股、母公司与子公司的交叉换股等，其中以增资换股的方式较为常见。增资换股一般是指兼并公司以发行新股的方式，包括普通股或可转换的优先股来替换目标公司原有股东所持有的股票。新发行的股票改变了原有的股权结构，削弱了兼并企业老股东的股权，甚至可能导致兼并企业原控股股东丧失对企业的主导控制权，对一家股权集中的目标企业，甚至可能产生目标企业的股东反而控制了兼并企业。这种情况被视为反向兼并，一般情况下是不允许发生的。唯一例外的是母公司通过优质资产注入上市子公司，从而实现间接上市的所谓“借壳上市”。因此，采用股票支付方式要分析换股对兼并方股东股权的影响，并确定可用来交换的新发行股份的最大数量和换股比例。

2．现金兼并

现金兼并是一种单纯的兼并行为，它是指兼并企业支付一定数量的现金，从而取得被兼并企业的所有权。其主要特点是：交割简单明了；目标公司的股东一旦得到了对所拥有股份的现金支付，就失去了任何所有权和选举权；现金支付的方式对买家而言须在短期内筹措大笔资金，对卖家而言可能大幅增加当期的证券交易所得税负。

由于现金兼并方式的以上特点，使这一方式有一定的适用范围。兼并方在选择现金方式兼并时，必须考虑以下一些问题：

（1）若主要靠负债融资，则兼并方现有的资本结构必须合理。资产负债率不能太高。

（2）兼并方得有足够高的融资信誉，能在短时间内从货币市场筹集到所需的现金。

（3）当前的银根不能太紧缩。

如果这些条件不符合的话，现金兼并的方式就不一定合适。

在我国，目前比较常见的一种“承担债务式兼并”方式，从本质上讲也是一种现金兼并的方式，只不过是用分期付款的方式。这种方式又称接收式兼并，即兼并方以承担目标企业的债务为条件接受其资产并取得产权，此时被兼并企业的财务状况往往已严重恶化，接近资不抵债的情况。这种方式有其自身的特点：兼并方不用在短期内偿付大量现金；交易没有具体的价格，或者说，交易的价格就是目标企业所有的负债；目标企业的债务一般以分期付款的方式偿还。这种兼并方式在我国具有很现实的意义，而且政府对兼并亏损企业实行了一定的优惠政策，如贷款在五年内还清，利息经银行核准可以免除等。这就大大减轻了兼并方整合的难度。

3．综合证券兼并

这又称混合证券兼并，是指兼并公司对目标公司提出兼并要约时，其出价不仅仅有现金、股票，而且还有认股权证、可转换债券等多种形式的综合。

从我国具体情况来看，目前在企业兼并行为中，现金兼并占据了主导地位，这与我们国家当前的金融业发展水平有直接的关系。纵观西方国家的兼并史，兼并的最初方法就是现金兼并，后来才出现了股票兼并，随着金融制度和金融手段的日益发展，采用认股权证、可转换债券、期权等形式与现金兼并、股票兼并综合使用的综合证券兼并才出现。

二、兼并方融资选择

企业兼并时，兼并方往往需要在短时间内筹措大量的资金，特别是在用现金方式进行兼并时，所需资金更为巨大。这时光靠企业积累的自有资金和商业贷款往往是力不从心的，因此只能求助于资本市场融通资金。

（一）融资渠道

融资渠道是指筹措资金的来源与通道，体现着资金的源泉和流量。企业兼并的融资渠道大致有企业自有资金、银行信贷资金、非银行金融机构融资，其他企业资金，民间资金以及外商等。商业银行的财力雄厚，贷款方式具有多样性，且资金成本相对较低，是很好的融资渠道，但目前我国银行对企业贷款市场较严。非银行金融机构在我国刚刚形成，其资金力量比较小，但这部分资金的供应具有很强的灵活性。民间资金主要是指城乡居民的自有资金，可以对企业进行直接投资。随着证券市场的发展，这一投资渠道将发挥越来越大的作用。

（二）融资方式

融资方式是指企业筹措资金所采用的具体形式。融资方式一般有银行融资、商业信用、吸收直接投资、发行股票、发行债券、发行融资券、租赁融资等几种。下面介绍几种具体的融资方式。

（1）吸收直接投资。这是指企业以协议等形式吸收国家、其他企业、个人和外商等直接投入资金，形成企业资本金的一种筹资方式。吸收直接投资不用以股票为媒介，适用于非股份制企业。

（2）银行借款融资。这是指企业向各专业银行或商业银行借入长期款项的融资方式。通常所用的银行借款项目包括定期贷款、有担保与无担保的本票、可转让和不可转让的本票等。与其他的融资方式相比，银行贷款具有成本低、速度快、弹性大的特点，然而，对于一般企业而言，除非所在行业受国家政策倾斜，否则要获得大规模的银行长期贷款是一件非常困难的事。

（3）配股。这是上市公司通过股票市场筹集资金的一种常用方式，公司先根据本公司股票的价格委托券商向企业的老股东筹集资金。

（4）发行新股。兼并方有两种途径可以选择：一种是对社会公众发行新股，然后将筹集到的资金用于兼并目标企业；另一种就是采用增资换股的方式，即用发行的新股直接换取目标企业老股东的股份，其实质是对目标企业的老股东定向发行新股筹集资金。

（5）发行债券。发行债券是企业筹集借入资本的重要方式。按我国公司法和国际惯例，有限责任公司和股份有限公司发行的债券称为公司债券，习惯上又称为公司债。利用公司债券进行企业兼并融资具有以下优点：筹资成本与发行股票相比要低；可利用财务杠杆扩大股东收益；可以保障老股东对企业的控制权；还可适当调整企业的资本结构。

（三）融资方式的确定

作为一个特定的企业，其融资决策的一般过程如下：

（1）在诸多融资渠道中，首先选择内部积累资金的方式，原因是筹资阻力小、风险小，保密性好，不存在发行成本，且能为企业保留以后融资的实力；

（2）由于企业内部积累的资金一般有限，当兼并所需资金量很大时，企业必须同时选择合适的外部筹资渠道，这时首选借贷方式，因为这一方式速度快、弹性大、成本低、易保密；

（3）发行有价证券应是最后考虑的方式，这主要是由于其保密性太差、速度慢且成本很高。

其中首先考虑公司债，然后才是普通股或配股。这一方式虽有诸多缺点，但所能筹集的资金量却非常可观，因此在大规模兼并时乐于为企业所接受。

三、目标企业债务处置

在兼并之前，兼并方要对目标企业的债务进行重组和剥离。如果能在兼并之前将部分结构不合理或处理起来有一定难度的债务进行有效剥离，往往能提高被兼并企业资产的质量，从而降低兼并后整合的难度。

1．先剥离再兼并

将企业的部分负债以及相应的部分债权或资产进行分离，也就是将企业一分为二，主体部分由兼并企业进行兼并重组，其余剥离部分由原企业的关联企业自行处理，同时将非盈利性资产（如福利设施）一同剥离。

2．先兼并再重组

在大多数情况下，前面的方法不一定可行，特别是在被兼并的大多是国有企业的情形下，试图通过将目标企业的债务剥离从而减轻兼并后整合的难度，这一想法无疑是一厢情愿。这时，唯一的办法是先兼并再重组。一方面，兼并方要综合考虑兼并筹资的期限结构，使得每年的原有债务和新生债叠加后的偿债额基本持平；另一方面，可以对企业进行适当的改造，将企业改组为控股子公司，可以尽可能避免一旦兼并后，目标企业运营失败，殃及母公司的悲惨境地，降低兼并的营运风险。

第二节 并购策划与资本营运

资本经营的目的就是追求利润的最大化，相对于传统的生产经营而言，资本经营创造的增值可能是令人瞠目结舌的。在市场竞争日益激烈的今天，在经济全球化的影响下，资本经营已经成为最迅速、最有效的市场占领方式和扩张手段。

资本经营其实质只是一种手段。从根本意义上讲，资本经营是为了搞好生产经营、为了壮大企业经济实力的一种有效方式。

我们必须明确，良好的生产经营任何时候都是资本经营的前提。资本经营为生产经营构造一种制度性框架，为生产经营提供舒适优良的金融环境和其他外部环境；生产经营则是资本经营的基础性前提，为资本经营提供内在要求和后续力。

许多资本经营的实践告诉我们，凡是资本经营成功的企业，其生产也必定卓有成效。反过来，生产经营困难重重的企业，其资本经营也难尽如人意。盈科电讯是这样，郑百文、猴王股份也是这样。

一、资本经营的意义

资本经营的核心在“资本”，企业获利不仅依靠生产和销售自己的产品或服务，更重要的是通过资本的运营来实现自身的保值增值。资本经营策划就是通过兼并、收购、产权交易、资产重组等方式，以一个企业迅速取得另一个企业的财产、经营权或股份，并使一个企业直接或间接地对另一个企业发生支配性影响，进而获得其利润的一种企业经营模式。

资本经营是扩大市场份额最有效的武器，是股东财富最大化的有力手段，是企业低成本扩张的最佳方式，是盘活存量资产的最迅速途径。资本经营又称资本运作或资本营运，它的核心是并购（即兼并与收购）。

资本经营策划的目的是，在利润最大化原则下，使资本在再生产过程中实现保值和增值。生产经营策划的目的在于产品盈利，其资产状况既可以是增值的，也可以是恒值的，也可以是贬值的。

资本经营策划的前提是，企业必须有资本，必须在自有资本经营基础上，实现资本融通和迅速增值，即在必要时以合适的价格出让或购买货币资本的使用权，并且善于盘活资本，把死资本变成活资本，加速资本周转。

资本经营策划着眼于产业结构调整，并将改造、改制、改组三者结合起来，其作用范围常常可以涵盖一个行业乃至多个行业。生产经营策划着眼于产品结构调整，其作用范围仅为一个或数个企业。

二、并购策划的动因分析

分析众多个案，我们发现资本经营策划的动机和原因大致可分为以下几类：

（1）为了扩大企业规模，降低成本和费用，形成规模效益。

（2）确保市场份额及企业的战略地位，增加竞争能力。

（3）利用企业知名度和品牌经营，扩大影响，形成行业垄断。

（4）获取垄断利润。

（5）满足企业家的成功欲。

（6）股东不愿意继续经营企业，索性卖掉企业，提前让创业投资变现。

（7）实现创业人力资本化。

（8）企业陷入困境，通过被兼并寻求新的发展。

（9）通过被有实力的企业兼并或交换股份，“背靠大树好乘凉”。

（10）通过兼并获得资金、技术、人才、设备等外在推动力。

无论是并购他人或被他人并购，无论是主动还是被动，不是为了扩大实力，就是为了套现，都是利益驱动，都是追求双赢。可以说，在资本经营中，没有绝对的赢家，也没有绝对的输家，除非是恶意兼并或敌意收购。在兼并中历来存在着风险因素，但欲想获得成功就必须敢冒风险，风险与机遇共存，风险与利润同在，风险有多大，成功的希望就有多大，关键是我们如何把握好一个度的问题。

三、并购的实施

（一）实施的程序

1. 情况调查与分析

首先是调查、分析自身企业所处的市场环境，分析并购的目的和必要性是否符合企业的战略安排，清楚了解企业的财务状况以便掌握并购实力的可能。

其次，就是对你的并购对象有个彻底的了解，最好是请专业的律师根据调查清单进行详细的调查，并出具法律意见书。这个程序是极为重要的，因为在很多情况下，并购对象并不会心甘情愿配合你，把他的真实状况袒露无遗，甚至还会用许多虚假的数字来欺骗愚弄你。因此并购专业律师的调查分析和判断，会有效地帮助你详细了解对方的实际情况和有关问题，其中，法律意见书中对目标企业的重要说明有下列几项。

（1）有关章程中有无反合并条款。

（2）持股状况。

（3）反垄断诉讼的可能性。

（4）法律允许其在多少范围内回购股份。

（5）资产“焦化”重组的可能性。

（6）争取友好收购的可能性。

（7）发起并购无效的举报、诉讼的可能性。

2. 并购方法的研究

（1）根据自身情况，对兼并后财务状况、生产能力、销售能力、产品质量、协同效应和技术潜力的期望。

（2）分析、判断、决定并购的类型。

（3）确定并购的价格、方法和范围。

（4）并购双方（或若干方）的协商、谈判（如果是恶意并购，则不存在此程序）。

（5）股东会或董事会的并购决议。

（6）双方交换合同。

（7）有关部门核准。

（8）董事会改组。

（9）变更登记。

（10）新公司的整合。

（二）实行整合并购法

并购交易的签约并不代表并购的结束，而只是整合工作的开始，后续工作还很繁杂，在实际操作中一定要抓住主要矛盾。并购中协议主要涉及法律和资金问题，并购的整合主要解决人的问题。

并购整合是指一方获得另一方的资产所有权、股权或经营控制权之后进行的资产、人员等企业要素的整体系统性安排，从而使并购后的企业按照一定的并购目标、方针和战略重新组织营运。

并购整合的必要性在于并购本身所必然带来的各种风险。

并购整合的出发点是对并购动因和风险的深刻了解。

具体进行并购整合时，应遵循以下几个原则。

（1）平等性原则：并购双方的法律地位平等。

（2）公平性原则：在并购中双方必须本着公平、公正、共赢的精神。

（3）合法性原则：凡不合法的均不会受法律保护。

（4）合理性原则：在合理的范畴中，首先是合理的目标与效益性。

（三）正确评估慎重决策

在并购的实际操作中，我们必须知道不是所有的项目都值得去并购、都能够并购的，在实际的并购操作中应作详细而周密的论证，不要盲目地为了追求多元化去并购，要算算有没有利润；也不要盲目求答案，要算算你的成本。如果把握不住，那么不妨冷静下来，看看美国人买的是什么公司，譬如美国在线收购时代华纳。通常的做法是，调查你并购的企业，它有技术吗、有市场份额吗、有优秀的人才资源吗、有你所需要的有价值的东西吗？

在并购的决策过程中，要多想想规模与成本、规模与效率、规模与风险、规模与力量、规模与竞争力的关系。如果你不采取并购行动，可能什么风险也没有，因为并没有人逼你并购，但如果时机恰当、价格合理、措施有效、把握较大时，你若再不行动，那就只能错失良机了。

决定并购并不是件容易的事，因为一旦并购完成，对方的很多问题就会成为你的问题，你有解决这些问题的方法和把握吗？如果你没有把握能够掌控和改变，那么还是歇手吧，学学海尔和海信，不要总想到自己更大、更强、更有权有势和更有影响力，也要想到有可能会添烦、添乱、添风险，甚至会陷入万劫不复的深渊。

四、并购中的问题及风险

并购中出现的问题很多，主要问题的症结恐怕在于，单纯的求大、求多、求名、求便宜，产生了“反共生效应”。规模不经济，力量分散，集团集而不团，管理者或员工人心涣散，商业秘密外泄等。这些都是极为典型的并购失败的表现。

（一）信息不真实

除了由于并购方主观良好意愿造成的后果之外，还有更令人不安的问题，即是在并购过程中最容易出现的一些陷阱，譬如信息不真实、事实隐瞒、经营不善、第三方攻击、反垄断风险等。这些陷阱将导致并购在一开始就已存在危机。因此，针对不同风险应采取相应的对策。

在实际并购操作中信息不对称是经常发生的，收购方对被收方的了解有时浮于表面，他们的信息多来自于媒体或被收购方自己，而实际情况则不得而知。通常情况下被收购方为争得并购利益的最大化，一些关系到企业命脉的信息，在并购前一般处于严守机密的状态，所有出资收购人一定要全面了解企业的实际情况以避免失误。如果交易主体无资格、产权交易客体不明确、交易程序违法，则在并购之初，就要注意信息的收集和分析，在这方面，千万不要吝啬费用。好的专家会有好的调查报告，会有好的意见和建议，因此要请懂行的专家才行。同时，为信息错误的补救埋好伏笔也是十分必要的，并购合同中的“保证条款”因此显得十分重要。

保证条款是买卖双方在法律上界定被购企业资产的最主要的内容，也是卖方违约时买方权利最主要的保障，目的是买卖双方都明确地知晓交易的标的为何物，即其在法律上所定义的财务、经营和资产范围所包含的权利和义务是什么。

并购合同应使用合理、科学、专业和没有歧义的语言，使买卖双方达成共识。通常合同中保证条款的主要内容如下：

（1）应注明公司登记注册文件中的主要内容（注册地点、时间、法人、总资本、注册号、有效期、年检内容）。

（2）证明公司的合法性文件及其相关法律文件的有效性，法律主体的成立性，对公司股权所有的真实性和合法性。

（3）企业的股权是否设置、股权的实际情况等，以及企业的所有担保情况。

（4）公司对其拥的有形和无形资产合法拥有的权利范围，及其限制的所有有效文件。

（5）注明反映公司的重大合同的权利和义务的保证文本的法律依据。

（6）对公司资产负债的说明，以及法律状态的维持情况。

（7）公司能提供的合理的保证期限。

（8）合同执行中买方的违约及时通知条款[H1]和合理的补救措施条款。

（9）注明可选择的卖方应赔偿买方的方式和所负的责任及事由。

（10）注明当出现一方违约时的最低损害赔偿数额。

（11）设置可选择的卖方连带责任条款的内容。

（12）对保证书所有主要责任内容尽量地量化，避免过分口语化的陈述。

（二）表面繁荣

如果并购对象内部机制近乎瘫痪，或者经营不善，问题多多，只是给人表面热闹的虚假繁荣，账面漂亮，则收购方应谨慎行事，抓住重点。要明确买方所购买的是一个能够运转的整体业务，而不仅仅是简单的资产总和。不了解这一点的经营者是不可能获得并购成功的。

依靠熟悉企业经营与并购操作的专业人士协助并购操作、科学论证、谨慎从事会对并购者有所帮助。听从专家的意见，在重要岗位设置你的管理人才，建立有效制度，进行管理重组，精简机构，调整产品结构，加大科技投入，实行科学的市场细分，找准市场或重新定位新的目标消费群，发挥人才在企业中的作用，增强经营实力。

如果现金不宽裕，那么在并购方法的选择上，注意尽量采用现金流量少的方式。

聘请有关专家对市场进行专项调研并提供管理咨询，联合对被并购企业商业秘密作出法律安排。

（三）第三者干扰

第三者是指排除在兼并双方以外的组织或个人，如企业所在地的地方政府、居民、媒体，或与并购双方有直接、间接或连带关系的组织或个人，如同行竞争者、隐秘的债权债务关系人等。如果遇到此类情况，应积极建立应变机制，积极开展公关，处理好与政府、社会、媒体、客户、员工的关系，加强沟通，形成舆论的支持，化解可能发生或造成的影响。

（四）反垄断风险

某些企业或企业中的某些产品被国际或国内相关管理部门界定为垄断行业，或其产品被界定为垄断产品，一旦被定为垄断性质，其企业的生产经营就必须接受反垄断法的规范，有时在很大程度上直接关系到企业的生存与发展。针对这种可能，请并购专业律师做专项法律和地区及部门性的调查，避免惹上麻烦。往往越有成功可能、越有利可图的并购个案，越有可能存在此类风险。有一句话说得好：陷阱做得再漂亮也不要进去，千万不要被表面假象迷惑。

资本经营是企业经营的最高境界，无论并购方还是被并购方，都希望通过资本经营的途径，获得理想的利益，这种战略安排在任何时候都是值得我们去努力的[H2]。

第三节　常见的并购方式浅析

一、并购商收购法

在企业互相并购的实际运作中，由于并购商[H3]在短时间内需要的大量资金只能从资金市场上融资筹集，所采取的方式一般是以自己的名义寻求短期商业贷款或银行贷款。这种贷款时间短、利率高，要求抵押，这对并购商的经营发展具有一定的影响。因此，并购商会把这种贷款方式作为过渡性融资手段。在并购后，它常常接着在证券市场上融资，以寻求长期资金或低成本资金的支持。

并购商在证券市场上的融资主要有三种方式：配股；发行新股；发行债券。

（1）配股是依靠公司原股东出资认购，虽然原股东可保持原持股份额不变，但由于并购活动的高风险，以及现金增资认购的困难性，因此，通过配股增资收购目标公司的可行性往往不高。

（2）发行新股以现金收购或以换股交换方式并购都可以选择，不论并购方的原股东、新股东还是目标公司股东都愿意接受，不失为一种两方相宜的办法。要注意的是，配股与发行新股均对并购方在证券市场上股票的价格变动影响极大。特别是现金增资发行新股，当其原股价大幅降低时，常可见其他公司乘机大肆收购这个“目标公司”的股票进行并购。

（3）发行债券。并购商可以用两种名义发行债券：一种是以它自己的名义发行债券筹集现金用于并购；另一种则是以目标公司名义或作抵押来发行债券，在美国，这就是LBO的杠杆收购。前者相当于一种普通的公司债券，仅仅是所筹资金的投向与其他债券不同；后者准确地讲应该是一种项目融资方式。

一般的LBO特点。买方收购股权的资金，主要是以目标公司的各种资产作抵押，由目标公司向金融机构及其他来源贷得，而买方只需支付15%左右的现金。因此，在操作上，可以先保证本票及过渡性贷款作短期融资。然后，再改成由目标公司发行长期的优先债务或居次债务，以及募集资金认购特别股及普通股。更应注意的是，LBO融资并购与交换式并购中的债权与股权交换是有本质区别的，因为两者中股权与债权的比例转移方向刚好相反，并且LBO方式也不是一般股权与债权的相互交换，而是比例上的一种调整。

二、互换并购法

在企业之间相互的并购过程中，倘若并购商和目标公司之间，以及它们的股东之间在并购中没有发现现金流动，而它们的股权结构或债权、资产等又发生了变动，那么这种并购就是互换式并购，这种并购方式是并购实践中运用较为普遍的方法之一。从法律可行性的角度来看，互换式并购主要有以下三种形式。

（一）股票转换法

股票转换法，又叫换股并购法，是指并购商将目标公司的股票按一定比例转换为本公司的股票，目标公司被终止或成为买方公司的公司。换股并购的特点是，在整个过程中，公司股东既未收到现金，也未实现资产收益，无税可交，而公司却实现了资产的流动和转移，资产所有者实现了追加投资和投资多样化的目的。实质上，这是一种企业间资本的交叉渗透式融合，是并购方采用的一种渗透式兼并策略。

具体的换股方式有多种，常见的有：增资换股；库存股换股[H4]；母公司与子公司的交叉换股等。在具体操作时用什么方式，应根据双方的具体情况、能接受的形式，以及双方都认为能取得双赢的结果的情况而确定。

（1）增资换股一般是指并购商以发行新股的方式，包括普通股或可转换的优先股，来替换目标公司原有股东所持的股票。目标公司原有的大股东，将成为并购商的小股东。但是，当双方结成同盟或构成合资企业时，也有通过双方同时发行新股，并相互按一定比例交换的形式操作。

（2）库存股换股[H5]是指并购商将其库存的那部分股票用来替换目标公司的股票。

（3）交叉换股常在三角兼并与反三角兼并中使用。它的特别之处是并购商本身，其母公司和目标公司之间都存在换股的三角关系。在换股之后，目标公司可能消亡，也可能成为并购商的子公司，或是其母公司的子公司，这就是通常所说的“关系企业”。

（二）股权互换资产法

通常情况下，多数企业为了融资都是将有形固定资产抵押给银行以获取商业性贷款，所以并购商想以其股权交换目标公司的资产，往往很难获得债权人的同意。只有少数情形下，并购方可以用股权交换目标公司所拥有的专利、特别许可权、商标、商誉等无形资产。特别是母公司收购子公司的资产，一方面使子公司的资产规模扩大，上市公司的市值增大；另一方面也使母公司增持了子公司的股份，减少了母公司的投资。

（三）债权换股份再收购

当目标公司有大量到期和将要到期的各种债务，而且该公司的资产负债比率又过高，公司正陷入资不抵债的困境的情形时，目标公司的债权人会急于把这些债权转让或折价出售。若并购商认为接收目标公司会带来更大的经济利益时，它便会先与目标公司协商，将以债权交换其股份，再出资收购这些债权，以完成收购行动。这种收购的特点是，并购双方没有直接的资金流动，而且，并购商一般仅实施控股收购，并不完全接收债权转让方的全部资产。

三、股权转债权法

股权转债权的实质，是指卖方先取得固定的收购者的未来偿付义务的承诺。即卖方愿意接受并购商的商业票据，愿以应付票据方式达成交易。在我国，这一般表现为签订分期付款合同的方式。因为要靠有效管理下所赚的盈余来偿付债务，对收购商而言，除非能提出极好的事业经营发展计划，或有市场发展潜力巨大、盈利能力很强的大型项目，否则很难实现“卖方的融资”的愿望。实质上，这也是一种时间较短、以股权交换债权的并购融资方式。

在实际运作时，收购方所支付的价格一般根据目标公司收购后某段期间的业绩而定，称之为约定。这种约定的前提，就是将原所有者仍留任作为收购后的经营者，且签订某时间内不得离开的聘用合同并考核其经营业绩；并约定如其经营业绩不佳，经营者所代表的卖方，只能以低价出售股权。

有选择权的卖方融资法的具体操作方式有：

（1）买方要求支付给卖方的资金采取分期付款的方式，且支付价格按照事先商定的该期间的业绩的某种比率支付。

（2）买方可按商定价格的一半付现金，另一半须视未来某时点的业绩而定，如果没有达成，则不予付清余款，并且债务也不予负责；或另一半由卖方融资，甚至在数年后卖方可要求以部分债权换回股权，即有“股权买回”的选择权的融资。

（3）第一次在交割时的价款为有形资产，无形资产则依未来获利状况来决定价值，也许延迟三至五年后再付经市场验证和专家评估后的无形资产的真正价值。

这种依业绩而定价值的卖方融资方式，如果支付期间过短，那么在收购后，卖方可能只为短期利益而不顾长期利益。例如机器设备的正常保养等，二三年后目标公司的费用支出将大幅增加。

另外还可以采用先租赁或先托管再并购的方法。这时卖方所处地位十分微弱，因其急于出售或转让目标公司，又没有买方直接并购，只能主动出让企业的控制权给收购商经营，卖方仅收取租金和少量管理费。这种操作方式卖方稍有不慎就会处于被动地位，所以在实际运作中一定要谨慎，卖方经营者最好不要反聘为买方经营管理者。

四、用债务承诺函并购

实力雄厚的并购商，只要对目标公司产品的未来市场有信心，看准了其未来的升值潜力和价值，就应果断决策，选择在目标公司的财务状况严重恶化，并接近资不抵债的情况下，利用征得目标公司主要债主的首肯机会，就可以用承诺分期、分批偿还目标公司债务或出据保函的方式向目标公司提出并购。一般债权人在获知债务人想进行合并时，他们是否要求提供担保，甚至要求清偿，主要看其对债务人的财务状况是否具有信心。即使财务状况不佳，只要债权人认为合并有助于经营业绩的提高，也可能不会提出异议。例如，我国上市公司江苏仪征化纤股份有限公司成功收购佛山化纤有限公司一例，收购方就是以债务承诺的方式，用象征性的少量资金完全接收了总资产达十多亿元人民币的佛山化纤有限公司。当然，在并购后为了启动目标公司重新运转或轻装前进，母公司往往还必须大量注资于该子公司。对于在收购的过程中，是否采用债务承诺函方式，则完全取决于收购方对目标公司是否资不抵债的判断和未来发展前景的判断；另外，并购后是否有利于本身事业的发展和市场的拓展，也是收购方必须认真思考的问题。

五、防御并购的方式

我们在研究并购商的融资方式或者并购后出售方的融资方式时发现，在并购过程中，收购方的强势地位明显，被并购方始终处于弱势的地位。其实目标公司在双方的并购战中，特别是在敌意收购时，一定要坚定信念，相信自己存在的价值和法律面前人人平等的地位，分析处理好善意并购与恶意的行为，在自身利益得不到保障的情况下，也可采用一些防御性的并购融资策略来化解危机，变不利为有利。

（一）先出售部分资产再寻生机

在当今市场竞争十分激烈的大背景下，目标公司在对抗并购的防御战中，针对并购商收购的目的或企图，在目标公司寻找外援的同时，也会积极寻找对策自救，有时采取对本公司的子公司、业务部门或一些固定资产进行分拆出售。最理想的做法是，出售公司内除优良部门或业务以外的资产，留下核心事业。因为非优良企业很难在短时间内出让，因此，就只有按先选择出售一些优良资产，例如写字楼、商住楼宇等固定资产，然后再出售不良资产的方式进行。这样回笼的资产既可以回购公司分散在外的股份，又能改变公司当前的负债比率，改善财务状况，甚至可以迫使并购商更改收购目标和收购标价，使自己在并购中变被动为主动，若经过自身一定时间的努力，在困境中找到新的发展商机，就会自然化解被兼并的危机。

（二）内部参股或员工认股

企业通过向银行贷款来认购目标公司的股权。目标公司扣除发给员工薪资的特定比率（最高可达 25%）来还给银行。这对公司可视同薪资费用并可扣除所得税。此外，对员工的薪资在银行利息收入可享受 50%免税，故银行会给员工薪资式集资给予企业低息贷款。当用员工薪资偿还企业债务完毕后，每位员工即可取得与所扣工资等额的股票，当员工退休或离开时，可取回股票或卖给原发行股票的公司。当有人对公司采取敌意收购时，公司经营者可以此项安排来对抗来自外部的恶意收购。

（三）外部结盟融资

目标公司在遭受敌意收购或潜在威胁时，公司经营者通常寻求外界的支持，这包括取得与它有关系的大集团公司或金融机构的帮助，并常常以交叉换股、互相渗透的方式结成同盟。同时，目标公司如果能在货币市场上获得高利贷款支持当然最好，就算不能，也可以通过其他协议融资方法来化解危机，例如争取一些信托、基金等融资机构的支持。这些资金可以用于回购本公司流散在外的股份，从而延滞或对抗并购商的并购行动。

（四）以存换贷法

当目标公司出现危机时，有时可采用以存换贷的方法寻求银行贷款，企业动员全体员工向企业指定的银行存款，存款期限一般是 3 至 5 年，存款的账户是企业财务主管或企业主要负责人所立的个人账户，员工在向银行存款时，银行出据一份存款证明（不是正式存单，是由企业统一格式）并盖上企业公章，存款人凭证明到企业财务部领到一张银行存单复印件（存单上的名字是企业指定人员的名字），以及企业承诺到期保证存款人获得双份利息的证明。银行将所有定向存款作为向企业发放贷款的担保金，倘若贷款人到期无力还贷，则银行将从到期的存款中扣除贷款。企业用上述方法可融到所需的资金，为企业的持续发展赢得了几年的机会。

【案例】 证监会六道令牌规范并购重组

中国证监会昨日连下六道规范，旨在从不同角度、多个层面对现有上市公司并购重组规则体系进行梳理和完善，支持并鼓励市场创新与发展，满足市场创新发展对法律法规的需求；同时进一步加大打击内幕交易和操纵市场行为的力度；提高市场透明度。

这六部法规及规范性文件分别是《上市公司重大资产重组管理办法（征求意见稿）》（以下简称《办法》）、《关于规范上市公司信息披露和相关各方行为的通知》（以下简称《通知》）、《关于在发行审核委员会中设立上市公司并购重组审核委员会的决定》、《中国证券监督管理委员会上市公司并购重组审核委员会工作规程》、《上市公司非公开发行股票实施细则》（以下简称《细则》）和《公开发行证券的公司信息披露内容与格式准则第25 号——上市公司非公开发行股票预案和发行情况报告书》。

其中，《办法》从法律规制层面，依据《证券法》和《公司法》的规定，对我国上市公司并购重组活动做出了创新性的制度安排，与 2006 年修订的《上市公司收购管理办法》共同构成了我国上市公司并购重组活动的基本制度框架。《办法》优化了重大资产重组的财务计算指标，将交易的成交金额达到资产净额的 50%以上且超过 5000 万元的，才认定为重大重组，以期进一步提高公司运作效率。此外，《办法》还细化了构成重大重组的其他资产交易方式，将上市公司的控股子公司所进行的资产交易也纳入监管范围，以减少监管盲点；同时，《办法》还专门对上市公司以发行股份作为支付方式向特定对象购买资产的行为作了特别规范，强调上市公司申请以发行股份作为支付方式购买资产的，均应提交设立于发审委中的并购重组委审核。《办法》还明确了上市公司重大资产重组后的再融资时间间隔要求。

《关于在发行审核委员会中设立上市公司并购重组审核委员会的决定》和《中国证券监督管理委员会上市公司并购重组审核委员会工作规程》则将上市公司并购重组这一新的并购重组审核机制上升到法律层面，规定其是设立于发审委中的审核机构，赋予其明确的法律地位，将提高上市公司并购重组效率从审核机制上予以了保障。

《细则》及其配套文件则进一步规范了上市公司非公开发行股票行为及其信息披露行为。针对非公开发行股票涉及重大资产重组的操作问题，《细则》规定重大资产重组与非公开发行股票筹集资金应分开办理，分两次发行。在定价机制上，根据不同的发行目的，区分不同的发行对象，采取不同的定价机制，以提高市场效率。比如，对于通过非公开发行进行重大资产重组或者引进长期战略投资为目的的，可以在董事会、股东大会阶段事先确定发行价格。对于以筹集现金为目的的发行，应当在取得发行核准批文后采取竞价方式定价。同时，《细则》明确规定，定价基准日必须在董事会决议公告日、股东大会决议公告日和发行期的首日这三个日期中选取，股票均价的计算应为充分考虑成交额和交易量因素的加权均价。

在《细则》实施的追溯标准上，据了解，实施前发行申请已经受理的，按现行程序完成审核和发行工作。实施前已公告非公开发行股票董事会决议、但发行申请尚未受理的，则应按照《细则》及其配套文件的要求完善信息披露的内容。

《通知》则是针对目前证券市场上股价异动，部分违法犯罪分子利用并购重组信息炒作股票，牟取非法所得而出台的。如明确规定了上市公司应主动向证券交易所申请停牌的三种情况；对于上市公司已开始筹划重大资产重组、收购和发行股份等行为而发布否认公告的问题；《通知》还明确规定，要求上市公司应同时承诺至少3个月内不再筹划同一事项。据悉，《通知》旨在强化信息披露监管，加大对虚假信息披露和内幕交易等违法犯罪行为的打击力度；防止不法分子从中牟利并破坏证券市场秩序，从而进一步营造良好的并购重组环境和资本市场生态环境；推进并购重组在上市公司做优做强中的重要作用。

本案例摘自2007年9月18日《扬子晚报》A26版

思 考 题

1．简述企业兼并的几种方法。
2．简述兼并方的融资选择。
3．试分析并购策划的动因。
4．简述并购实施的程序。
5．简述交换式并购。
6．简述买方融资、卖方融资。

第十一章　银行融资策划法

解决当前企业融资困难的问题，商业银行仍然是最基本、最主要的资金供应渠道，也是中小企业融资中的首选对象。目前，发挥商业银行以及中小金融机构的积极作用，创造企业与商业银行及中小金融机构协调发展的市场环境，建立正常的信贷渠道和主要以企业为服务对象的银行服务分工体系，加大对企业信贷的投入力度，仍是整个金融系统中的重要工作之一。

第一节　银行贷款融资

一、开设账户

企业欲向银行借贷，首先必须选择能够为你提供贷款的银行。根据中国人民银行的规定，企业只能选择一家商业银行开立基本结算账户，通过基本账户办理现金收付和日常转账业务，绝不允许多头开立基本结算账户。因此，企业在选择银行时一定要非常慎重，要对其进行全面考察，选择一家适合自己的银行开设账户，应该考虑的因素主要有信誉、便利、服务等。

（1）要考察银行的信誉和便利。一般企业的款项进出较为频繁，而自己又没有保管措施，因此需要找一家比较方便的银行，便于现金款项的存入和支取。

（2）要考察银行提供的金融服务。金融服务是一个综合概念，它不仅包括服务态度，还包括服务环境、服务内容、服务手段，以及服务的效率和质量。银行除了能给企业贷款外，还可帮助企业做很多事情，比如代发工资、代理结算、提供对账单、提供各种咨询，有时甚至可以替企业处理会计业务以及纳税申报等事宜。因此，一个能给企业提供多种服务的银行，将是企业的首选。

（3）要选择具有超前思想和创新意识的银行机构创新很重要，能否及时提供符合市场要求的金融服务品种也是选择银行时要考察的内容。

总之，如何选择银行是企业获取资金的重要渠道，尤其是在目前我国资本市场不够完善、直接融资渠道狭窄的情况下向银行借贷，几乎就是唯一正式的途径。此外，银行还为企业提供多种金融服务，是企业发展不可或缺的伙伴。因此，企业要学会与银行打交道，与银行交朋友，成为银行的“座上宾”。

二、借款人的条件、权利和义务

（一）条件

借款人应当是经工商行政管理机关（或主管机关）核准登记的企（事）业单位的法人、其他经济组织、个体工商户或具有中华人民共和国国籍的具有完全民事行为能力的自然人。借款人申请贷款，应当具备产品有市场、生产经营有效益、不挤占挪用信贷资金、恪守信用等基本条件，并且符合以下要求：

（1）有按期还本付息的能力；原应付贷款利息和到期贷款已清偿，没有清偿的部分，借款人已做了贷款人认可的偿还计划；

（2）除自然人和不需要经工商管理部门核准登记的事业法人外，应当经过工商管理部门办理年检手续；

（3）在银行已开基本账户或一般存款账户；

（4）除国务院规定外，有限责任公司和股份有限公司对外股本权益性投资累计未超过其资产总额的50%；

（5）借款人的资产负债率符合贷款人的要求；申请中期、长期贷款的借款人，新建项目的企业法人所有权权益与项目所需总投资的比例不低于国家规定的投资项目的资本金比例。

（二）借款人的权利

借款人有以下五项权利：

（1）有权拒绝借款合同以外的附加条件；

（2）可以自主向主办银行或者其他多个独立的贷款人及银行的经办机构申请贷款，并依条件取得贷款；

（3）有权向贷款人的上级和中国人民银行反映、举报有关情况；

（4）有权按合同约定提取和使用全部贷款；

（5）在征得贷款人同意后，有权向第三人转移债务。

（三）借款人的义务

借款人与银行建立信贷关系，除有以上权利外，也须履行下列义务：

（1）接受贷款人对其使用信贷资金情况和有关生产经营、财务活动的监督；

（2）按借款合同约定及时清偿贷款本息，借款人不按时还款的应承担违约责任；

（3）按借款合同约定用途使用贷款；

（4）有危及贷款人债权安全情况时，及时通知贷款人，同时采取保全措施；

（5）如实提供贷款人要求的资料（法律规定不能提供的除外）。向贷款人如实提供所有开户行、账户及存贷款余额情况，配合贷款人的调查、审查和检查。

（四）对借款人的限制

借款人不能在一个贷款人同一辖区内的两个或两个以上同级机构取得贷款；不能向贷款人提供虚假的或者隐瞒重要事实的资产负债表、损益表等；不得用贷款从事股本权益性投资，不得用贷款在有价证券、期货等方面从事投机经营；除依法取得经营房地产资格的借款人以外，不得用贷款经营房地产业务；依法取得经营房地产资格的借款人，不得用贷款从事房地产投机；不得套取贷款用于借贷牟取非法收入；不得违反国家外汇管理规定使用外币贷款；不得采取欺诈手段骗取贷款，不得将已向银行或其他机构质押过的资产再用于反复抵押重复贷款。

三、贷款人的权利和义务

（一）贷款人的权利

（1）贷款人按照约定可以检查监督借款人的借款使用情况，借款人应当按照约定向贷款人定期提供有关财务会计报表等资料；

（2）根据借款人提供的资料决定贷与不贷、贷款金额和利率等；

（3）贷款到期时依合同约定从借款账户上划收贷款本金和利息；

（4）贷款发放后，贷款人应当对借款人执行借款合同情况及借款人的资信情况进行追踪调查和检查；

（5）在借款人未能履行借款合同规定的义务，经指出仍不改正者，可以要求借款人提前还贷或停止支付借款人尚未使用的贷款，也可以解除合同；

（6）订立借款合同，贷款人可以要求借款人提供担保，在借款实务中，金融机构给企业的贷款多数是要求企业提供担保的。

（二）贷款人的义务

1. 对贷款人的日常工作的要求

（1）贷款人应当公布贷款业务的种类、范围、程序和贷款利率等信息，并向借款人提供咨询服务；

（2）贷款人应当公开贷款要审查的资信内容和发放贷款的条件；

（3）在收到贷款申请后，应当即时给予书面答复，短期贷款答复时间不得超过 20 个工作日，中期、长期贷款答复时间不得超过 30 个工作日；

（4）未得到中国人民银行批准，不得对自然人发放外币币种的贷款。

2．对贷款人在业务中的要求

（1）应当对借款人的债务、财务、生产经营状况保密，但对依法查询者除外；

（2）不得在借款合同之外加收任何费用。

四、银行贷款的种类、期限及利率

（一）种类

1．按期限划分

银行贷款按期限可分为短期贷款、中期贷款和长期贷款。短期贷款指贷款期限在 1 年以内（含 1 年）的贷款。中期贷款指贷款期限在 1 年以上（不含 1 年）5 年以下（含 5 年）的贷款。长期贷款指贷款期限在 5 年（不含 5 年）以上的贷款。

2．按保障方式划分

银行贷款按保障方式可划分为信用贷款、担保贷款和票据贴现。信用贷款指以借款人的信誉发放的贷款。担保贷款指保证贷款、抵押贷款、质押贷款。保证贷款指按《中华人民共和国担保法》规定的保证方式以第三人承诺在借款人不能偿还贷款时，按约定承担一般保证责任或者连带责任而发放的贷款；抵押贷款指按《中华人民共和国担保法》规定的抵押方式以借款人或第三人的财产作为抵押物发放的贷款；质押贷款指按《中华人民共和国担保法》规定的质押方式以借款人或第三人的动产或权利作为质押发放的贷款。票据贴现指贷款人以购买借款人未到期商业票据的方式发放的贷款。

（二）贷款期限和利率

1．期限

贷款期限根据借款人的生产经营周期、还款能力和贷款人的资金供给能力由借贷双方共同商议后确定，需要在借款合同中载明。银行自营贷款期限最长一般不超过 10 年，超过 10 年的须报人民银行备案；票据贴现的贴现期最长不超过 6 个月，贴现期限从贴现之日起到票据到期日止。目前个人购房贷款的还款期限最长为 30 年，还款期限有时受借款人年龄的影响而做相应的调整，设定最长期限为借款人退休年龄，男 60 岁前还清，女 55 岁前还清。

2．延期

借款人不能按期归还贷款，应当在贷款到期日之前，向贷款银行申请贷款延期，是否延期由贷款银行决定。申请保证贷款、抵押贷款、质押贷款的延期，还需要由保证人、抵押人、出质人出具同意延期的书面证明。如有约定的，则按照约定执行。原则上短期贷款延期期限累计不超过原贷款期限；中期贷款延期期限累计不超过原贷款期限的一半；长期贷款延期期限累计不超过 3 年。如果借款人未申请延期或申请延期未得到批准的话，其贷款从到期日次日起，银行转入逾期贷款账户。

3．利率

贷款人按照中国人民银行规定的贷款利率的上下限，确定每笔贷款利率，并在借款合同中载明。贷款人和借款人按借款合同和中国人民银行有关计息规定按期计收或交付利息。逾期贷款按规定计收罚息。贷款的延期期限加上原期限达到新的利率期限档次时，从延期之日起，贷款利息按新的期限档次利率计收。按照国家政策，为了促进某些产业和地区的经济发展，有关部门对借款人贷款补贴利息。对有关部门贴息的贷款，承办隐含能够自主审查发放，并按照《贷款通则》有关规定严格管理。根据《贷款通则》规定，除国务院决定外，任何单位和个人无权决定停息、减息、缓息和免息，贷款人只能根据国务院的决定，按照职责权限范围具体办理。

五、贷款程序

（一）提交贷款申请

借款人需要贷款，应当向主办银行或者其他银行的经办机构直接申请，填写包括借款金额、借款用途、偿还能力及还款方式等主要内容的《借款申请书》，并提供以下资料：

（1）财政部门或会计（审计）事务所核准的上年度财务报告，以及申请借款前一期的财务报告；

（2）抵押物、质押物清单和有处分权人的同意抵押、质押的证明及保证或拟同意保证的有关证明文件；

（3）项目建议书和可行性报告；

（4）原有不合理占用的贷款的纠正情况；

（5）借款人及保证人基本情况；

（6）贷款人认为需要提供的其他有关资料。

（二）进行信用登记评估

银行根据借款人的领导素质、经济实力、资金结构、履约情况、经营效益和发展前景等因素，评定借款人的信用等级。评级可以由银行独立进行，内部掌握；也可由银行委托有关部门批准的评估机构进行。

（三）贷款审查

银行受理借款人申请后，将对借款人的信用等级以及借款的合法性、安全性、企业盈利情况进行审查，同时对担保人的担保情况进行调查，并核实抵押物、质押物、保证人的情况，测定贷款的风险度。贷款审查一般由银行指定专职信贷人员对借款企业进行审查，并在审查结束后向银行出示审查报告。

（四）贷款审批

银行贷款实行审贷分离、分级审批的贷款管理制度。审查人员对调查人员提供的资料进行核实、评定，复测贷款风险度，提出意见，按规定权限报批。

（五）签订借款合同

所有贷款必须由贷款人与借款人签订借款合同。借款合同一般约定借款种类，借款用途、金额、利率，借款期限，还款方式，借、贷双方的权利、义务，违约责任和双方认为需要约定的其他事项。保证贷款还要由保证人与贷款人协商一致的保证，加盖保证人的法人公章，并由保证人的法定代表人或其授权代理人签署姓名。抵押贷款、质押贷款由抵押人、出质人与贷款人签订抵押合同、质押合同，需要办理登记的，则依法办理登记，需要进行公证的则依法公证。

（六）贷款发放

贷款人依照借款合同规定按期发放贷款。《贷款通则》规定，贷款人不按合同约定按期发放贷款或借款人不按合同约定用款，都要偿付违约金，同时承担相应的违约责任。

（七）贷后检查

贷款发放后，贷款银行将对借款人执行借款合同情况及借款人的经营情况进行追踪调查和检查，及时准确地了解借款人的资金用途、经营情况及其企业发展情况，以保证贷款的安全性。

（八）还贷

借款人应当按照借款合同规定按期足额归还贷款本息。贷款人在短期贷款到期 1 个星期之前、中长期贷款到期 1 个月之前，将向借款人发送《还本付息通知单》；借款人应当及时筹备资金，按期还本付息。贷款人对逾期的贷款会及时发出催收通知单。贷款人对不能按借款合同约定期限归还的贷款，将按规定加罚利息；对不能归还或者不能落实还本付息事宜的，可以双方协商签订延期还款协议，可以督促归还或依法起诉。但借款人提前归还借款，也应当与贷款人协商。

第二节　申请贷款的方法

向银行申请贷款是一种最常见、最基本的融资方法之一。创办企业、搞经营、做生意一时拮据、举债无门的情况下可以考虑向银行申请贷款，这可是最常用、最便利的方式。

怎样贷款，贷款的手续怎么办，怎么向银行申请，银行有些什么规定等等，都需要了解清楚。向银行贷款的程序不是一层不变的，是随着金融体制的不断深化改革而与时俱进地进行改革，主要趋势是化繁为简方便操作，使所贷款项安全、升值，并有效地服务和繁荣我国的市场经济。下列贷款程序根据银行规范的程序和要求（2002 年）编写，仅供参考。

一、贷款对象及条件

凡符合商业银行贷款基本规定的单位和个人，均可到银行申请建立信贷关系，申请贷款。借款人申请贷款，应具备以下基本条件，方能具有贷款资格：

（1）申贷方必须要有足够的注册资本，有固定的生产、经营场地，并拥有一定的流动资本，有按期还本付息的能力；

（2）企业法人对外的股本权益性投资总额未超过其资产净值的 50%，企业法人的新增流动资产一般不得小于新增流动负债；

（3）申贷人（除自然人外），应当经工商行政管理部门（或主管机关）核准登记，办理年检手续；

（4）申贷方在贷款行已开立基本账户或一般存款账户，原应付贷款利息和到期贷款已按期清偿，或已按贷款行要求，落实了新的还本付息计划；

（5）按规定取得了人民银行颁发的《贷款证》；

（6）按我国会计准则登记账户，编制会计报表并保证按月及时向银行报呈财务报表；

（7）个人或企业法人未被任何金融部门列入黑名单，个人诚信系统保持良好记录，无任何违法违规行为；

（8）借款人在开设账户的银行资金进出的最高额，将作为贷款额度的参考依据。

二、借贷关系的建立

（一）借贷关系的建立

符合贷款基本条件的借款人，与贷款行建立借贷关系，必须以文件形式或书面报告提出申请，并提供以下资料：

（1）建立信贷关系申请书；

（2）政府及有关部门批准企（事）业单位成立的文件原件和复印件，企业法人营业执照副本、原件和复印件，提交相关部门审查后，原件退还，只留存复印件；

（3）法人代表委任书或任命文件的原件及复印件；

（4）贷出银行指定的会计事务所出具的验资报告的复印件；

（5）人民银行颁发的贷款证复印件及所有开户行、账户和存贷款余额；

（6）股份制、股份合作制、三资企业成立的章程，董事会授权法人代表与银行建立信贷关系、申请贷款的证明文件；

（7）提交近期及上年度末银行所需的财务会计报表；

（8）近期一个月在银行结算的往来账单；

（9）贷款银行认为需要提供的其他相关资料。

（二）对借款人的资信调查

开户行信贷调查部门接到申请后对借款人进行资信调查，着重调查以下几方面。

（1）借款人的经营状况及产品、商品市场适销情况以及近半年来的销售状况；

（2）借款人经营的合法性和独立性调查；

（3）借款人资产负债、所有者权益状况及效益情况；

（4）借款人经营决策者的政治、业务素质和经营能力；

（5）借款人隶属关系及资本（股本）构成情况；

（6）借款人对外投资及担保情况；

（7）借款人与金融机构往来及其信誉情况；

（8）利用网络对借款人的历年信用度记载情况进行调查；

（9）检查借款人是否有任何不良记录。

（三）信贷关系确立的审批

信贷员是通过一系列的贷款前的调查后，再根据借款人提供的有关文件资料、近期会计报表及资信调查情况为依据，由信贷调查部门调查员写出详细的书面调查分析报告，并依据信用等级评定标准评定新开户借款人的资信情况及信用等级，经对新开户借款人信用等级评定，符合放贷条件的，填写《申请建立信贷关系人基本情况》表，并在《银行审批意见》表内签署是否同意建立信贷关系的意见，报信贷部门负责人、行长（或主管行长）审批。

开户行信贷部门负责人、行长（或主管行长）根据调查报告决定是否同意与借款人建立信贷关系，并在审批表上签署意见，报上级行信贷审查部门审查。若要求同上级行直接建立关系的借款人，须先经当地行审查同意后报上级工商信贷部门审查。信贷审查员、信贷部门负责人审查认为符合建立信贷关系基本条件的，应将全部资料整理，即时报上级信贷审查委员会审批。

经审批同意与借款人建立信贷关系后，开户行应与借款人签订《建立信贷关系契约》，同时，信贷调查部门将借款人信用等级评定表，及《建立信贷关系申请批准书》连同借款人所提供的证明文件一并归档，建立客户档案。

商业银行对信用等级的划分有一定的规定，对信用等级评定为 BBB 级的客户建立信贷关系从严，对信用等级为 BB 级、B 级或经营亏损的借款人或在诚信系统中曾被列入黑名单的借款人一般不予建立信贷关系。（注：信用等级分九级，即 AAA、AA、A、BBB、BB、B、CCC、CC、C 级，其中，AAA 级最好，C 级最差）

三、借款申请和贷款调查

（一）借款申请

企业与银行建立良好的信贷关系后，可根据其企业的生产及经营发展状况、产品的市场潜力、商品流通的渠道、企业未来发展规模及计划等要求，制定资金使用计划，向开户行逐笔提出借款书面申请报告，并填写包含借款人基本情况、借款用途、偿还能力、还款方式等主要内容的《短期借款申请书》，同时提供以下资料：

（1）企业计划购进的原材料设备、产品的销售合同及有关资料；

（2）信用借款或担保借款合同；

（3）保证人基本情况，抵押物、质押物清单，有处分权的权力人同意抵押、质押的证明及保证人同意保证的有关证明文件或公证文书；

（4）原有不合理贷款的纠正情况，以及现有其他银行未到期贷款的还款计划；

（5）财政部门或会计（审计）事务所核准的上年度财会报表以及申请借款前一期的财会报表；

（6）借款凭证及贷款行认为需要提供的其他资料等。

（二）贷款前的调查

开户行受理借款人申请后，由贷款调查部门及时派出信贷员对借款人进行贷款前实地调查，调查的主要内容为：

（1）借款人生产经营发展前景和行业发展状况；

（2）盈利能力、还贷付息能力；

（3）借款人决策者的政治、业务素质，经营能力和管理水平；

（4）申请借款的原因及款项用途；

（5）生产经营（购销）情况及资金运用、财务收支情况，如产成品（或商品）库存及应收账款变化情况；

（6）借款人的信用等级以及借款的合法性、安全性、盈利性；

（7）核实抵押物、质押物、保证人情况并测定贷款的风险度。

（三）贷款送审

商业银行信贷调查人员根据贷款调查到的实际情况，如实写出书面调查报告，并编制《借款企业基本情况》和《银行审批意见》，提出贷与不贷、贷款数额、期限、贷款方式、利率，送信贷部门负责人、行长（或主管行长）签署意见；上级行有规定的或超过授权额度的，还要将借款人《短期借款申请审批书》及借款人有关资料一并报上级银行的信贷部门进行审查。

四、审批及发放贷款

（一）贷款材料的审查

上级行贷款审查部门收到开户行贷款调查部门上报的贷款资料后，及时对申报贷款资料进行审查，并着重审查以下几个方面：

（1）申贷手续是否真实、合法有效；

（2）借款人的借款资料是否齐全、合法、有效，认定贷款的直接用途，确定贷款的投向是否符合国家的产业政策和信贷政策；

（3）借款人基本情况及开户行调查审批意见；

（4）认真核查借款人的信用等级，并再次复测借款人贷款风险度；

（5）企业生产经营及产、供（购）、销、库存是否正常，资产负债结构是否合理，是否有较好的经营效益和还贷付息的能力，产品的市场潜力如何，正确分析借款人经营现状和企业前景。

贷款审查员根据审查情况，写出贷款的审查意见，确定贷款与否、贷款金额、期限、方式、利率，按有关审批权限的规定报信贷部门负责人、行长（或主管行长）或信贷审查委员会审批。

（二）最终审批

通常情况下，贷款的审批根据放贷额度、用途、企业性质、申贷项目的特点、国家产业政策等规定，在放贷审批时有一定的权限范围。上级行贷款审批人（包括信贷审查委员会）根据贷款审查部门报送的贷款及有关资料进行贷款审批，若超过审批权限以上的贷款，应报更上一级行审批。贷款应按照审贷分离、分级审批的管理制度进行审批。

任何贷款都必须执行“三签”审批的程序。即每笔贷款都必须由调查人员提出初审意见，审查人员对调查人员提供的情况和资料进行核实、评定、复查，提出审查意见后，再按规定权限报有权审批人员（或信贷审查委员会）审批。经终审、核查、论证，再由负责终审的部门批准后，方可签订借款合同。

（三）签订合同

当贷款经银行负责人最终审核批准后，开户行应与借款人签订《人民币短期借款合同》。借款合同应当约定贷款种类、贷款用途、金额、利率，还款期限、还款方式，违约责任和双方认为需要约定的其他事项。

银行与贷款人签订人民币短期借款合同的同时，属于担保贷款的应当与担保人签订《最高额保证合同》或《保证合同》，并由放贷方、借款方、担保方共同签名盖章。抵押贷款、质押贷款还应当分别与抵押人、出质人签订《最高额抵押合同》、《抵押合同》或《动产质押合同》、《权力质押合同》，并依法办理评估登记，取得它项权证。若需要不动产做抵押的还需要办理公证手续。

（四）订立借据

银行应按借款合同的约定，将一次或分次与借款人签订《借款借据》发放贷款。借款填写要准确、清楚、工整、内容完整，不能涂改，借贷双方法人公章及法人代表（或授权委托人）及有关业务经办人签章应齐全无误。

《借款借据》审查无误后，信贷部门将凭证送会计部门办理贷款入账手续。贷款到账后，信贷部门凭《借款借据》副本登记贷款台账。

五、贷款的后续管理

（一）贷后检查

（1）检查借款人生产经营情况。产值、销售、利润计划完成情况及原因；原材料、产成品（商品）库存、其他适用物资及应收账款增减变化情况及原因；待摊费用、递延资产的增减变化情况；资产负债比率、流动比率、速动比率及所有者权益等的变化情况，流动负债与流动资产的对应情况及原因。

（2）检查授权授信执行情况。单笔贷款是否超过授权限额；单个企业贷款是否超过授信额度。

（3）检查贷款用途。贷款人在贷款发放之后 5 个工作日内检查贷款实际用途是否与合同约定相一致，并填写《贷款跟踪检查表》，对 BBB 级（含）以下企业的贷款使用，要逐项经贷款人信贷部门审查批准，发现贷款用途与合同约定不一致时，要及时采取措施督促纠正。

（4）检查还贷资金来源的落实情况。信贷员在每笔贷款到期前 10 日内，检查落实还贷资金来源。主要内容：产品（商品）销售状况和货款回笼情况；在贷款行日平均存款余额；在贷款行的货币收入归行情况；测算企业收入实际归行率；其他可用于归还贷款的资金来源。

（5）检查贷款担保情况。贷款保证人的保证资格、保证能力及保证担保手续等；贷款抵押权的设定、登记和变更以及贷款抵（质）押物的保管及其价值变化情况；借款人经营机制转变、资产重组、资产评估、产权界定等重大经济活动对贷款抵（质）押权和贷款保证人的影响。

（6）检查借款人资信情况。在贷款行全部贷款资产风险度；贷款形态的变化和付、欠息情况；信用等级变化情况；在其他金融机构的存款和借款增减变化情况；对外担保情况；改制的贷款行贷款债权落实情况。

上述贷后检查内容均由信贷员进行检查。不同信用等级的企业，其贷款风险程度不同。其贷款检查间隔期一般为：AAA、AA 级企业不超过 180 天；A 级企业不超过 120 天；BBB 级企业不超过 90 天；BB、B 级企业不超过 60 天。检查人应在检查后五日内写出书面检查报告。对检查中发现的重大问题，要即时向上级汇报的同时采取紧急补救措施。

（二）归还贷款

借款人按照合同确定期限归还贷款本息，贷款人贷款到期一个星期之前，向借款人发送《贷款到期归还通知书》，到期由借款人开出结算凭证归还贷款本息。贷款到期，借款人没有主动归还贷款本息的，由贷款人从借款人存款账户中收取贷款本息。借款人与贷款人不在同一城市的，贷款人发出《贷款到期归还通知书》的时间为贷款到期 15 天之前。

借款人提前归还贷款，应提前 3 天通知贷款人，在双方协商一致后，可提前归还贷款。

借款人不能按期归还贷款，应当在贷款到期 5 天之前向贷款人申请贷款延期。申请保证贷款、抵押贷款、质押贷款延期的，还应当分别由保证人、抵押人、出质人出具同意的书面证明，经贷款人审批同意后，办理贷款延期。贷款延期期限累计不超过原贷款期限。

贷款到期，借款人未申请延期或延期未获批准，其贷款从到期次日起转入逾期贷款账户。贷款人每半年向借款人和担保人发出《逾期贷款催收通知》，由借款人和担保人加盖公章和法人代表签字。

催收通知一式三联，借款人、担保人、贷款人各执一联，催收通知在持续发出两次以后借款人仍不归还贷款，且贷款出现重大风险的，银行可以依法向人民法院提起诉讼，单位的连带责任。

（三）违约制裁

借款人违反借款合同约定和《贷款通则》有关规定，贷款人将采取相应的制裁措施。

信贷制裁的种类有提高违约贷款利率；停止支付借款人尚未使用的贷款；强制收回违约贷款本息；提前收回用途不当的贷款；停止发放部分或全部贷款；追回已发放的全部贷款本息；调低企业信用等级；清户。

信贷制裁的审批与执行信贷员根据企业存在问题的严重程度提出相应的制裁措施、填写《信贷制裁通知书》送信贷部，经负责人审核后，报行长批准执行。有的商业银行规定，对AA级（含）以上企业的信贷制裁要经地级市行批准，对AAA企业的信贷制裁要经省分行批准后才能实施。《信贷制裁通知书》一式三联，一联通知企业，一联由贷款行信贷内勤编号保管，一联交贷款行会计部门存档。

信贷制裁的解除，借款人针对存在的问题采取积极措施，使原有问题得以解决，可提出解除信贷制裁申请，信贷员调查核实后，填写《解除信贷制裁通知书》交信贷部门负责人审核，报原最终审批行领导批准。《解除信贷制裁通知书》一式三联，一联由贷款行信贷内勤保管，一联交贷款行会计部门，一联通知企业。

六、借款合同的变更

借款合同的变更是指借款合同的当事人对已经成立的合同，在承认其法律效力的情况下，对其中的某些条款进行修改或补充。借款合同的变更包括主体的变更和合同内容的变更。

（一）借款合同主体的合同变更

借款合同主体的合同变更是指借款人或者贷款人通过合同方式，将借款合同中的权利和义务部分或全部转让给第三者的情况。由于这种变更对原当事人的利益有很大的影响，法律对于合同主体的合同变更的限制也比较严格，我国的《贷款通则》作出了以下规定：

（1）将债务全部或部分转让给第三者的，应当取得贷款人的同意。

如果借款人要将其全部债务或部分转让给第三者，必然会对贷款人的权利产生很大的影响，这直接关系到贷款人的债权能否实现，因此应当事先征得贷款人同意。

（2）将债权转让给第三者的，应当取得贷款人同意。

贷款人基于贷款合同而享有债权，该合同体现了贷款人与借款人之间的债权、债务关系，如果债权人要将债权转让给第三者，这属于合同的变更，必须取得借款人的同意，否则无效。

（二）合同主体的非合同变更

合同主体的合同变更是指借款人或贷款人的自身情况发生变化，如企业发生合并、分立、成立子公司等，在这种情况下也会对借款合同的另一方权利、义务产生影响。对合同主体的非合同变更，我国法律一般规定原借款合同的权利和义务由变更后的主体承担。

（三）借款合同内容的变更

企业在实际运营过程中，有时会出现经营困难不能按时还贷的情况，在这种情况下，贷款人强行要求借款人还款，会造成借款人经营困难，另外若借款人无法继续经营，贷款人也不一定能收回贷款，如果能让借款人延期还款，会对双方有利。

1．借款人申请

（1）不能按期还贷款的，借款人应当提前用书面形式向贷款人申请贷款延期，并详细说明贷款延期的理由；

（2）申请保证贷款、抵押贷款、质押贷款延期，还应当由保证人、抵押人、出质人出具同意的书面证明。

2．贷款的延期偿还操作

银行应当在收到借款人延期还款书面申请时，认真审查借款人的申请书后，作出是否同意贷款延期偿还的决定。如果贷款涉及担保，贷款人在作出决定时，尤其要注意贷款延期应当征得有关担保人的同意，在法律上贷款延期其实是一种合同的变更。我国的《担保法》规定，合同的变更要征得担保人同意，否则按照我国法律的相关规定，自合同变更之日起，担保人不再承担担保责任。

3．贷款延期的期限

（1）短期贷款延期不能超过原贷款期限（如原贷款期限为10个月，则贷款延期的时间不应当超过10个月）；

（2）中期贷款的延期不得超过原贷款期限的一半；长期贷款延期不得超过3年，法律另有规定的除外。

第三节　向投资银行融资

一、投资银行概述

（一）投资银行的定义

投资银行业是一个日新月异的行业，目前要对投资银行进行严格的界定极为困难。

美国著名的金融投资专家罗伯特·库恩（Robert Kuhn）根据投资银行业务的发展趋势曾对投资银行下过如下四层定义。

（1）任何经营华尔街金融业务的银行，都可以被称作投资银行。这是针对投资银行的最广义的定义，它不仅包括从事证券业务的金融机构，甚至还包括保险公司和不动产经营公司。

（2）只有经营一部分或全部资本市场业务的金融机构才是投资银行。这是针对投资银行的第二个广义的定义。这里所说的资本市场是货币市场的统称，即指期限在 1 年或 1 年以上的中长期资金的市场。因此，证券包销、公司资本金筹措、兼并与收购、咨询服务、基金管理、创业资本及证券私募发行等都应当属于投资银行型业务。而不动产经纪、保险、典当、抵押等则不应属于投资银行业务。

（3）更狭义的投资银行业务的定义仅包括某些资本市场业务。例如包销业务、兼并与收购等，另外的资本市场业务例如基金管理、创业资本、风险管理和风险控制工具的创新等则应排除在外。

（4）最狭义也是最传统的投资银行定义仅把在一级市场上承销证券、筹集资本和在二级市场上交易证券的金融机构当作是投资银行。这一定义排除了当时各国投资银行所实际经营着的许多业务，因而显然已经不合时宜。

罗伯特·库恩认为，上述第二种观点最符合美国投资银行的现实状况，因而是目前投资银行的最佳定义。不过，他根据“以为公司服务为准”的原则指出，那些业务范围仅限于帮助客户在二级市场上出售或买进证券的金融机构不能称作投资银行，而只能叫做“证券公司”或者“证券经纪公司”。

库恩对投资银行和证券（经纪）公司的区分是有深刻的道理的。这是因为投资银行在一国经济中最根本和最关键的作用是其在资金短缺者（筹资者）和资金盈余者（投资者）之间的纽带和媒介作用。证券（经纪）公司在证券交易中仅起了“交易润滑剂”的作用，不能称作投资银行。从这一角度来考虑，我国目前存在的众多证券经营机构中，能够称得上“投资银行”的还寥寥无几，这是我国证券业尚不完善的重要标志之一。

不过，仅从库恩所同意的上述第二种定义考虑，我们会发现投资银行与商业银行之间的差别实际上很模糊。例如：许多商业银行也经营着基金管理、咨询服务等业务，那么它们是否同时可以被称作投资银行？而且，库恩没有说明他所讲的“资本市场”中是否包括中长期资金的借贷市场，如果是，那么投资银行和商业银行实际上已混为一谈。因此，我们认为，孤立地谈投资银行及投资银行型业务的意义并不很大，对投资银行这一概念的理解必须建立在区别投资银行和商业银行的基础之上。

商业银行至今仍是一国除中央银行之外最重要的金融机构，经过几百年的发展，商业银行已经发展成为资本金额最庞大、分支机构最多、业务领域最广泛、影响最深远的金融"百货公司"。概括起来，商业银行的业务基本上可以分作三类，即负债业务、资产业务和表（资产负债表）外业务。负债业务是商业银行以自有资本为基础吸收外来资金的业务，其中最主要的是存款业务，另外还有一部分借款。资产业务是商业银行运用自有资本和负债以获取收益的业务活动，主要由贷款和投资两部分构成，其中最本源的是贷款业务，资产业务和负债业务的基本情况可以在商业银行的资产负债表上反映出来，因而这两种业务又可并称为表内业务。表外业务则是在表内业务的基础上，利用商业银行资金、信息、人才、技术等金融优势发展起来的服务项目。由此可见，资金存贷业务是商业银行业务的本源和实质，其他各种业务都是在其基础上的衍生和发展。

投资银行则不然。虽然它的业务领域极为广泛，业务活动错综复杂，但是没有一家投资银行能够不和金融市场尤其是证券市场发生联系，正如库恩对投资银行的第四种定义所显示的，投资银行最本源的业务是证券承销（以及在承销基础上的证券经纪业务），其他任何投资银行业务，都是在这一业务基础上的衍生和发展。

尽管投资银行与商业银行之间业务交叉与融合已经是人所共知的事实，但是通过上面的分析，我们可以清楚地认识到：投资银行与商业银行之间交叉和融合的业务活动，乃是不同本源基础上的衍生业务的交叉与融合，这不能改变两者的实质。

正是由于本源和实质的不同，投资银行和商业银行之间还存在与其他诸多方面的差异，概括起来，可以用表 11-1 表示。

表 11-1　投资银行与商业银行的区别

	投资银行	商业银行
本源业务	证券承销	存、贷款
功能（1）	直接融资	间接融资
功能（2）	较侧重于长期融资	较侧重于短期融资
业务概貌	无法用资产负债表反映	表内与表外业务
利润根本来源	服务费	存贷利差
经营方针与原则	在控制风险前提下更注重开拓	追求收益性、安全性、流动性三者的结果，坚持稳健原则
宏观管理	专门的证券管理机构、财务部或中央银行与证券交易所各层次管理	中央银行
保险制度	投资银行保险制度	存款保险制度

在完成上面的分析之后，我们不妨给投资银行下一个这样的定义：投资银行是与商

业银行相区别的，以证券承销业务为本源业务的金融机构。

与“商业银行”这一名称一样，“投资银行”仅是一种概念的总称，也就是说，并非投资银行就要冠以“投资银行”四个字。反过来，名称叫做“投资银行”的金融机构也并不一定是真正意义上的投资银行。例如，我国就有一家曾经专营外国对华贷款的“中国投资银行”，从其业务活动和发展方向看，它实际上是一家商业银行。

（二）投资银行概况及主要业务

前面谈到过，投资银行的业务领域极为广泛，几乎涉足于所有的金融市场。其业务种类众多，经营着一切与证券相关的金融产品。但是，并非每一家投资银行都经营所有的投资银行业务，投资银行业务与其他行业一样有着规模差异和专业分工。从世界上投资银行业最发达的国家——美国来看，投资银行由以下几种规模大小迥异、业务活动各有特点的银行组成。

1．超大型投资银行

超大型投资银行是指在规模、市场实力、客户数目、客户实力、信誉等方面卓然超群的投资银行，在美国就是指美里尔·林奇（简称美林）、摩根·斯坦利、第一波士顿、索罗门兄弟持股公司等 6 大投资银行。这 6 家投资银行的资产、资本和负债的状况如表 11-2 所示。

表 11-2　美国六大投资银行的资产结构

（1990 年 12 月 31 日）　　单位：百万美元

投资银行	资产总额	股权资本	长期负债
美里尔·林奇公司	9 567.0	3 225.4	6 341.6
希尔逊·莱曼兄弟公司	9 499.0	2 027.0	5 472.0
索罗门兄弟持股公司	7 162.0	4 442.0	2 720.0
哥德曼·沙赫公司（商盛）	4 700.0	2 447.0	2 223.0
摩根·斯坦利集团	3 280.4	2 171.5	1 208.9
第一波士顿公司	1 612.0	707.0	905.0

2．大型投资银行

大型投资银行是指也提供综合性服务，但在信誉、实力上均低于超大型投资银行的全国性投资银行。在美国是指佩尼韦伯（Paubewebber）、增基（Prudential）、迪·威特·莱诺德（Dean Witter Reynolds）、哈里斯·阿海姆（Harris Upham）等投资银行。1990 年，在资产排行榜上居于美国大型投资银行前 5 名的投资银行的资产状况如表 11-3 所示。

表 11-3 美国国产总额前 5 名的大型投资银行

（1990 年 12 月 31 日） 单位：百万美元

投资银行	资产总额	股权资本	长期负债
佩尼韦伯集团	1 552.9	895.9	657.0
迪・威特・莱诺德	1 405.0	908.0	497.0
比尔・斯蒂恩斯公司	1 387.7	1 004.3	383.4
斯密斯・伯尼、哈里斯・第姆公司	1 102.0	773.0	2 390.0
多纳逊、卢佛基与詹里特	919.0	294.0	625.0

3．次大型投资银行

次大型投资银行是指一些以本国金融中心为基地的、专门为某些投资者群体或较小的公司服务的投资银行。它们一般规模较小，并在组织上常采取合伙制。

4．地区性投资银行

地区性投资银行是指专门为某一地区的投资者和本地区中小企业或地方政府机构服务的投资银行。它们一般都不设立金融中心，而且信誉和实力都比较薄弱。

5．专业性投资银行

专业性投资银行是指专门在某一业务领域进行经营的投资银行。例如仅经营和买卖某些专业证券（如钢铁公司股票、高科技股票、银行债券等）或仅进行技术性承销的投资银行。另外，还有一种以高质量投资分析和投资研究著称，而业务是其投资分析和研究拓延的研究性投资银行，也可以归入此类。

6．商人银行

这里说的商人银行，美国与英国的概念不同。在美国，它是指专门从事兼并、收购（Merger＆Acquisition，M＆A）与某些筹资活动的投资银行。有的时候，投资银行用自身资金购买证券的活动也被称作商人银行业务。美国著名的商人银行有黑石集团（Blackstone Group）、瓦瑟斯坦・潘里拉公司（Wasserstein Porella Co.）。

这些投资银行中，第 1、第 2 类是一国投资银行业的核心，它们掌握着几千亿美元的财产，在一国经济和金融中起着举足轻重的作用。

从国际上来看，英国、美国和日本投资银行规模大，业务创新快，主要投资银行及业务概况如表 11-4 所示。

投资银行在发达的市场经济国家已经经历了近百年的发展历史，作为资本市场上一种高级形态的中介机构，它在媒体资金需求、构造证券市场、优化资源配置和促进产业集中等方面起了重大作用。如内萨尼尔・普莱姆当初创立普莱姆伍德金公司，就成功地为美国铁路建设募集了大量资金，同时也为欧美的投资者带来了丰厚的利润。总之，投资银行一产生，便成为资本市场的核心媒体，证券市场的“心脏”。

表 11-4 投资银行与商业银行的区别

国别	主要投资银行名称	主要业务
日本	野村证券公司 日兴证券公司 大和证券公司 山一证券公司（1997 年 11 月破产）	承销与代销；证券买卖(或者自营或者代客买卖)；证券信托投资；证券金融业务（主要指证券交易中的保证金贷款）等
英国	汉布罗银行 希尔·山姆士银行 克兰霍特·拜特银行 山姆埃尔·蒙特银行 拉兹尔德银行 摩根·格里费尔银行 瓦堡银行 罗期席尔德银行 拜林格士银行	办理承兑票据；办理非居民大额外币存款；办理证券承销、私募，为公司理财融资；为公司客户及小型投资者管理资金，提供单位信托和投资信托业务；经营保险经纪业和运输经纪业；办理分期赊购、租赁和财务代理业务；从事黄金和其他贵重金属的交易；为短期借贷者充当中介等业务
美国	美林公司 摩根·斯坦利公司 第一波士顿公司 基德尔—波博迪公司 莱曼兄弟—库恩洛布公司 戈德曼—库恩洛布公司 索罗门兄弟持股公司 高盛公司	代理发行、经销；安排私募证券；为公司的合并与收购进行咨询，充当中介人并承诺进行融资安排等公司理财业务；承做经纪商、交易商业务；提供有关国家经济、金融、项目方案等可行性研究、筹资安排、形势分析方面的咨询顾问业务及市场研究咨询服务；充当外汇市场套期交易、利率和货币互换、资产互换、期限互换等的中介人；有价证券管理，包括进行有价证券组合以及协助各国中央银行管理外汇储备资产等业务

二、投资银行在项目融资中的角色及作用

以水电建设为例，在水电站项目融资过程中，投资银行在金融市场上的作用就在于为资本的供应者（个体投资者、机构投资者、贷款银行、设备出租者、用电大户等）和需求者（水电站项目投资者或项目公司）提供中介服务，并针对投资者和资金需求者双方的需求和特点创造性地设计出能够平衡双方利益的融资结构和证券产品，为双方架起

桥梁。在项目风险管理过程中，通过投融资主体或项目单位的委托，投资银行可建立各种指标体系及资金结构标准，甚至为管理企业进行机构设置及运行模式的设计，并建立岗位目标责任总分目标体系。具体业务总结如下。

（一）项目融资过程中的基本业务

（1）融资结构的设计。根据项目发起人或投资者资金供求状况和项目实际情况，委托投资银行进行融资结构的创新设计。

（2）招标文件的起草。在BOT融资模式中，投资银行要根据发起人要求起草招标文件，并通过公开招标，选择对项目进行融资、建设和经营管理的项目公司。

（3）特许权协议的谈判。在BOT模式融资过程中，发起人委托投资银行就特许权协议内容进行谈判。

（4）资产证券化。证券化“增级计划”的落实及债券发行的完成。[H10]投资银行以收费权益为载体进行债券的发行，并对债券到期本息负责偿还。

（5）选择用户并与其进行谈判，起草《货款预付及偿还合同》。根据设计好的电费预付融资模式，投资银行与用户就有关融资额、利率、担保等有关问题与用电大户进行深入谈判，并根据谈判结果起草《货款预付及偿还合同》和《担保合同》。

（6）《租赁协议》的起草与谈判。在运用设备租赁为项目进行融资时，投资银行负责《租赁协议》的起草及谈判。

（7）信用保障结构的设计。对于投资大、建设期长的项目，各融资方存在融资风险，为了减少各方风险，尽量使融资风险共担，在融资结构中，一个非常重要的内容是信用保障结构的设计，这方面工作由投资银行来完成。

（8）资产《出售协议》的起草。在资产盘活融资过程中，最重要的一项工作是《出售协议》的内容，投资银行可受委托起草该协议。

（9）参与项目投资基金的发起及管理。投资银行可与对项目熟悉的企业共同发起组建项目投资基金管理公司，并作为基金管理人管理和运作基金。

（10）企业债券发行人。作为主承销商或包销商为企业发行企业债券。

（11）为股份制企业发行股票提供服务。

（12）联系组建银团。投资银行邀请各家商业银行，并分别与其谈判，组建贷款银团，为企业提供银团贷款。

（13）参与设备招标文件的编写。对以提供进口信贷（或出口信贷）为前提的设备招标，投资银行参与招标文件中有关提供进口信贷（或出口信贷）条款的编写，并参与评标和决标。

（二）在项目风险管理中的主要业务

（1）受委托，对产品市场进行调查分析，并预测未来市场。

（2）通过调查分析，确定企业直接融资标准，设计资金合理结构。

（3）根据项目具体情况及国家宏观经济政策现状，设计项目建设必要性决策指标体系，为防范决策风险提供保证。

（4）为项目单位设计对设计单位、施工单位及设备采购的招投标评标指标体系，以减少招投标过程中由于指标体系的不完善而给评标带来的失误，从而有效防范项目风险。

（5）招投标评标过程中，投资银行可根据经验，确定评分标准。

（6）在项目建设期及运行期，投资银行可根据建立现代企业管理制度模式，为企业设计机构设置框架，并根据项目具体阶段及特点，确定目标管理责任制中总、分目标内容，为项目管理风险的防范提供机构上的保障。

（7）为企业设计奖惩激励的用人机制和风险防范约束机制，减少由于人员责任心和积极性较差而给企业带来的损失。

发展我国投资银行，为项目资金融通和风险管理服务，对我国经济事业的发展起着重要作用，主要表现在以下几个方面。

（1）投资银行通过其融资业务，为项目提供长期、稳定、低成本、大规模的资金，为加快项目建设提供了资金上的保障。随着我国投资体制改革的不断深入和全球经济一体化的形成，发展我国资本市场，开拓国际市场，采取多元化融资渠道，提高直接融资规模，弥补间接融资的不足，已成为我国投融资体制改革的当务之急。投资银行通过其融资业务的开展，一方面使资金盈余者能够充分利用多余的资金来源获取收益；另一方面又帮助资金短缺者获得资金以求发展。通过投资银行的这种媒介功能，可以为我国固定资产投资筹措中长期资金，保证项目的按时顺利建成，早日发挥效益。

（2）通过投资银行为项目建设融通资金，可以优化企业资金结构，减轻企业资金压力，增强还本付息能力。目前，我国建设实行项目法人责任制，除按国家规定实行项目资本金制度、要求投资方按总投资的20%投入资本金外，其余资金基本上是申请国家开发银行贷款及其他商业银行贷款。通过投资银行为项目直接融资，可以使企业负债率下降，从而避免了由于还本付息集中给企业带来的压力。

（3）通过投资银行为项目融资，加强了对融资者的有效监控，并通过它为企业提供的各种顾问服务，有效地降低了项目的风险，保障了投资者的利益。投资银行拥有大量专业人才，可以有效地对融资者进行监督管理，增强其责任心和使命感，建立现代化企业管理制度。通过投资银行顾问业务，可帮助企业寻求到合适的合作伙伴和投资对象，并通过购并、重组、租赁等模式，形成大企业集团，增强其抗风险能力，从而保证企业和投资者的利益。

（4）投资银行为项目所作的市场调查和分析，以及由此建立的各种决策指标体系和目标责任体系等，为项目的监督管理提供了有效的手段，有效地防范了项目风险。

总之，投资银行对项目的建设和运行可以起到重要作用，这些作用可以概括为：为项目建设提供资金保障；促进现代化企业管理制度的建立；有效维护项目投融资者的利益；丰富我国资本市场。投资银行对项目的重要作用是其他行业或单位无法替代的。

三、我国投资银行概况

投资银行是资本提供者和资本使用者之间的桥梁，是促使市场经济下资源有效配置和有效转换的中介机构。随着我国金融体制改革的进一步深化，投资银行在我国也应运而生，并开始登上了金融舞台。从 1986 年初期开始建立信托投资公司起，到目前为止，我国已建立了 400 多家金融信托公司、近 100 家证券公司、69 家财务公司和 15 家金融租赁公司。这些公司从不同方面从事着投资银行业务，如证券的承购包销、发行、交易、自营，基金管理及财务顾问等。但无论从最初产生的原因还是从目前的现实运作来看，它们与真正意义上的投资银行还存在较大差距。1995 年 8 月，由中国建设银行与美国摩根・斯坦利公司等合资（其中中国建设银行控股份额达 42.5%），组建了中国国际金融公司，这标志着我国投资银行业迈出了重要一步。中国国际金融公司创建至今，已经在国际资本业务方面开展了一系列交易数额达数十亿美元的重大项目，如帮助中国电信（香港）有限公司收购香港电讯的股票，交易额达 92 亿港元；担任中国电信（香港）有限公司股票的主要承销商。目前该公司的主要业务有：

（1）人民币普通股票、人民币特种股票、境内外发行股票、境内外政府债券的承销；

（2）人民币特种股票、境外发行股票、境内外政府债券的自营买卖；

（3）人民币特种股票、境外发行股票、境内外政府债券的代理买卖；

（4）基金的发起和管理；

（5）企业重组、收购与合并顾问；

（6）项目融资顾问；

（7）投资顾问及其他顾问业务；

（8）外汇买卖；

（9）境外企业、境内外商投资企业的外汇资产管理；

（10）同业拆借。

然而与国外投资银行相比，无论从投资银行所担任的角色来看，还是从投资银行业务开展来看，我国投资银行都还处在起步阶段。随着我国社会主义市场经济的确立，我国在投融资领域进行了空前改革。全球经济金融一体化的逐步形成，也要求我国投资银行必须承担起其特殊的角色。因此，发展我国投资银行势在必行。在现实意义上，组建规范化的投资银行对我国证券市场乃至社会主义市场经济建设与发展具有重要作用。

（1）促进经济体制改革，促进企业经营管理机制的转化，促进社会主义市场经济体制的建立与完善。

（2）促进直接融资的发展，弥补间接融资的不稳定性，为国家经济建设特别是基础设施建设筹集长期稳定的国内外资金。

（3）投资银行的建立可以将居民大量的消费基金转化为积累基金，从而促进产业结构的变化。

四、我国投资银行发展展望

国内外投资银行的发展历史及现状，我们将其业务分为三类，即传统型、创新型和引伸型。目前，我国投资银行尚处于起步阶段，一些证券公司、金融租赁公司等业务仅仅局限在传统型业务，即证券发行和交易上，而在项目融资、企业购并、重组及风险管理等创新型和引伸型业务方面开展不多。

要充分发挥市场机制作用，积极培育资本市场，改革投资融资体制，逐步减少国家财政投资，由投资者和银行自主决策项目，形成投资主体多元化、融资渠道和投融资方式多样化的格局。另外，随着全球经济的一体化发展，国际金融业的发展也出现了全球化趋势，并且全球经济发展重点、热点向亚太地区转移。国际金融市场已不再局限于伦敦、纽约，一些发展中国家和地区，如香港、上海、新加坡等成为新型的国际金融中心。作为国际金融业的直接经营者——投资银行业在全球设立了分支机构，促进了资本国际间的流动。在这种情况下，我国现有投资银行业已远远适应不了国际资本市场及我国改革、开放和持续发展的要求。发展我国投资银行业，为我国基础设施建设融通国内外资金及为企业重组、兼并、风险管理等提供服务，成为当前我国对投资银行业的最迫切要求。这是因为：

（1）发挥投资银行家专长，可以降低项目风险，增加项目竞争能力。

（2）发展投资银行将有利于我国建立和完善多元化融资体系。

（3）大力发展投资银行，可以使企业的长期融资更多地依靠资本市场，资产流动性增强，资产负债比例趋于合理。

（4）发展我国投资银行有利于全面发展我国的金融产业。

因此，从国内国际形势分析来看，投资银行在我国具有良好的发展环境和条件，是我国实现长远规划的有力保障。

展望我国投资银行的发展前景，我们认为，发展我国投资银行一定要坚持立足于建立服务功能齐全、信誉良好的投资银行原则，在业务上除需扩大传统业务（证券发行、交易）规模和提高服务水平外，还要引进各种高素质专业人才，开展多种行业、多种创新形式和引伸形式的业务。我们认为我国投资银行目前和将来可开展的业务主要有：项目融资结构的设计，自有资产发行债券或股票，替其他企业发行债券或股票，企业并购，企业重组，企业机构设计，企业人员结构配置，企业制度建设，企业目标管理模式建设，法律顾问，各种协议起草及谈判，信用保障标准的制定，各行业合理资金结构标准的确定，合作伙伴的信息提供及交流，国家产业政策及专业政策咨询，投资项目的决策选择，各方面关系的协调，各种基金的发起与管理，联系组建银团贷款及各种决策指标体系的设计等。

思考题

1. 选银行开设账户应注意哪几方面？
2. 企业向银行贷款应具备什么条件？
3. 简述银行贷款的种类。
4. 为什么要进行借款合同的变更？变更的形式有哪几种？
5. 简述借款申请和贷款调查。
6. 投资银行、商业银行两者的区别有哪些？
7. 简述我国投资银行的发展趋向。

第十二章　项目融资策划法

所谓项目是指：由一组有起止时间的、相互协调的受控活动所组成的特定过程，该过程要达到符合规定要求的目标，包括时间、成本和资源的约束条件。融资活动是指在社会特定环境下，为了达到促进项目早日开工、早日建成、早日取得经济效益而进行的一系列筹集资金的活动。在项目策划和运作过程中，融资活动也属于资金运作和投资活动的一个重要组成部分。随着经济的高速增长，人们收入不断增加，人们的需求急速膨胀，这就导致了一系列项目的出现，而项目的运作与实施反过来又推动了国民经济的快速增长。若项目所处的时期、社会大环境优越，项目融资就相对容易些。所以项目融资也要审时度势，把握机遇，看准机会，用好用足各项政策，组合各种有利资源，调动各种有利因素，采用各种合法手段，寻求多种途径，为融资策划创造良好的基础和条件。

第一节　项目融资的运作程序

每个项目有其自身的特点和环境，项目性质隶属关系、投资主体的不同决定了融资活动的千差万别。世上找不到两个完全相同的项目，完全相同的融资策划方法。不论采用何种项目融资方法，他们的目标是一致的。项目融资的运作程序大致是相同的。从项目的投资决策，到选择采用项目融资的方式，为项目的投资筹集资金，一直到最后完成该项目融资策划，大致可以分为 4 个部分、6 个阶段与步骤，具体内容如下。

一、项目融资的总体构成

项目融资一般由 4 个基本模块组成。

（一）项目的融资构成

项目的融资构成是项目融资的核心，在项目融资中要尽量设计和选择合适的融资构成以实现投资者在融资方面的目标和要求。一般地，根据项目债务责任的分担要求、贷款资金数量上的要求、时间上的要求、融资费用等，来决定是否采取项目融资方式。决定采用项目融资方式之后，便要任命项目融资顾问，明确融资的任务和具体目标要求，即在评价项目的风险因素基础上，设计项目的融资构成、资金结构和担保结构。通常采用的项目融资模式有：产品支付融资、杠杆租赁融资、BOT 融资、ABS 融资等多种项目融资模式。

（二）项目的资金组成

项目的资金组成，主要是决定在项目中股本资金、准股本资金和债务资金的形式、相互之间的比例关系以及相应的来源等。经常为项目融资所采用的资金结构有：股本和准股本、商业银行贷款和国际银行贷款、国际债券、租赁融资、发展中国家的债务资产转换等。

（三）项目的投资结构

项目的投资结构，即项目的资产所有权结构，是指项目的投资者对项目资产权益的法律拥有形式和项目投资者之间的法律合作关系。一般是通过投资决策分析来确定项目的投资结构。确定投资结构需要考虑的因素包括：项目的产权责任、投资主体、产品分配形式、决策程序、债务责任、现金流量、税务结构和会计处理等内容。目前，国际上通行的投资结构有：单一项目子公司、非限制性子公司、代理公司、公司型合资结构、合伙制或有限合伙制结构、非公司型合资结构等。

（四）项目的信用担保

对于银行和其他债权人而言，项目融资的安全性来自于两个方面：一方面来自于项目本身的可行性和预期的经济效益高低；另一方面来自于项目之外的各种直接或间接担保。这些担保可以是由项目的投资者提供，也可以是由与项目有直接或间接利益关系的其他主体或当事人提供。项目融资中的主要担保形式有：项目完工担保、资金缺额担保、以“无论提货与否均需有付款协议”和“提货与付款协议”为基础的项目担保等。

二、项目融资的阶段与步骤

项目融资一般要经过 6 个阶段与步骤，即项目的市场需求调查、投资决策分析、融资决策分析、融资结构分析、融资谈判和项目融资的执行阶段。

（一）项目的市场需求调查

这是项目策划论证过程中的首要环节，项目的市场需求、项目与社会经济发展的关系、项目的可持续发展的潜力、项目的经济效益、社会效益、项目的生命周期分析、项目对各种相关因素的影响等方面都必须进行调研。

（二）投资决策分析阶段

投资者在作出决策之前，通过对宏观经济形势的判断、项目未来的发展态势以及该项目在工业部门中的竞争性的分析、项目的可行性研究等基本资料的了解，来初步决定项目的投资结构。

（三）融资决策分析阶段

在此阶段，项目投资者将决定采用何种融资方式为项目筹集资金。主要通过成本与效益的分析，对各种可能的融资方案进行取舍。

（四）融资结构分析阶段

这一阶段的主要任务，是完成对项目风险的分析和评估，设计出项目的融资结构和资金结构，并对项目的投资结构进行修正和完善。

（五）融资谈判阶段

通过对融资方案的反复设计、分析、比较和谈判，最后选定一个既能在最大限度上保护项目投资人的利益，又能为贷款银行所接受的融资方案。其中包括：选择银行、发出项目融资建议书、组织贷款银团、起草融资法律文件、融资谈判等。

这一阶段会经过多次的反复，在与银行的谈判中，不仅会对有关的法律文件作出修改，在很多情况下也会涉及融资结构的调整问题，有时甚至会对项目的投资结构及相应的法律文件作出修改，以满足贷款银团的要求。此时，融资顾问、法律顾问的作用非常重要，强有力的融资顾问和法律顾问可以帮助加强项目发起人的谈判地位，保护投资者的利益，并在谈判陷入僵局时，及时地、灵活地找出适当的变通办法，绕过难点解决问题。

（六）项目融资的执行阶段

在正式签署项目融资的法律文件之后，融资的组织安排工作就结束了，项目融资就进入到了执行阶段。在传统的融资方式中，一旦进入贷款的执行阶段，借贷双方的关系就变得相对简单明了，借款人只要求按照贷款协议的规定提款和偿还贷款的利息和本金。然而，在项目融资中，贷款银团通过其经理人（一般由项目融资顾问担任）将会经常性地监督项目的进展，根据融资文件的规定，参与部分项目的决策、管理以及全程监控。

第二节　项目融资方式探索

项目融资是指为一个经济实体安排的融资，其贷款人在当初考虑安排贷款时，就准备将该经济实体的现金流量和收益作为偿还贷款的资金来源，同时在贷款时又考虑将该经济实体的资产作为贷款的安全保障。上述形式的项目融资有 4 个特点。

（1）贷款银行（债券投资者）主要依靠项目本身的资产和未来的现金流量作为还款保证，原则上对项目发起方项目以外的资产没有追索权或仅有有限追索权。

（2）至少有项目发起方、项目公司、贷款方三方参与。

（3）项目发起方以股东身份组建项目公司。

（4）贷款银行为项目公司提供贷款（或投资者购买项目债券）。

项目融资风险分担，是对项目融资采取周密的金融安排，将与此项目有利益关系的各个方面的承诺和各种形式的保证书结合起来，不使任何一方承担项目的全部风险。项目融资的适应范围主要有：一是资源开发项目，如能源资源和金属矿产资源；二是基础设施建设项目；三是制造业项目。上述项目的共同特征是，基本属于资金密集型项目，而且对它们的产品需求价格弹性很小，项目未来的现金流入能够得到相当的保证。项目融资方式很多，常见的有以下几种。

（1）BOT。在这种融资方式中，通常是由项目所在国政府或其下属机构与项目发起方或项目公司签署协议，把项目建设营运的特许权授予项目公司，项目公司在项目经营的特许期内，利用项目的收益偿还投资及营运支出，并获得项目投资利润。特许期满后，项目全盘交给项目所在国政府或下属机构。

（2）融资租赁。所谓租赁融资是指项目方以租赁形式向租赁公司租赁设备，并按约定给付租赁费，租赁方授权项目方去购买双方认可的设备，并由租赁公司给付购置设备的费用。这种融资方式，特别适用于购买飞机和轮船的项目。因为租赁资产的所有权没有发生转移，所以相对降低了债权人的风险。

（3）远期购买。远期购买，是在产品支付的基础上发展起来的一种灵活的项目融资方式。它是以先行预付购买项目产品贷款的方式，向项目发起方提供资金，类似于期货交易形式。

（4）产品支付。产品支付是针对项目贷款的还款方式而言的。借款方在项目投产后，不是直接以项目产品的销售收入还本付息，而是直接以项目产品还本付息。在项目贷款偿还以前，债权人拥有部分或全部产品的所有权。

（5）发行项目债券的融资方法是一种以项目所属的资产为支撑的证券化融资方式。即是以项目所拥有的资产为基础，以项目资产可以带来的预期收益为保证，通过资本市场发行债券进行融资的一种方式。

第三节　特许经营权融资运作

一、BOT 融资的含义及模式

BOT 是英文 Build-Operate-Transfer 的缩写，即是基础设施特许权，通常直译为“建设—经营—转让”。BOT 实质上是基础设施投资、建设和经营的一种方式，以政府和私人机构之间达成协议为前提，由政府向私人机构颁布特许，允许其在一定时期内筹集资金建设某一基础设施并管理和经营该设施及其相应的附属产品与服务。政府对该机构提供的公共产品或服务的数量和价格可以有所限制，但保证私人资本具有获取利润的机会。整个过程中的风险由政府和私人机构分担。特许经营的期限由双方共同商定，当特许期限结束时，私人机构按约定将该设施移交给政府部门，转由政府指定部门经营和管理。所以，BOT 一词应准确地意译为“基础设施特许权”。

BOT 融资模式的基本思路是：由项目所在国政府或所属机构对项目的建设和经营提供一种特许权协议（Concession Agreement）作为项目融资的基础，由本国公司或者外国公司作为项目的投资者和经营者安排融资，承担风险，开发建设项目，并在有限的时间内经营项目获取商业利润，最后，根据协议将该项目转让给相应的政府机构所有，有时，BOT 被称为“暂时私有化”过程。

BOT 融资一般有下列几种模式。

（1）BOT 的标准模式即以上所述模式。私人财团或国外财团自己融资来设计、建设基础设施项目。项目开发商根据事先约定经营一段时期以收回投资。经营期满，项目所有权和经营权将被转让给东道国政府。

（2）BOOT（Build-Own-Operate-Transfer），即建设—拥有—经营—转让。私人合伙人或某国际财团融资用以设计、建设基础设施项目。项目建成后，在规定的期限内拥有所有权并进行经营，期满后将项目移交给政府。BOOT 与 BOT 的区别主要有二：一是所有权的区别。BOT 方式，项目建成后，私人只拥有所建成项目的经营权，而 BOOT 方式，在项目建成后，在规定的期限内既有经营权，也有所有权。二是时间上的差别。采取 BOT 方式，从项目建成到移交给政府这一段时间一般比采取 BOOT 方式短一些。

（3）BOO（Build-Own-Operate），即建设—拥有—经营。这种方式是承包商根据政府赋予的特许权，建设并经营某项基础产业项目，但是并不将此基础产业项目移交给公共部门。

（4）BTO（Build-Transfer-Operate），即建设—转让—经营。对于关系到国家安全的产业如通讯产业，为了保证国家信息的安全性，项目建成后，并不交由外国投资者经营，而是将所有权转让给东道国政府，由东道国经营通讯的垄断公司经营，或与项目开发商共同经营项目。

（5）DBFO（Design-Build-Finance-Operate），即设计—建设—融资—经营。这种方式是从项目设计开始就特许给某一私人部门进行，直到项目经营期收回投资，取得投资收益。但项目公司只有经营权，没有所有权。

（6）FBOOT（Finance-Build-Own-Operate-Transfer），即融资—建设—所有—经营—转移。类似于 BOOT，只是多了一个融资环节，也就是说只有先融通到资金，政府才予以考虑是否授予特许经营权。

（7）BOL（Build-Operate-Lease），即建设—经营—租赁。也就是说，项目公司以租赁方式继续经营项目。

（8）DBOM（Design-Build-Operate-Maintain），即设计—建设—经营—维护，强调项目公司对项目进行规定的维护。

（9）DBOT（Design-Build-Operate-Transfer），即设计—建设—经营—转移，特许期终了时，项目要完好地移交给政府。

（10）BRT（Build-Rent-Transfer），即建设—租金—转移。

以上只是 BOT 操作的不同方式，但其基本特点是一致的，即项目公司必须得到有关部门授予的特许经营权。

二、BOT 的运作方式

（一）确定项目的主要参与者

一个典型的 BOT 项目的参与者有政府、BOT 项目公司、投资人、银行或财团，以及承担设计、建设和经营的有关公司。

（1）政府是 BOT 项目的控制主体。政府决定着是否审批立项建设该项目、是否采用 BOT 方式。在谈判确定 BOT 项目协议合同时政府也占据着有利地位。它还有权在项目进行过程中对必要的环节进行监督。在项目特许到期时，它还具有无偿收回该项目的权利。

（2）项目的执行主体即项目的业主。所有关系到 BOT 项目的筹资、分包、建设、验收、经营管理体制以及还债和偿付利息都由业主负责。大型基础设施项目通常专门设立项目公司来作为业主与设计公司、建设公司、制造厂商以及经营公司打交道。

（3）银行或集团通常是 BOT 项目的主要出资人。对于中小型的 BOT 项目，一般单个银行足以为其提供所需的全部资金，而大型的 BOT 项目往往使单个银行感觉力不从心，从而组成银团共同提供贷款。由于 BOT 项目的负债率一般高达 70%～90%，所以贷款往往是 BOT 项目的最大资金来源。

（4）投资人是BOT项目的风险承担主体。他们以投入的资本承担有限责任。尽管原则上讲政府和私人机构分担风险，但实际上各国在操作中差别很大。市场经济发达国家投资人在BOT项目中分担的风险很小，而发展中国家投资人在跨国BOT项目中往往承担很大比例的风险。

（二）BOT项目实施过程

BOT模式多用于投资额度大且期限长的项目。一个BOT项目自确立到特许期满往往有十几年或几十年的时间，我们将这整个期间分为立项、招标、投标、谈判、履约5个阶段加以分述。

（1）立项阶段。在这一阶段，政府根据中、长期的社会和经济发展计划列出新建和改建项目清单并公之于众。私人机构可以根据该清单上的项目联系本机构的业务发展方向做出合理计划，然后向政府提出以BOT方式建设某项目的建议，并申请投标或表明承担该项目的意向。政府依靠咨询机构进行各种方案的可行性研究，根据各方案的技术经济指标决定采用何种方式。

（2）招标阶段。如果项目确定为采用BOT方式建设，则首先由政府或其委托机构发布招标广告，然后对报名的私人机构进行资格预审，从中选择数家私人机构作为投标人并向其发售招标文件。

（3）投标阶段。BOT项目投标书的准备时间较长，往往在半年以上，在此期间受政府委托的机构要随时回答投标人对项目要求提出的问题，并考虑招标人提出的合理建议。投标人必须在规定的日期前向招标人呈交投标书。招标人开标、评标、排序后，选择符合该项目要求的前2～3家进行谈判。

（4）谈判阶段。特许合同是BOT项目的核心，它具有法律效力并在整个特许期内有效，它规定政府和BOT项目公司的权利和义务，决定双方的风险和回报。所以，特许合同的谈判是BOT项目的关键一环。政府委托的招标人依次同选定的几个投标人进行谈判。成功则签订合同，不成功则转向下一个投标人。有时谈判需要循环进行。

（5）履约阶段。这一阶段涵盖整个特许期，又可以分为建设阶段、经营阶段和移交阶段。业主是这一阶段的主角，承担履行合同的大量工作。需要特别指出的是：良好的特许合约可以激励业主认真负责地监督建设、经营的参与者，努力降低成本、提高效率。

三、投资回报率

投资回报率的确定一般应遵循以下原则：一是权利与义务相均衡原则；二是投资回报率能够吸引投资者参与投资；三是风险和收益相对称原则；四是投资回报率的确定能充分调动投资者在项目评估、建设开发、经营管理等方面的积极性和科学性；五是投资回报率能充分体现基础设施的运营效率；六是政府能够对投资回报率实施监督并在必要时进行调整，保证政府对项目的调整与控制的同时，达到多方共赢的局面。

（一）对投资回报率模式的分析

BOT 作为一种先进的融资方式，具有其内在的经济运作特点，投资回报率是能够事先预测的。这就为东道国政府确定合理的投资回报率（或区间）提供了依据。例如，某电厂利用 BOT 方式时，根据投资者××电力联合体的标书中的资产负债表和现金流量预测出项目的股本金回报率在 17%左右。

1．固定比率式

固定比率式投资回报率，就是由政府部门根据事先预测，经过协商给予投资者一个固定的投资回报率。例如，在能源方面凡从事 BOT 项目建设的外商投资企业，××国政府保证给予 16%的股本投资回报率。固定的投资回报率，可以降低投资者的经营风险，增加项目的吸引力，从而促使项目成功实施。但是深入分析 BOT 的特点后我们不难发现其中存在一些问题。

从 BOT 特点看，它不仅具有投资性，还具有融资性，甚至主要在于其融资性。一般资料表明，BOT 项目的资金结构中，股本投资约占 1/4，而融资则达 3/4，并且这种融资是通过有限追索进行的。有限追索项目融资，其风险承担机制为有限追索，即仅以项目自身资产和收益作为偿债来源。借款人仅以所投入股本金为限，而不承担全部清偿责任。这一特点决定了借款人偿债的不完全性。对贷款人而言，合同的可执行性、项目的盈利性、预测的准确性比借款人的资信情况更为重要。作为借款人，虽不承担完全清偿责任，但一旦项目失败，其投入的股金必然被用作偿还债务。因此，为了自身利益，同时更为了追求投资回报，同样不希望项目失败。如果东道国政府给予固定投资回报率，等于降低了投资者的经营风险，这不仅违背了收益与风险相对称的原则，而且使政府承担着偿债责任，也违背了利用 BOT 不构成政府外债负担的初衷。因为固定比率隐含着一个基本事实：投资者不管经营状况如何，政府都保证给予固定投资回报率。给予固定投资回报率，投资者承担的压力将大大减小，必然不会千方百计地采用新科技来降低成本，改善经营管理的积极性也不会得到充分调动。这些都不利于提高基础设施运营效率。

2．浮动比率式

所谓浮动比率式，即浮动式投资回报率，就是指政府和投资者通过谈判协议，确定投资回报率的上限和下限，经营收入超过回报率上限的部分属于政府所有，经营收入低于回报率下限时由政府补贴，在回报率上下限范围内的经营收入为投资者所有。例如，某国海底隧道工程的投资回报率的上下限分别为 18%和 15%。如果纯收入少于下限，就采取上调通行费的措施来浮动；如果收入超过上限，则超过上限的任何收入都将交给政府。

浮动式投资回报率在一定程度上克服了固定投资回报率的缺陷：

（1）有利于调动投资者在项目评估、建设开发、经营管理等方面的积极性和创造性。

（2）有利于提高基础设施的运营效益。

（3）部分实现了 BOT 的积极作用，由投资者承担经营和贷款风险。

（4）能够反映基础设施在开发、经营阶段存在的动态影响。

但是，采用浮动投资回报率，政府从自身利益出发就不会把上限定得太高，而从增强项目吸引力角度出发又不会把下限定得太低，这样就容易形成浮动式投资回报率的上下限范围太窄，如某地海底隧道工程为 15%～18%，必然会带来一些负面效应。因为投资者收入低于下限时，政府给予补贴，所以下限投资回报率事实上给予了投资者一个投资回报率的基数，而较高的下限投资回报率对投资者来说仍有较大的吸引力，投资者完全可以将其视为政府给予的固定投资回报率。投资回报率的上下限范围太窄，不仅导致了较高的下限回报率，而且使上限回报率也较为有限。如果将投资回报率浮动的上下范围定得太小，投资者积极性的优点就难以完全发挥出来，也不利于调动他们的积极性。

（二）我国运用 BOT 方式的探索

基础设施一直是抑制我国经济发展的“瓶颈”，而我国利用 BOT 方式建设基础设施才刚刚起步，尚处于探索阶段。1995 年 9 月，国家计委、交通部、电力部联合下发的《关于试办外商投资特许权项目审批督理有关问题的通知》中明确规定：“项目公司也要承担投融资、建造、采购、运营、维护等方面的风险，政府不得提供固定投资回报率的保证，国内金融机构和非金融机构也不得为其融资提供担保。”因此，固定投资回报率已被我国的法律法规明令禁止。在两种模式的比较与选择上，我们更倾向于浮动比率式，但对于其缺陷需要加以完善：

（1）扩大浮动式投资回报率的上下限范围。建议在目前较常见的浮动幅度基础上，着力降低下限，而上限保持不变或略有下降。在回报率上下限范围内的经营收入为投资者所有，收入未达到下限时由政府进行补偿。因为此时下限投资回报率较低，作为投资者是不甘心接受的，这必然会调动他们的积极性。

（2）确定一个极限比例（如 25%），超过极限部分的经营收入归政府所有，而在此极限和上限范围内的经营收入，两者平分或根据谈判达成的协议进行分配。

（3）为保证项目的顺利实施，政府应给予项目有力的支持，承诺某些方面的保证。例如，受我国政策调整因素影响使项目公司受到重大经济损失的，允许合理提高收费标准或适当延长特许期限。对于项目公司偿还贷款本金、利息和红利汇出所需要的外汇，国家保证兑换并汇出境外。

四、BOT 项目中的风险

BOT 项目投资大、期限长，且条件差异较大，常常无先例可循，常常面临着许多意想不到的困难和项目环境的变化，有时也受社会政治、外交环境的影响，所以 BOT 的风险较大。风险的规避和分担也就成为 BOT 项目的重要内容。

BOT 项目整个过程中可能出现的风险主要有五种类型：融资风险、市场风险、技术风险、政治风险和不可抗拒的外力风险。

（1）融资风险。由于汇率、利率和通货膨胀率的预期外的变化带来的风险是融资风险。若发生了比预期高的通货膨胀，则 BOT 项目预定的价格（如果预期价格约定了的话）则会偏低；如果利率升高，由于高的负债率，则 BOT 项目的融资成本大大增加；由于 BOT 常用于跨国投资，汇率的变化或兑现的困难也会给项目带来风险。

（2）市场风险。在 BOT 项目较长的特许期中，供求关系和价格变化时有发生。在 BOT 项目回收全部投资以前，市场上有可能出现更廉价的竞争产品，或更受大众欢迎的替代产品，以致对该 BOT 项目的产出需求大大降低，此谓市场风险。通常 BOT 项目投资大都期限长，又需要政府的协助和特许，所以具有垄断性，但不能排除由于技术进步等原因带来的市场风险。此外，在原材料市场上可能会由于原材料涨价从而导致工程超支，这是另一种市场风险。

（3）技术风险。在 BOT 项目进行过程中，由于制度上的细节问题安排不当带来的风险称为技术风险。这种风险的一种情况是延期，工程延期将直接缩短工程经营期，减少工程回报，严重的有可能导致项目的放弃。另一种情况是工程缺陷，指施工建设过程中的遗留问题。该类风险可以通过制度安排上的技术性处理，尽量减少其发生的可能性。技术风险还表现在 BOT 项目在执行过程中，先期使用的某些施工技术成本高于当前出现的新工艺、新技术，原有技术面临淘汰。整个项目的实施时间长，其中途也可能被要求改用当前国际出现的最新技术，从而将正在建设中的项目做较大的修改，造成项目延期或修改投资预算等。

（4）政治风险。政局不稳定、社会不安定会给 BOT 项目带来政治风险，这种风险是跨国投资的 BOT 项目公司特别考虑的。投资人承担的政治风险随项目期限的延长而相应递增，而对于本国的投资人而言，则较少考虑该风险因素。

（5）不可抗拒的外力风险。BOT 项目和其他许多项目一样要承担战争、地震、火灾、洪水、暴雨、台风等不可抵抗而又难以预计的外力的风险。

五、BOT 风险的规避和分担

应付风险的机制有两种。一种机制是规避，即以一定的措施降低不利情况发生的概率；另一种机制是分担，即事先约定在不利情况发生的情况下损失的分配方案。这是BOT项目合同中的重要内容。国际上在各参与者之间分担风险的惯例是：谁最能控制风险，其风险便由谁承担，或按预期获利的比例承担风险。

（1）融资风险的规避。工程融资是BOT项目贯穿始终的一个重要内容。这个过程全部由项目公司为主体进行操作，风险也完全由项目公司承担。融资技巧对项目费用大小影响极大。首先，工程过程中分步投入的资金应分步融入，否则会大大增加融资成本；其次，在约定产品价格时应预期利率和通胀的波动对成本的影响。若是从国外引入外资的BOT项目，应考虑货币兑换问题和汇率的预期。

（2）市场风险的分担。在市场经济体制中，由于新技术的出现带来的市场风险应由项目的发起人和确定人承担。若该项目由私人机构发起，则这部分市场风险由项目公司承担；若该项目由政府发展计划确定，则由政府主要负责。而工程超支风险则应由项目公司做出一定预期，在BOT项目合同签订时便有事先约定及说明。

（3）技术风险的规避。技术风险是由于项目公司在与承包商进行工程分包时约束不严或监督不力造成的，所以项目公司应完全承担责任。对于工程延期和工程缺陷应在分包合同中作出规定，与承包商的经济利益挂钩。项目公司还应在工程费用以外留下一部分维修保证金或施工后质量保证金，以便顺利解决工程缺陷问题。对于影响整个工程进度和关系整体质量的控制工程，项目公司还应进行较频繁的期间监督。

（4）政治风险的规避。跨国投资的BOT项目公司首先要考虑的就是政治风险问题。而这种风险仅凭经济学家和经济工作者的经验是难以评估的。项目公司可以在谈判中获得政府的某些特许以部分抵消政治风险。如在项目国以外开立项目资金账户。此外，美国的海外私人投资公司（OPIC）和英国的出口信贷担保部（EGGD）对本国企业跨国投资的政治风险提供担保。

（5）不可抗外力风险的分担。这种风险具有不可预测性和损失额的不确定性，有可能是毁灭性损失，如战争、天灾等；而政府和私人机构对这类风险都无能为力。对此可以依靠保险公司承担部分风险。战争险、天灾险的保费是很高的，这必然会增大工程费用；而且对于大型BOT项目往往还需要多家保险公司进行分保。在项目合同中政府和项目公司还应约定该风险的分担方法。

综上所述，在全球经济一体化的激烈的市场竞争的经济环境中，政府可以分担BOT项目中的不可抗外力的风险，保证货币兑换或承担汇率风险，其他风险皆由项目公司承担。同时西方国家的BOT项目还具有两个特别的趋势值得中国发展BOT项目借鉴。其一是大力采用国内融资方式，其优点之一便是彻底回避了政府风险和当前浮动汇率下尤为突出的汇率风险。另一个趋势是政府承担的风险愈来愈少。这当然有赖于市场机制的作用和经济法规的健全。从这个意义上讲，推广BOT的途径，不是依靠政府的承诺，而是深化经济体制改革和加强法制建设，作为BOT项目的投资及参与运作的各方都必须有风险意识，做到面对风险、敢冒风险、沉着应对可能出现的风险、加强防范意识，用科学的方法、法制的手段化解风险。

第五节 TOT融资运作

随着改革开放步伐的加快，市场经济的充分发展，国内外在项目融资方面都取得了很大进展，新的融资方式不断出现，为发展中国家解决基础设施落后与建设资金短缺的矛盾提供了新思路。尤其值得一提的是BOT方式自土耳其总理奥扎尔于1984年正式提出以后，在国际范围内引起了极大的兴趣与反响，并取得了一定的成绩。但与此同时也暴露出许多问题，显示出其一些先天不足。针对BOT的不足方面，目前国际上又出现了一种既相似于BOT，又不同于BOT的新融资方式——TOT。

一、TOT融资方式及其优点

（一）TOT融资方式的基本结构

所谓TOT融资，就是指通过出售现有的已投产运营的项目在一定期限内的现金流量为测算依据对外融资，从而获得资金来建设新项目的一种融资方式。具体来说，就是指东道国把已经投产运行的项目在一定期限内移交（T）给外资经营（O），以项目在该期限内的现金流量为测算标的，一次性地从外商那里融得一笔资金，用于建设新项目；外资经营期满后，再把原来项目移交（T）回东道国。通过这种方式引进外资，使新项目及时启动，但又将外商与新建项目完全割裂开来，从T-O过程来看，更像一种贸易，其标的为一定期限内的现金流量。但从T-O-T的整个过程来看，它是一种既不同于以资信为基础的传统融资方式，也不同于BOT方式的新融资方式。

TOT融资方式有以下几个特点：无须偿还资金；外方风险大幅度降低，东道国风险有所加大，但双方风险之和降低；以现有投产项目为基础；只转让投产项目的经营权，不转让所有权；外商与新建项目完全割裂开来，与ABS（资产支持证券化）方式有直接关系。

（二）TOT 融资方式的运作程序

TOT 的运作程序比较简单。一般来说，应包括以下几个步骤。

（1）由东道国项目发起人（同时又是投产项目的所有者）设立 SPV（Special Purpose Vehicle）或 SPC（Special Purpose Corporation），发起人把完工项目的所有权和新建项目的所有权均转让给 SPV，以确保有专门机构对两个项目的管理、转让、建造享有权力，并对出现的问题加以协调（SPV 常常是政府设立或政府参与设立的只有特许权的机构）。

（2）SPV 与外商洽谈以达成转让投产运行项目在未来一定期限内全部或部分经营权的协议，并取得资金。

（3）项目所在国利用获得资金，来建设新项目。

（4）新项目投入运行。

（5）期满后，收回转让的项目。

收回转让的项目时间有两种情况，一种情况是新项目运营后收回，第二种情况是先收回转让项目然后新项目才投入运行的。

（三）TOT 融资方式与 BOT 等融资方式的比较

与 BOT 相比，TOT 具有以下优点。

（1）风险小，大大增加了项目引资成功的可能性。TOT 方式明显降低了项目风险，尤其是外商面临的风险更是大幅减少，引资成功的可能性大大增加了，是一种可行、实用的引资方式。东道国面临风险虽比 BOT 方式有所增加，但与自筹资金和向外贷款方式中的风险基本相当。

（2）项目产品价格低。在 TOT 方式下，由于积累大量风险的建设阶段和试生产阶段已经完成，因此对于外商来说，风险降低的幅度是相当大的。因此，一方面，外商预期收益率会合理下调；另一方面，涉及环节较少，评估、谈判等方面的从属费用也势必大大降低。而东道国在组建 SPV、谈判等过程中的费用也有较大幅度的下降，引资成本的降低必将有助于项目产品的合理定价。

（3）新建项目的建设和营运时间提前。由于 TOT 方式仅涉及风险较小的生产运行阶段，用于评估、谈判的时间较 BOT 来说大大缩短，从而使项目合作能及时达成协议，及早建设，及早投入运营，加快了东道国基础设施建设的步伐。

（4）为投产项目引进先进技术和管理。由于经营期较长，外商受到利益的驱动，常常会针对投产项目引入先进的技术和管理，有助于投产项目的高效运行。

（5）操作程序简便易行，方便管理，不至于在东道国产生较大阻力。首先 TOT 只限于已建项目经营权的暂时转让，因此发展中国家现有的政府构架基本上能适合管理需要；其次，由于不涉及所有权问题，加之风险小政府无需对外商做过多承诺，通过引资而在东道国引起政治争论的可能性相对较少，减小了引资的阻力，合作方在洽谈时容易达成共识。

（6）融资对象更为广泛。在BOT方式下，融资对象多为外国大银行、大建筑公司或能源公司等，而在TOT方式下，其他金融机构、基金组织和私人资本等都有机会参与投资。

（7）涉及的法律环节较少。许多国家在外资法、外资管理条例等范围内就能解决TOT方式所产生的大部分问题。

相对于BOT来说，TOT对于发展中国家，实在是一种切实可行的融资方式。

三、TOT融资方式如何在我国运用

（1）注意新建项目的效益。由于新建项目规模大，耗费资金多，因此一定要避免以前建设中曾经出现的“贪大求洋或一步到位”、效益低、半途而废等情况。首先，在目前利用TOT经验不足的情况下，要做好试点工作，并及时总结经验，从小到大，从单项到综合项目逐步展开；其次，在建设前一定要进行全面、详细的评估、论证，要充分估计到TOT的负面效应，提出相关预防措施。对于事关国家建设全局的重大项目，要慎之又慎，切忌草率决定，仓促上马，政府有关部门应从国民经济的全局出发，严格审核、审批，防止一哄而起，盲目引进外资，防止重复建设。

（2）项目产品价格问题。由于TOT项目多为基础设施项目，其价格高低必然会对社会经济造成较大影响，同时外方承担风险较低，花费费用少，因此项目产品价格不仅要按国内标准合理制订，还要考虑到与社会经济承受能力相适应。

（3）人才培训问题。TOT作为一种崭新的筹资方式，我们对其尚缺乏深入研究，缺少这方面的研究、管理人才和操作专家。因此，应深入研究利用TOT方式的方法和经验，加快有关TOT方面的人才培训。

（4）转让现有项目的价格问题。由于外方接受的是已投产运行的项目，避免了建设时期和试生产时期的大量风险，而将由我方承担这些风险。因此，经营权的转让价应合理偏高，作为对承担风险的“报酬”。

（5）政府不应作过多的承诺，要实现真正的国民待遇。TOT方式由于外商风险小，政府大可不必在投资回报率、外汇等方面做出太多保证，以免增加筹资成本。要尽量与国内企业一视同仁，创造一个公平竞争的环境。

（6）政府在管理上要规范。不管政府是否成立专门负责TOT融资方式的机构，政府都要把TOT“归口”管理，指定原来一个或少数几个机构或新成立机构专门进行管理。防止多头管理、交叉管理而产生的审批环节多、效率低下等情况。管理部门在具体操作中，应该采取招标等形式以增加透明度，也便于选择最合适的合作方。

（7）要明确规定转移经营权的项目的维修改造，以防止外商竭泽而渔，在移交回我方时是一个千疮百孔的烂摊子。也可以采用一种过渡期的办法，在过渡期内，双方共同管理、共同营运项目，收入按一定比例分享，以利于我方对项目运行的监督管理。此外，还应鼓励外商对项目进行技术改造、设备更新和必要的其他扩建改造。

（8）法律环境问题。尽管 TOT 涉及环节较少，但作为一种利用外资的新形式，仍要求有完善的法律环境作保证。政府应通过立法规范 TOT 相关主体的行为，明确各方应承担的义务和享有的权利。我国目前法律还不完全适用于 TOT 方式，因此有必要依据我国国情和国际惯例，制定出一套适合于 TOT 方式的法律法规，为其在我国的有效利用创造良好的法律环境。

第六节　风险规避与化解

项目融资是指以境内建设项目的名义在境外筹措外汇资金，并仅以项目自身的预期收入和资产对外承担债务偿还责任的融资方式。项目融资经过 100 多年的不断创新，发展了一整套发现风险并合理分摊风险的方法和技术，分析探讨项目融资控制风险的各种做法，已经形成较为系统和完善的风险化解机制。在我国银行业商业化、法制化的进程中，贯穿于项目融资始终的风险控制理念和风险控制技术为我国银行深化信贷管理、防范信贷风险提供了一些借鉴。

项目融资是国际通行的大中型基础设施的融资方式，在我国经过近年来一系列成功的实践，已逐渐为人们认识。项目融资由于其有限追索性质，发展了一整套发现风险并合理分摊风险的方法和技术。分析探讨项目融资控制风险的各种做法，对我国商业银行加强风险管理，有效控制信贷风险，可以起到一定的借鉴作用。

一、风险的分摊方法

在项目融资中，有限追索是其基本特征，限制了贷款人追索的程度和范围。在项目融资方式下，由于贷款人对建设项目以外的资产和收入没有追索权，贷款人追索的范围仅限于项目本身，因此项目融资面临的信贷风险比传统的担保贷款方式大得多，风险分摊和风险控制就显得格外重要。贷款人的还款主要依赖项目本身，项目融资的大量工作就是围绕“风险”二字展开的，项目融资的全过程也就是风险识别—风险评价—风险分担—风险控制的过程。风险控制的核心是如何在投资者、贷款银行以及其他与项目利益有关的第三方之间划分风险责任，并通过各种契约和合同将各方面的利益结合起来，共担风险，从而建立起有效的风险分摊机制。一般而言，项目融资风险分摊有以下几个途径。

（1）以合同为控制风险的主要手段。一个稳定的融资结构必须有完善的合同结构作为支撑。作为风险控制措施的载体，在项目建设和运营的每个阶段，项目合同和融资合同贯穿始终，又互相衔接，无论是事先的防范措施，还是事后的补救措施，都应以合同的形式约定下来，都可以在合同中找到依据，使风险得到合理的规避。

（2）以风险的细分为设计融资结构的依据。项目融资的融资结构都是经过精心设计的。设计项目融资结构的一个重要原则，就是必须围绕风险分摊来进行，而最重要的是将项目在建设和运营中所面临的风险进行识别和细分。一般而言，项目风险都有一些共性的特征，大体可以划分为信用风险、建设风险、运营风险、外汇风险和管理风险等。风险细分不仅使化解风险的措施具有针对性，而且保证了风险控制过程的连续性。

（3）以项目当事人为风险分摊的主体。一般情况下，项目融资总要涉及项目发起人、项目公司（借款人）、贷款人、设备供应商、工程承包商、项目运营商、原材料供应商、产品包销商、项目所在国的政府部门以及项目的保险商。项目融资风险分摊和控制机制的核心就是在项目风险和项目当事人之间以合同的形式建立对应的关系，当事人各有分工、各司其职，形成稳定而有效的风险分摊结构，保证了融资结构的稳定性。

二、风险的控制方法

（一）信用风险

信用风险是指项目融资参加方是否有能力和愿意履行所承担的信用保证责任。在项目融资方式下，有限追索是依靠有效的信用保证结构建立起来的，组成信用保证结构的各个当事人是否有能力履行项目和融资合同，或者是否愿意履行有关合同项下的义务和责任，就构成了项目融资的信用风险。信用风险贯穿于项目的各个阶段，为项目提供信用保证的当事人的资信、资金、技术实力、经营业绩和管理水平等都是评价项目信用风险程度的重要因素。在项目融资中，虽然贷款人对项目发起人没有追索权，但是发起人作为项目公司存在的基础，其资金实力和管理水平对项目公司的影响是不言而喻的。如果贷款人认为发起人信用不足，往往要求国内金融机构出具资金承诺函。目前国内原材料、燃料供应商实力普遍不强，加之目前物价上涨较快，对材料供应商影响较大，比较稳妥的办法是在与供应商签署供货合同时，要求供货商提供履约保函或由银行出具的保函。

（二）建设风险

建设风险是项目融资的基本风险之一，主要包括工期拖延、成本超支和完工质量风险。贷款人通过对 EPC（工程设计、设备供应和建设）合同承包商的控制，确保项目工程设计、设备采购和工程建设各个环节按合同标准进行，锁定建设风险。在 EPC 合同中，最重要的是交钥匙建设合同（交钥匙合同是项目公司与建设总承包商签订的固定工期、固定价格的承包合同，它一般包含有激励承包商提前完工的条款。履行交钥匙建设合同是控制完工风险的基础，相对于“物理完工”，项目融资引入了“商业完工”的概念，商业完工的标准是专家确定的一系列技术经济指标，这些指标能保证建成项目具备足够的现金流量）。这一合同建立了项目完工和质量保证机制，是控制建设风险的基础。在交钥匙建设合同的规限下，承包商必须按照项目固定预算和固定工期交付符合技术标准运行的规定项目，如果在合同完工日前完工，承包商可以得到奖金，否则就要处以罚款。

（三）管理风险

管理风险主要指银行贷后管理期间面临的风险。在项目融资方式中，项目所有的资产、权益、账户和重要的协议如 EPC 合同、运营购电合同、保险协议和履约保函都向贷款人作了抵押转让，作为项目的担保。贷款人通常通过签订抵押协议，委任境内外银行作为项目的抵押代理行，作为上述抵押担保的信托受益人，管理项目抵押担保。从目前的情况看，抵押代理行的存在形式因项目而异。有的项目抵押代理行由国内银行独家担任，如山东日照电厂项目和河北邯峰电厂项目，但更多的是采取境内、境外联合代理的形式，如珠海电厂项目、山东中华电力项目和福建湄州湾电厂项目。在项目期间，抵押代理行应按照抵押协议的约定，对借款人进行监督，如果借款人有任何潜在的或现实的违约行为，抵押代理行应及时通知国外贷款人，并在执行抵押担保时，给予贷款人必要的协助。在贷款期内，贷款人首先通过贷款协议建立事先的风险预警和控制机制，约束借款人的行为。国外贷款协议一般都有提款前提条件、借款人承诺和保证、违约事项和提前还款等条款，在签订了融资协议后，借款人首先要落实提款前提条件方能支用贷款，比如山东中华电力项目的提款前提条件就多达 200 个，在贷款期内，借款人要信守各项承诺和保证，使贷款人提前还款；其次，贷款人通过等额还款和还款储备的安排，使还款期内有均匀的现金流量用于还款；再次，进行财务或资金方面的约定，如融资协议项下的贷款具有优先权，项目公司的杠杆比率不超过 3∶1，偿债覆盖率不低于 1.35（合肥电厂项目平均为 2.20）等。另外，贷款人还通过聘用外部审计机构对项目公司进行审计，使贷款人能够掌握项目公司的财务状况、变动和趋势，对项目公司的履约能力作出准确的判断；注重对借款人抵押账户的控制是项目融资风险分摊的另一个重要特点。尽管项目融资提供了资产和现金流量双保险的抵押体系，但是相对于项目资产而言，账户抵押无疑更为直接、更为有效，也更具操作性，这也就决定了抵押账户在整个抵押系统中的核心地位。

（四）运营风险

运营风险是在项目试生产阶段和生产阶段存在的技术、资源储量、能源和原材料供应、生产经营等风险因素的总称。运营风险直接关系着是否有足够的现金流量支付生产费用和偿还贷款。项目发起人一般要求建设承包商和设备供应商提供技术保障，将项目的技术风险转移出去，为避免技术风险，贷款银行还聘请专业工程师，对技术的可行性、施工计划的合理性和项目预算的可行性等问题提出专家意见，并对控制项目的技术风险提出建议；工业部门和能源工业部门对能源和原材料的稳定供应依赖性很大，能源和原材料在整个生产成本中占有很大比重（如燃料成本占电厂总成本的 70%左右），其价格波动和供应可靠性成为影响项目经济强度的一个主要因素。签订长期的能源和原材料供应合同是减少风险的有效方法，在“供货或付款”形式的合同下，如果供应商不能履行供货责任，就要向项目公司支付公司从其他来源购买所需能源，基于违约风险的企业融资结构和成本或原材料的价格差额。以电厂为例，电厂运营期的风险主要包括电力销售风险和燃料供应风险，集中反映在项目所产生的现金流量上。决定现金流量的因素有两个，一是电价，一是购电量，这是影响项目经济强度及贷款偿还能力的基础指标。控制运营风险，必须从这两个因素入手。在电力项目融资中，一般采用长期购电安排来控制购电风险，即项目公司与购电人鉴定运营购电合同，购电人按照约定的电价公式和最小购电量履行购电义务。在合同期限内，如果由于运营原因导致发电量不足，购电人仍然要按照最低电量购电。运营购电合同尽管在法律上体现的是一种商业合同关系，但实际上向项目公司（卖方）提供了保证付款的机制，其性质更接近于担保。这一安排保证了项目公司获取稳定的现金流量，从而保障了贷款人的基本利益。

（五）市场风险

项目的市场风险包含项目产品价格和销售量两个要素，确保产品销售、保证项目未来的现金流是项目融资的核心问题。项目融资要求签订长期的产品销售合同作为融资的支持，典型的产品销售合同是“无论提货与否均需付款”和“提货与付款”形式的合同，前者项目产品购买者必须无条件地按合同约定的价格和数量购买产品，后者项目产品购买者只承担在取得产品的条件下才履行合同确定的付款义务。在国内已完成的公共事业产品的项目融资里，大部分都签订有最小产品包销量和产品包销价格公式的产品包销合同。虽然包销合同和定价公式保证了项目的未来收入，但还存在着所申请的产品价格得不到批准的风险。在国内的项目融资案例中，贷款银行除了要求政府出具支持函外，一般还会要求物价部门对物价公式给予认可，作为防范产品销售风险的另一道屏障，将项目的市场风险降到最低限度。

（六）外汇风险

项目的外汇风险表现在汇率风险和外汇兑换与汇出风险两个主要方面，外汇风险贯穿于项目始终。基础设施项目收入多为本币，项目本身外汇收支不能平衡，如果本币贬值，会给偿还国外贷款造成较大压力。国内的银行参与项目融资，项目尽可能地使用人民币贷款，能够明显地减少对外汇贷款还本付息的压力，项目抵御外汇风险的能力就强。另一方面，目前我国资本项下的外汇兑换和汇出实行管制，能否以人民币兑换到足够的外汇并汇出就构成了外汇兑换与汇出风险。在一些国家，产品销售合同甚至以美元来标价，以回避外汇风险。在我国，凡国家发展改革委员会批复的境外融资项目，还本付息和支付外商红利所需外汇就纳入了国家外汇平衡计划内，人民币的可兑换性可以保证，但在一般情况下，贷款银行还要求国家发改委和国家外汇管理局就外汇兑换和汇出问题出具安慰函，以强化项目公司外汇偿付能力，在外汇兑换、外汇汇出等方面得到一定的安慰，增强国外银行和发起人对项目的信心。在技术上，贷款人采取建立抵押账户和增加银行信用支持来防范外汇风险。一是把外汇风险转嫁给金融机构，即要求项目公司与外汇指定银行签订外汇兑换协议，使项目公司具有购买外汇的优先权。二是开立抵押账户，建立还款储备。几乎所有的项目都要求项目公司在外汇指定银行开立还款储备账户，账户内除固定保持一期还本付息金额外，每月兑换到期本息金额的1/6（一年两次等额还款），注入储备账户。三是以开立还款信用证的方式，确保外汇汇出，即在每个还款期，在储备账户余额不低于到期本息金额的条件下，由国内银行按照到期本息金额开立以贷款人为受益人的信用证，并于到期日支付贷款人，有的项目要求银行提供外汇保值服务，如掉期、套期保值和利率互换等，以防范汇率和利率风险。

有限追索是项目融资的一个重要特征，项目的还款依赖于项目本身的资产和现金流量，贷款人对于项目的债务追索权被限制在项目公司的资产和现金流量中，因此有效控制项目的资产和账户就成为防范风险的关键。在项目融资中，项目的资产、权益、项目协议、各种合同、履约保函和保险项下的权益和账户等，都要向贷款银行作出抵押或转让，贷款人会指定抵押代理行，代表它监督项目资金的使用、管理项目的抵押品。

（1）与项目有关的各种权利和权益的转让。项目公司向贷款人转让与工程承包商之间的交钥匙总承包合同、与能源原材料供应商签订的供应合同、项目中外合作方的合作经营合同、产品包销合同等一系列协议，转让所有与项目有关的保险收益，政府有关部门出具的安慰信、支持函等文件。必须先经过严格的风险识别和分摊，并采取相应的风险防范措施后再通过对项目资产和收益的抵押、合同权益的转让。尤其是要重视将项目资产和现金流量作为双保险，项目融资的风险才变得可以控制。当前商业银行信贷业务已经由卖方市场转变为买方市场，要想通过经营获得收益，就必须承担风险。项目融资将项目本身作为防范风险的思路和做法，对目前商业银行防范信贷风险有借鉴意义。事实上大多数项目，尤其是大中型基础设施项目，控制风险的基础在于项目本身的经济强度，在于对建设风险的合理规避和对运营期现金流量的有效控制，因此贷款银行应侧重于分析项目本身面临的风险种类和程度、借款人本身的还款能力和还款意愿。借鉴项目融资控制本身风险的一些措施，还可以解决我国银行业长期面临的来自政府或其他方面的不得不接受的某些不合格担保的问题，为贷款银行提供更为主动的控制风险的机制。

（2）项目资产的抵押和控制。资产抵押主要包括项目公司所拥有的房产、土地使用权、机器设备以及经评定认可的无形资产等，抵押代理行要协助项目公司办理抵押品的抵押登记事宜，并协助监督抵押品的某些变动。

（3）项目账户的抵押和控制。贷款人为借款人设定了完备的抵押账户系统，借款人所有本外币账户都必须在抵押代理行开立，并抵押给抵押代理人。

抵押账户是一系列账户的总称，具体包括控制账户、运营账户、付款账户等，控制账户是整个抵押账户系统的中心，也是人民币资金收支的龙头，项目公司在国内外贷款偿还完毕以前的所有人民币资金，包括注册资金和人民币贷款，投产后的销售收入以及其他来源的人民币资金，都必须注入控制账户，项目公司可由此账户向运营账户和外币账户转账，或直接支付成本和税金等。贷款银行还规定了控制账户的收支顺序，即所谓的先后支付顺序：项目的运行成本、税金、有限追索贷款的利息和本金、其他来源的贷款本金（有担保的从属贷款）和股东分红等。抵押代理行要对抵押账户内的现金流量进行长期连续的监控，项目一旦发生问题，贷款银行可以通过抵押代理人调整支付顺序，优先偿还银行贷款，随后支付成本和其他款项。如上述措施仍未奏效，贷款银行将按合同的约定执行担保，强制收回贷款。

综上所述，无论是BOT、TOT融资模式和方法，都是市场经济的产物。项目融资方式随着社会的发展、科技的进步、经济全球化速度的加快以及人们的思维方式的不断变革与创新，近几年来正涌现出了许许多多新的融资方式，这些新的融资方式都是人们在实践中不断探索、不断创新的结果，策划人在进行项目融资策划时要善于变通、借鉴、整合和创新，力争用最便捷的方法、最快的速度、最小的成本、最科学的手段，融到项目建设所需的资金，力争使建设方、投资方取得双赢的结果。

【案例】 全国第九届运动会 第十届运动会融资策划

十运会新闻发布会场首尝拍卖

记者昨日从江苏省拍卖总行了解到，十运会新闻发布会场所指定权将进行拍卖。此次拍卖拉开了十运会系列拍卖会的帷幕，据有关人士透露，接下来还会举行一系列和十运会相关的拍卖会。

记者了解到，本次拍卖会将面向南京的五星级酒店或具有相应会场、客房、餐饮等接待能力的酒店。但参拍的酒店必须拥有可容纳60~80人的会场，有投影仪、麦克风、背景台等先进设施，企业需缴纳不高于10万元的拍卖保证金。当然，企业可以获得一系列的回报，如2004年3月至2005年8月31日期间，买受企业可以享有“十运会新闻发布会指定场所”的称号，企业是十运会筹（组）委会在此期间指定的唯一新闻发布会会场，筹（组）委会将在买受企业举办不少于50场新闻发布会。

十运会筹委会有关人士表示，以往举办大型活动，会场都是指定在金陵饭店、希尔顿等五星级酒店，往往导致酒店为争夺举办权而相互“打架”。十运会会场的选择走了一条市场化的道路，为有实力的酒店提供了均等的竞争平台。据悉，3月上旬，筹委会给南京9家五星级酒店以及十几家四星级酒店发来了传真，邀请各家参加新闻发布会场所的竞标拍卖，拍卖可能定在本月26日。

十运会是新中国成立以来江苏省承办的规模最大、规格最高、影响最广的大型体育赛事，据预测，仅南京市，十运会所带动的城市建设和改造投资就将达到1000亿元，而全省直接承办比赛的132个场馆建设和改造的投资也将达到100亿元。据悉，广东省承办九运会场馆建设和举办经费共为43.4亿元，投入如此巨额资金，承办方不仅没亏，反而还赚得盆满钵满。通过各种形式的九运会有形、无形资产和专利标志及相关产品的转让，承办方的市场开发收入达到2亿元。十运会投入的资金比九运会更多，那么承办能否也稳稳当当地装满腰包，就要看市场运作是否成功。

（摘自2004年3月18日《金陵晚报》）

十运会无形资产全部拍卖新闻发布场所指定权月底首拍

记者从江苏省拍卖总行获悉，明年在南京举办的十运会的新闻发布会场所指定权将于本月底拍卖。消息一出，即引来20多家酒店的关注。据悉，有关十运会的各类无形资产，共40多个标的物都在拍卖计划之中，新闻发布会场所指定权拍卖是其中的第一步。

截至今天上午，南京符合条件的9家五星级酒店和十几家四星级酒店都对十运会新闻发布会指定场所表示了很大兴趣。不少酒店认为，这是件名利双收的事情，因为一旦竞买成功，不但可在2004年4月至2005年8月31日期间享有相关称号，还可在服务期限内，一直享有在新闻发布会会场前放置企业标志或名称，及住宿、餐饮方面的优先接待权等诸多好处。此外，成交价款不必先付（可从十运会筹委会在该酒店的总消费金额中扣除）这点也颇具吸引力。

由于此类型的拍卖在南京尚属首次，所以拍卖要不要设底价，如果设底价定在多少算合理，这些都成了新问题：委托方十运会筹委会和拍卖行均向记者指出，要和有参拍意向的企业充分沟通后才能确定起拍价。一家酒店负责人坦言：尽管拥有新闻发布会场所优先权可以优先争取到更多客户，可十运会期间，全国各地代表团和观众一齐涌向南京，估计到时候的入住率也不会太低。因此，如果起拍价太高，他们可能不再考虑参与竞拍。

另据记者从十运会筹委会资源开发部了解，自意识到十运会的无形资产非常丰富后，他们和拍卖公司一道安排了会章、会徽、吉祥物、门票广告、比赛冠名等一系列的拍卖，总共是40多项，备受瞩目的主体育馆冠名权拍卖很有可能也在此之列。

（摘自2004年3月19日《扬子晚报》）

九运会这笔钱是怎么赚的

2001年广东省成功举办了九运会，在场馆建设和举办经费上共投入了43.4亿元，最后不仅没亏，还赚了2个亿。那么这些钱是怎么赚的呢？记者算了一笔账。

九运会在全运会历史上首次实行了主赞助商招标。主赞助商是最高等级的赞助商，仅限10个。另外，九运会专有招商也为组委会带来了高额收益。组委会官员透露，仅此两项无形资产，组委会就有上亿元进账。

其次，九运会在国内开了电视广播报道权有偿转让的先例，付费后才能转播赛事。据悉，中央电视台以及30余家地方电视台购买了转播权和报道权，组委会共收入1000万元。

另外，组委会出售九运会标志（名称、会徽、吉祥物）使用许可权也是生财之道。以广东“醒狮”为原型的九运会吉祥物“威威”至少发售十万只，小的几十元，大的上百元，仅“威威”就招得滚滚财源。

九运会单项比赛的冠名、赛场广告、充气拱门广告、气球空飘广告以及比赛秩序册广告、门票广告甚至工作人员服装广告、工作车身广告，都是组委会来钱的门路。

当然，门票收入也是九运会的一项大头收入。据悉，九运会的门票目前已收入1000多万元。

组委会和酒店、旅行社联手开发观摩旅游路线，安排接送、食宿、交通、导游等，也狠赚了一笔。

（摘自2004年3月18日《金陵晚报》）

思　考　题

1. 写出项目融资策划的四个组成模块和六个阶段。
2. 项目融资适用于哪些领域?
3. 常见的 BOT 项目融资模式有哪几种?
4. 简述 BOT 项实施过程中的五个阶段。
5. 简述 BOT 融资的风险及规避方法。
6. 简述 TOT 融资方式的基本结构。
7. 试比较 BOT、TOT 融资方式的优劣。
8. 我国利用 TOT 融资方式时应注意哪些问题?
9. 试论“十运会”融资方法的创新。

第十三章　融资策划实务

【案例一】　“楝树银行”

——南京九康公司推出的融资项目

《西游记》和民间传说中，唐僧在前往西天取经的路上，有一条大河——通天河横于面前。师徒无奈之际，河中忽现一神龟，表示愿驮唐僧师徒过河，但请求唐僧到达西天在佛祖面前告之此事，以示其功绩。唐僧欣然应允，遂顺利渡过通天河。不久唐僧师徒取得真经返至通天河，神龟十分高兴地等待于此，至河中问及前事。八戒快嘴答曰：因急于取经忘了此事，神龟大怒，沉河而去。师徒和经文落水浸湿，师徒在水中奋力拼搏上岸，并捞出经文，随后将其晾于一棵树上，这就是楝树。从此楝树得道于佛经之神力，具有了佛心，便具有了许多有益于人类的功效。

楝树，跨越北纬 20 度生长

20 世纪 60 年代，一位德国植物学家在印度进行生物考察时遇到一场蝗灾，当时，有一群蝗虫铺天盖地压向一片作物，顷刻之间，这片作物就被蝗虫蚕食得荡然无存，但是其中有一棵树安然无恙，这就是印楝树。印楝树原产于印度、缅甸等地，早在 1000 多年前，当地人们就已经发现了它的神奇功能：保存粮食时，混进印楝树叶的粮食可以保存五年，而没有混进印楝树叶的粮食仅能保存两年，人们还把它的树叶榨成汁用来治疗牙龈炎、皮肤病等。但是当时人们并不知道究竟是树中的什么在起作用。

经科学家研究分析，印楝树的种子、树叶及树皮中，含有一种物质——印楝素，正是由于它的存在，使印楝树具有驱虫治病的神奇功能。印楝树的神奇功能引起了各国科学家的关注，在本国栽培印楝树一时成了植物学家努力的目标。可是印楝树是生活在北纬 20 度以南的热带树种，对纬度要求极为严格。经过几年的栽种，世界上没有哪位科学家能让它跨越北纬 20 度生存。在我国，除了位于我国最南端的省份——海南省，其他地区根本无法进行印楝树栽培。由于印楝树适宜在热带及亚热带地区生长，而我国的大部分地区生长的是苦楝树、川楝树，且已面临绝种。再者，川楝树和苦楝树果仁中楝素的含量也远远不及印楝树，其楝素的含量重要集中在树皮。南京九康科技发展有限公司经过长期、大量的实验成功培育出了印楝树和苦楝树、川楝树的杂交品种，并在南京高淳和溧水等地栽种，实现了楝树在北纬 32 度的南京种植的目标。杂交楝树利用组织培养的方法进行繁殖，既可保持其高楝素含量的品种优良性状，又适宜我国大部分地区的气候、土壤特点，进行快繁速生、工厂化育苗，目前已成为国内市场唯一能提供优良楝树苗木的楝树育苗基地。

脱贫致富之树

在目前全社会强调农民增收的氛围下，种植楝树应是农民致富的最佳选择之一。楝树第三年开始开花结果；四至五年后进入盛果期，生产期可持续 20 年以上。在全球环境日益恶化的今天，楝树因两种作用引起全球普遍关注，一是在城市绿化中的广泛应用，楝树与其他树种间种、套种可以起到防治绿化带病虫害的作用，特别是可作为防治干热地区荒漠化的造林树种；二是其种子、树皮、果仁等可用来萃取、提炼楝素乳油作为生产无公害生物农药的核心原材料。目前已有 50 多个国家种植印楝树，30 多个国家在开展印楝树的栽培和利用研究工作。经研究发现，从印楝树果中萃取、提炼的楝素乳油制成的植物农药可有效防治 400 多种昆虫，能杀灭螨虫、线虫、部分细菌、真菌和病毒；从印楝树果、树叶、树皮、树枝中提炼制取的药物对人体某些炎症、疾病具有一定疗效，并可充当治疗家畜、家禽的兽药。作为楝素植物软农药的主要原料，楝榭果仁在国际市场收购价格一直居高不下。

预计在推广种植楝树后，每株絛树平均年产楝树果仁 25 公斤（第三年开始产果，第五年后开始进入盛果期），按目前收购价格为 1 元/公斤，每亩地若种植 80 株，年产果实 2 000 公斤。则每亩楝树果仁的销售可增加收入 2 000 元左右。同时，农民可充分利用闲散地种植。在种植楝树时，因每亩地只种植 80 株，若再间种、套种花生或蓖麻、人参、中草药等，亦可增加更大收入。若以蓖麻为例，每亩间种、套种的蓖麻，每年至少可收获约 220～300 公斤，按 4 元/公斤的收购价格，每亩又可增加 880～1 200 元收入。同时还可以在楝树林间放养蜜蜂，蜜蜂采集楝树花粉酿造出来的楝树蜜，由于含丰富维生素和微量元素更具防癌、抗癌等保健功能，在国际市场上，楝蜜比其他蜂蜜的价格要高出 3 倍以上。

楝树皮、叶还可以做牙膏、洗面奶等，而且楝树果萃取、提炼楝素乳油后剩下来的废渣更可制成优质的生物肥料。楝树属于红木类的姐妹树种，木质坚韧，且具有防虫防腐功能，是做家具和装潢的好材料。生长 15～20 年的楝树，按最保守测算每株至少可产出楝树成材 0.35 立方米以上，而每立方米楝树成材的市场销售价至少在 4 500 元。按每亩地种植 80 棵楝树测算，15～20 年楝树成材后仅出售楝树成材可净收入 10 万元以上。

楝树解决全球难题之树

在对楝树的不断研究和摸索中，有识之士发现：楝树是人类的希望之树，它浑身都是宝，美国农业部更赞誉它为“可解决全球难题之树”。

在建设生态、绿色工程之际，作为城市道路旁、公园、市民广场和居住小区的绿化栽种树种，楝树应是首选树种之一。楝树是一种速生树，它生长高度常常可达 15～20 米，树冠直径可达 10～15 米，树形伟岸挺拔，可作为城市道旁景观树的首选树种；楝树的花呈白色或紫色，具有芳香味；果实椭圆至微圆，未成熟果实为绿色，成熟时有黄绿色、黄色，从开花期到结果期都具有较高的观赏价值，属于集观赏性与功能性于一体的优秀绿化树种。

近年来南京市一直都处于干旱少雨的窘境，特别是近两年尤为严重，南京市的绿化工作遇到了前所未有的考验，部分景观道旁树已经到了须人工浇灌才能正常生长的地步。楝树作为一种喜温耐旱的多功能树种，适合在江苏及南京周边地区以及荒芜的半干旱地域种植。其耐干旱耐炎热，无须特别照顾就可以郁郁葱葱生长，可大大降低城市绿化和护理的难度。

近年来，南京市随着经济的发展也为环境带来了负面影响，汽车尾气正是这一系列副作用的翘楚，虽然政府已经出台了很多关于缓解尾气污染的方案，但是污染仍然存在。楝树对于环境治理方面的作用暂时还没有其他树种可以代替。它能大量吸收有毒有害气体，1 公顷楝树林每天能吸收 1 000 千克二氧化碳，同时放出 730 千克氧气。据科学统计，楝树森林每累计 1 000 千克干物质，能产生 1 390～1 423 千克氧气，另经科学测定，每立方米楝树林可以吸收二氧化硫 40 毫克，是一般树种的 4～5 倍。据测定，每立方米中公园内有细菌 1 000 个，城市林荫道有 58 万个，热闹的百货大楼有 4 000 万个，而楝树森林内只有 55 个，约是百货大楼细菌量的 73 万分之一。

城市中大规模推广种植楝树作为城市绿化树种，每年通过回收楝树果仁，还可增加城市环卫工人和园林工人的收入。用楝树果仁萃取、提炼的楝素乳油提取和生产生物、植物农药，由于具有广谱、高效、无污染、无残留和对人畜等温血动物无害的独特杀虫作用而被世界誉为绿色农药先驱，有世界第一“软农药”的美称。

楝树成材方料的市场价格约在 4 500～5 500 元/立方米左右。目前我国已成为木材进口大国，木材进口贸易额已仅次于能源进口贸易额位居第二位。如果把楝树作为经济树种种植，不仅能改善环境，还会带来可观的经济收入，缓解国内中、高木材紧缺的局面。

目前楝树已被列入国家星火计划重点培育树种。南京九康科技发展有限公司目前在国家级生态示范区——高淳区和溧水县建设了上万亩楝树快繁育苗和种植基地。基地建设有华东地区最大的植物组织培养车间和近万亩育苗种植基地，6 000 平方米的自动温控栽培大棚正在建设中，年组织培养优质杂交楝树树苗 500 万株。楝树农药厂的土建工程也正在积极建设中，预计首期项目建成投产后可年产植物克生素（楝素）软农药 1 200 万瓶；用楝树果仁萃取、提炼的楝素乳油除可生产自用植物克生素（楝素）软农药外，还可直接出口创汇。

“我们有理由认为我公司培育的楝树集景观林、环境林、防护林、经济林、用材林的优点于一身。可以用于南京城市生态建设的各个方面!”南京九康科技发展有限公司总经理周先生对楝树的前景十分乐观。

“楝树银行”储蓄项目推介

南京九康科技发展有限公司[高淳县宝塔路 262 号（县农林局大院综合楼四楼）]近日隆重推出“绿色银行，林业储蓄”林业投资项目：投资者一次性出资 8 000 元，获得位于南京市高淳县和溧水县的楝树种植基地内一亩地20年的使用权和100株楝树的所有权；并与公司签署《“绿色银行，林业储蓄”项目合同书》、《委托管理合同》等，公司为投资者办理林权证及林产保险和合同公证等手续（相关费用由投资者与公司各负担50%），公司负责楝树林地管理直至树木成材。投资者的一亩林地 100 株楝树栽植到第 5 年时，每年度第一个月中旬，九康公司负责从回收楝树果的收入中给予投资者 500 元/年的固定回报，20 年内可获取 16 年的固定回收，共计 8 000 元。20 年后楝树成材，投资人可自行出售或委托公司销售。保守测算，每株楝树可出成材木 0.35 立方米，100 株便为 35 立方米以上，按目前国际市场上楝树成材木价格近 600 美元/立方米计算，至少折合人民币 4 500 元/立方米，每亩地 100 株楝树可净收入 15 万元以上，投资者投资增值近 20 倍。20 年后，投资者作为林权的拥有者可选择自己采伐出售成材，也可选择委托公司代理采伐出售。若投资者 20 年后不续签合同，由本公司负责在楝树采伐时，重新补种楝树苗木。此外，公司每年在植树节至清明节期间，免费分批组织投资者全家来公司楝树种植基地“踏青”一次，汇报一年来楝树的生长情况。

南京九康科技发展有限公司系南京市国资集团所属的南京市高新技术风险投资股份有限公司等三家企业共同出资组建，公司实力雄厚，基础设施完善，有成熟的高新技术支持。公司拥有由中国著名农业化学、土壤生物学家闵九康教授，中国植物营养学专家、上海著名青年科学家史吉平博士等国内外著名科学家所组成的专家组和一批高级管理人才，并拥有三项自主知识产权的国家发明专利，在楝树杂交组织培养和楝素农药及楝树产业化研究及开发上具有成熟的技术和经验。

楝树种植基地坐落在自然资源丰富、生态环境秀美、山水相隔、景色秀丽的国家级生态示范区——高淳县和溧水县，属北亚热带和中亚热带过渡季风气候区，四季分明，雨量充沛，年平均降雨量 1 157 毫米，光照充足，年平均气温 15.9℃，特别适合楝树的种植。据考证，该地区 50 年来从未发生过森林火灾及重大自然灾害。

本项目得到各级政府和社会各界的高度重视与大力支持。本着“开拓创新、诚信守法、务实高效、团结奉献”的经营理念，九康人将用科学发展观统领全局，竭诚为广大投资者服务，确保投资者的利益。具备一定实力且具有投资绿色生态愿望的市民和商家，投资南京九康科技发展有限公司“绿色银行，林业储蓄”的项目将成为您新的选择。

本案例摘自 2006 年 3 月 6 日《扬子晚报》B12 版

【案例二】 出售梦想的策划家

10万中国人买美国

1992年，是哥伦布发现美洲大陆500周年，美国土地公司推出“拥有一片美国”销售活动。购买者花钱买一份美国土地证书，就可以在美国50个州都拥有1平方英寸土地。这些土地可以自由进出，也可以赠与、转让、继承，但不可以开发建设。

50英寸的土地，还不够人搁下一只脚，会有人买吗？

1992年3月，一次偶然的机会，深圳海王集团总裁张思民听说了美国土地公司这一土地销售活动，这位以“金牡蛎”产品闻名全国的青年企业家敏锐地意识到一个新的商机出现了。经过一系列接触、谈判，特别是认真考察了其法律可行性之后，深圳海王集团获得此项活动的中国内地的独家代理权。1992年10月，象征着美国50个州共50平方英寸的“拥有一片美国”土地证书首次在深圳和海南上市，没想到这一新奇的活动在大陆竟炙手可热，十分畅销。

1992年11月18日，南京开始销售“拥有一片美国”的证书。当天晚上，销售地点金陵图书馆门前便排起了几百人的长龙。尽管这一夜金陵寒流骤至，冷风嗖嗖，但人们的热情丝毫未减。19日清晨，预约券从10元涨到150元。为满足更多人的购买愿望，南京地区代理商——海天工贸公司不得不作出规定：每人限买 2 份。即使如此，1 000多份美国土地证还是在3天内即告售罄。1个月后，第2批1 000份到货，又是一抢而光。

类似的情况也发生在北京、天津等地，价格上浮到 3 900 元；而在上海，在投机商人的炒作下，价钱竟哄抬至1.9万元！

“拥有一片美国”这一新奇的主意出自美国土地公司的史考特·摩格，他为了策划这一活动，用了10年时间才在美国每一个州各买下一英亩的土地，并完善了法律手续。整个计划的推出花了他一大笔钱，其中大部分是花在律师费用上。

“拥有一片美国”在美国推出时，平装、精装两种售价分别为 29.95 美元和 49.95 美元。对一个拥有了纽约最豪华的大厦、汽艇和直升机的富翁来说，花了不到一杯茶水的钱，即可弥补一个亿万富翁尚未实现每州插针的缺憾；而对一位需一辈子才能付清购屋贷款的平民百姓，花费一两个小时的工钱，选择喜庆吉日，送亲人朋友一片美国土地，不仅大方，还非常不俗。摩格在包装自己的产品时说，“拥有一片美国”是“赠给一个已经无所不有人士的最佳礼物。”

摩格在大陆寻求代理时，海王集团大胆拍板，开口就是10万份，开始每份不过1 000

美元出头，后来抬到 2 288 美元，结果卖得还是“火”！

买梦者心理面面观

同可口可乐、耐克鞋、肯德基在大陆畅销一样，“拥有一片美国”卖的是“美国”。

“拥有一片美国”所出售的土地既不能开发利用，又不能作为赴美签证的依据，它只是一张货真价实的地契，上面载有持有者的姓名、编号，以及根据美国哪条法律条文拥有多大面积的土地等，但它可以给地球另一面的许多中国人圆一个可望而不可即的遥远的梦——即使今生今世他们也没有机会看到自己购买的那份土地。

中国人说做梦，这其中必定包含许多揶揄，而对比之下，美国人却是一个喜欢做梦的民族。在美国肯尼迪宇宙中心的大门上就刻着一个标准的“美国梦”：只要我们能梦想的，我们就能实现。“拥有一片美国”的策划者摩格先生也把他的创意称作一个典型的“美国梦”：

“你想要做什么，尽了自己的力量去做，你就可以得到你的工作酬劳——这就是美国人建设新美洲时所怀有的‘美国梦’。美国人日常所站立的，正是他们赖以生存，并给了他们活力的土地。当你把‘拥有一片美国’证书挂在办公室或家中，随时可以看到时，你就以产权形式分享了这片土地，站在美国的梦想上。”

据报载，国内购买这一“美国梦”的人，主要出于以下几种购买动机：

一是作为一种文化活动的参与。为了纪念哥伦布登上美洲大陆 500 周年，1992 年全世界西班牙、葡萄牙语系国家举行了盛况空前的庆典活动，其中最著名的是西班牙举行的巴塞罗那奥运会及塞维利亚国际博览会。美洲大陆国家也作出积极反映，美国土地公司推出的“拥有一片美国”活动，也是这一大型文化庆典的一部分。策划者摩格先生认为：这一证书同拆卖柏林墙一样，有着巨大的文化意义。中国的许多购买者，也是以参与这项文化活动为动机的。在摩格与“拥有一片美国”购买者的一次见面会上，一位大学教师请摩格先生捎几句话给常对中国怀有偏见的美国新闻界。他说，通过邓小平先生的改革开放政策，中国发生了翻天覆地的变化，这种变化有经济的，有文化的，也有意识观念的。我和许多“拥有一片美国”的购买者一样，把参与这一活动作为一种文化享受，如同美国人或西方人渴望了解中国一样平等地去分享世界文化。今天，中国正在逐步强盛、富有，中国人在这里有自己的事业，并不是个个都想买了土地证书移民去美国。

二是作收藏纪念之用。某厂一位技术员，企业效益不佳，囊中羞涩，妻子孩子亦不太赞成，但他还是拿出多年的积蓄，买了一份。他认为：邮票年年发行，股票越来越多，可这种土地证书空前绝后，只发行一次，而且数量有限，太稀有太难得了，碰上这个千载难逢的机会可算三生有幸，当然不能轻易放过。

类似的收藏者，多是知识层次较高的专家、学者、教授。他们相信：得到中美双方法律机构确认的美国土地证书，因其独特的文化和历史背景，随着时间的推移，将会显现出非常珍贵的价值。所以，尽管这份纪念品价格昂贵，他们还是从并不丰厚的收入中抽出一部分来投资。一名牌高校的女教师，早年丧夫，含辛茹苦地把一儿一女拉扯大，半生从未有过穿金戴银的奢侈，这次却破例买了一份。据称，她先当收藏者，以后她那在医学院就读的高材生儿子，如能公派到美国，也可代她去看看那一份异国的土地。

三是作保值之用。如今有人买债券股票，也有人买黄金珠宝，但也有一部分人这么想：既然地价日益飞涨，那么购买地产无疑是最可靠的保值手段，保存寸土寸金的美国土地证更高枕无忧了。尽管每平方英寸土地只有邮票大小，50个平方英寸合在一起也只能勉强放下一只脚，但如果为子孙后代在美国留下一块领地，等于给他们留下了一笔巨大的精神和物质财富。普通的工薪阶层，在踊跃购买时填写的地主姓名时用得较多的是儿子或孙子的。

一个年已花甲的退休老工人，儿子结婚用品大件小件均已配齐，剩下的钱，他想来想去只有购买美国土地证合算。于是，他抖擞精神，和年轻人一道在凛冽的寒风中熬了一夜，硬是买回一份送给儿子。新春刚过，南京市一刚上初中的孩子，拿着爷爷给他的2 400元压岁钱，按照爷爷的意思，也到金陵图书馆买下那一份属于自己的“美国土地”。

四是作馈赠之用。精美贵重的美国土地证书，对拥有者的身份和富有是无声的证明。以此作礼品的，多半是经济实力雄厚的企业。一家中外合资企业公关有术：既然送大包小包太扎眼，送现金有受贿之嫌，何不代之以这份文化礼品呢？既高雅洋气，又出手大方，很上台面。如此一想，这家企业一下子用公款购买了10余份。某律师事务所给其协作单位的公司送了一份，这位上司欣喜异常，当然地把它挂在办公室最显眼的地方。

五是作增值之用。虽说“拥有一片美国”是项文化交流活动，但触动了不少人的商业神经。尤其是那些在商海中畅游多年的人，他们称美国土地证书是“原始股票”、“原始邮票”。一位30岁出头的女士，因抓准机遇，20世纪80年代初卖服装、90年代初炒股票，成了腰缠万贯的“富婆”。这次她买了20份，眼睛眨也不眨；西南地区一颇具实力的老板，携款十几万元，本想买松鼠牌微型汽车，结果一看到报纸上出售美国土地证的消息，马上倾囊买下了50份。老板把它看成转手倒卖的发财机会。

六是出国旅游的诱惑。在销售过程中还诱人地注明，10万份销售完毕后，将当众摇奖，中奖者将有机会去美国亲自看一看那一块属于自己的土地。深圳海王集团股份有限公司还承诺：自1994年起，连续10年，每年举行一次全国范围的抽奖活动，以公开抽奖方式，每年产生10名免费赴美考察名额。因故不能成行者，每个名额将由组织者补偿美元。这同样也是个吸引人的地方，和当时的“轿车巨奖”、“住房巨奖”等有奖销售一样使人怦然心动。

当然，更多的人还是抱着兼而有之的心理。浙江一位个体户青年在千方百计购得一份证书后认为:“花点钱潇洒一下,还是值得的。”按照她的计算,一版邮票一般发行上千万套,而这份证书在中国一共只有10万份,从投资的意义上,它至少可以保值,而从收藏的意义上,它是更有价值的,“这无非像花钱买了一件工艺品,或者买了一块壁毯。”

创造梦想

“拥有一片美国”为什么能抓住那么多人的购买动机?这正是策划人需要精心加以研究的。

日本的策划大师星野匡在其名著《策划力》中写道:“所有的策划或多或少都有所谓虚构的东西,从虚构出发,然后创造事实,加上正当的理由,而且要正大光明地去做,这就是策划。”他还认为,宗教其实便是一个把虚构巧妙地予以正当化的人间最大策划。牌坊、山门、庙宇、礼拜仪式,这些都是掩饰虚伪的漂亮外观,而且还真有那么多的善男信女在对这种虚构的膜拜中获得心理慰藉。

文化本身有一种巨大的魔力,它能把虚构饰以各种漂亮的外观,从而使创造它的人类本身又对它加以信仰和崇拜。

从宗教上看,人可分为两种类型,一类是先知、传道者、布道者,他们创造和传播着宗教,另一类则是宗教的信仰者,他们信服和膜拜着宗教。以此类推,策划者其实也在创造和传播着“梦想”,这种梦想是把一场精彩的“演出”变为现实。策划“拥有一片美国”的美国土地公司总裁史考特·摩格便为成千上万的美国土地证书购买者创造和提供了这样一个梦想。

其实商业上到处存在着这种虚构的梦想,只不过有的规模庞大,有的至细至微罢了,像香蕉状的巧克力、米老鼠状的储钱箱、女性身体形状的烟灰缸、凤梨形状的台灯,甚至迪斯尼乐园、中华民族民俗村到唐城无不是这种虚构的策划。法国社会心理学家布拉姆·摩尔对这种虚构的“欺骗”评说道:

“如果所有的艺术都是无用的,都是时间的浪费,那么‘欺骗’也是一种艺术。因为这种‘欺骗’将是日常的生活,经由一连串的装饰性的礼仪,创造出愉快而丰富的东西。‘欺骗’其实是将高度文明的证据——一种经过琢磨的游戏,带进日常生活之中的作为”(《虚假心理学》)。

广告人就深谙其道,像万宝路香烟(Marlboro),开始其实是一种供女性吸烟者的滤嘴香烟,但销量一直上不去,李奥·贝纳广告公司代理这种香烟的广告时,就认为应该为这种香烟创造(用“虚构”或“欺骗”一词也可以)出性格来,那就是“一种为真正雄伟丈夫型男人享受的滤嘴香烟。”他们把万宝路包装上的红条改换为全红,把“万宝路”改用更具有男性气概的字体写出来,并在广告文案中强调烟草的味道,并使用单纯的男性语言,他们还专门寻找一个能被接受又普遍公认的最有大丈夫气概的象征,而且要有美国意味。经多方查阅，最后将此象征人物定为西部牛仔。结果万宝路烟销量扶摇直上，成为世界销量最大的名烟。其实烟草和之前供女性吸烟者享用的一模一样，只是经过尝试策划了一种万宝路的新形象，结果使万宝路成为世界名牌，这一商标本身就价值 301 亿美元，相当于当年营业额的两倍，是世界上身价最高的名牌。

由此可见，优秀的策划其实可以说是不折不扣的“欺骗”，因为它并不生产实实在在的东西，而是创造满足人类精神需求的文化，它是一场虚构的演出，是对这个充满理性、充满逻辑世界的反动，是驰骋人类想象的梦想，是满足人类天性的游戏——从这个意义上说，策划创造了商品的文化价值或精神价值，同时也创造了高利润的商业价值。策划家以其智力投入创造的巨大社会、文化、经济效应往往让人刮目相看。

愿者上钩，策划家将制造（也可称“创造”或“欺骗”）出来的各种梦想作为钓饵挂在了鱼钩上。

摩格是一个能利用自己的创造力制造梦想的艺术家。正如《中国工商时报》著名记者陈西林所描述的：

“史考特·摩格是个聪明的商人，他将一种观念变为创意，继而化成百万商品，并赋予百万购置者以百万种心境。他说，这是文化的力量，曾作为电影公司和电视台市场推广执行人的摩格深知这种力量的穿透力，一纸 50 平方英寸的地契及千百万购买者自身所赋予地契的价值。”

“在纪念哥伦布发现美洲大陆 500 周年之际，摩格推出了他‘拥有一片美国’的全球销售，正像当年哥伦布所占据‘发现’这一辉煌字眼一样，在当今世界各个角落都遍布人迹的时候，史考特·摩格占据了最富丽、最绚烂、最诱惑、最能浸泡梦想的单词——‘拥有’。”

“50 平方英寸土地，只能在‘一片美国’踏上一只脚，而‘拥有’却有着无垠无亘梦想的空间，让人怦然心动——在市场中绞尽脑汁的美国商人竟是如此的精明。”

本案例摘自《策划大师与经典策划》作者：高明，企业管理出版社 1996 年

【案例三】 山东女孩在京城 4 年开 30 家饰品店

1. 京城打工从小饰品中发现商机

今年 25 岁的李冬梅出生在山东沂蒙山区，这里是全国著名的贫困地区。1999 年她考上了北京经济学院，拿到通知书的那天晚上，女孩又喜又忧：喜的是终于圆了大学梦；忧的是父亲前年因出车祸动手术，至今家里还欠着 2 万多元的债。到哪里去筹高昂的学费?李冬梅急得一夜没睡着觉，直到晨曦初露，她才作出一个惊人的决定：到北京打工去!

到了京城，女孩开始留意大街小巷上张贴的招聘启事。条件太好的她不敢去，怕上当受骗；条件稍差但性质清晰的工作对她倒有吸引力。当年9月，国内某品牌的商务通，在海淀区一家商场进行为期一个月的促销活动，需要招聘多名促销小姐。她从报纸上看到这个消息，顿时觉得眼前一亮。要知道，底薪每小时5元钱加提成，这对一个贫困打工妹是什么概念！很快，她就揽下了这份工作。

参加完三天业务培训，李冬梅便匆匆上岗了。令她苦恼的并不是打工的辛苦，而是产品的销售。虽然她记得自己要推销给顾客的商务通有什么特点，但是由于经验不足，每次她还没介绍完，客人就走了。两天下来，她没卖出去一台商务通。这样下去不行！李冬梅暗暗地警告自己。有了这份认知，她便偷偷地琢磨起同事的促销方法。一来二去，她才明白自己的介绍太笼统，没有针对客人的需求抓出重点进行讲解；客人一听啰嗦的“大套餐”，自然会不耐烦地跑掉了。

接下来，她把自己偷学来的经验，应用到实践中，工作渐入佳境。月底一结算，她竟卖出了20多台商务通，工资加上提成有1 700多元。老板见她做得出色，还给她发了200元奖金。回去的路上，李冬梅一直兴奋地紧攥着这笔收入，打工赚钱的信心也越来越足。

半年后，一位在王府井开店的山东同乡见她聪明伶俐，嘴巴又甜，便把李冬梅“挖”去做服装导购。因善于与顾客沟通，她上班不久就给老板拉到不少生意，后来老板干脆将店交给小李管理，自己又开了家高档皮具店。在做生意的时候，李冬梅不仅悟出了很多经营之道，还交了不少白领朋友呢！

一天，一位叫刘萍的女友去韩国旅游，买回了好多挂饰、手链、项链什么的。她说这些东西在韩国挺便宜，就带了一些回来。当时李冬梅到她那里去玩，一下子就挑走很多。小李每天都带着朋友送她的小饰品上班，很快她就发现，许多人都对这些小饰品挺感兴趣。

客户看见她的饰品之后，就说她的小饰品挺漂亮的，问在哪儿买的？小李当时就想这也是一个商机呀，如果她要把这些小饰品弄回来，然后自己来卖的话，还能赚点外快呢。然后她就给刘萍打电话，请她寻找货源。对方爽快答应了，立即托人从威海的韩国城帮她进了2 000元钱的韩国饰品，然后在服装店里搭配着服装卖。当第一批货全卖完后，李冬梅发现她赚钱了——除去成本，净赚2 000多元！

就这样干了近1年，李冬梅赚了4万多元钱，本小利大的小饰品生意让她下决心要开个自己的店。王府井一带寸土寸金，房租贵得惊人，小李根本没有在这里开店的实力。2001年3月，她又从同乡那里借了2万元钱，在海淀的一个偏僻地段开了自己的个性饰品店。

2. 顾客无意中讲的一番话让她开了窍

李冬梅把饰品店装修得很浪漫，屋顶是星星月亮图案的天花板，墙面是淡淡的紫色，间饰浅浅的水粉色，温馨得让女孩们走进来就不想空着手出去。上百种精美的饰品全部上架后，让人看得眼花缭乱，浪漫迷人的小饰品，无一不撩拨着顾客的眼睛。

此外，小李还请了一个精通星座的漂亮女孩做店员。原以为小店的生意一定会火爆异常。没想到，自己做老板的高兴劲还没过，李冬梅就再也乐不起来了。第一个月小店全部的营业额只有 900 多元，而当时一个月的房租就几千元。为什么原来挺畅销的小饰品现在却无人问津，问题究竟出在哪里？

经过分析，她发现它的产品虽然时尚，但是价格比较贵，动辄上百元。王府井那边高档商务楼林立，光顾服饰店的多是白领和有钱人。而海淀区却是高校和学生的天下。这种价位学生一般情况下是消费不起的。他们虽是消费者，但还在上学，用的是爸妈的钱，花钱比较谨慎。

找到原因后，李冬梅赶紧调整经营思路，她改去义乌进货，经营 40 元以下的产品，并且扩大了经营范围，除了饰品外还卖一些学习用品和生活用品，但生意仍然不见起色，惨淡经营了 4 个月以后，小李发现她实在没有钱可以赔了，就打算把店关掉。

而这时店里来了几个大学生，其中有一个经常到她这里逛，正是这个学生无意中讲的一番话，让李冬梅看到了一丝希望。当时，她看到这个学生就忍不住问道："你怎么每次来的时候，总给你同学选购，你自己怎么不选呢？"那个学生想都没想就回答："你这儿的东西对我都不合适，我也选不到自己喜欢的，广东的那些同学跟我一块来选，都没有选到合适的，我们南方人喜欢的是比较淡雅一点的，北方女孩喜欢的都是大红大紫特夸张的。"

李冬梅本身就是北方人，她进货都是以北方人的眼光来进，把南北方差异忽略了。抱着放手一搏的想法，她从朋友那里借来了一万元，又到义乌去组织货源。这一次每选一个品种，她都有意识地从颜色和款式上搭配着发货。而且李冬梅还注意那些价钱不贵、以前市场上又没有的新东西，以迎合学生追求新奇的心理。

比如椰壳包，做工非常精细，椰壳没有制作成包之前，外面有一层毛，把毛打光了之后，涂上颜色，制作的小礼品包就很漂亮。这种椰壳包李冬梅 4 元钱进的，卖 9.8 元钱一个还供不应求，因为她摸准了这些学生的需求，慢慢地来店里买东西的学生多了，许多以前只看不买的学生也逐渐成了小李的回头客。

那个学生过了不久又去光顾小店，这次像发现了"新大陆"一样，李冬梅就给她介绍，说这几款怎么怎么样挺好的……然后这个大学生就经常来饰品店"淘宝"。

2002 年 6 月，李冬梅因种种原因关掉了原来的小店，在海淀区的菊园重新开了一家大的饰品店。换了地方后，这个饰品店就得重新开始。要是花钱做广告，她还没这个经济实力。就在她为这事儿伤脑筋的时候，一群大学生走进了她的店。看着她们，小李忽然有了个想法——到学校里边找一些青春、靓丽的女孩子给她做模特。

很快她从附近的大学选了几个女生做模特，这些形象靓丽的女生戴着饰品走在校园里就是一个个活动的广告。不到半个月，饰品店的广告效应就很明显了。经常有学生去问那些模特"在哪儿买的小饰品？这么漂亮，我也想去买！"然后问一下大概价钱，模特趁机就会告诉那些学生，就在学校附近，价钱也不贵……

饰品店的生意在李冬梅的经营下慢慢火了起来，不到半年，她就收回了 6 万元的成本，并且从 2003 年初开始盈利。

不久，特别受年轻人喜欢的韩国电视剧《蓝色生死恋》开播，考虑到当时北京"韩流"很热，李冬梅就从温州进了一批男女主人公佩戴的手链、头饰和腰链等，款式新潮，价格仅二三十元，这批货刚一上架就被学生们抢购一空，这是她做生意以来从没碰到过的事情。原来和韩国明星有联系的东西才最走俏！

后来李冬梅又发现了一个小窍门，因为光顾饰品店的多是学生，商品只要跟上韩国影视剧的脚步，店里常常出现购物的小高潮。销售比较好的品牌如傲格金、MLX 等也是韩国明星们的明星效应。

3. 打拼 4 年开了 30 家店

就在李冬梅的生意逐渐步入佳境时，一天，女友刘萍来到了她的店里。当时刘萍有个朋友要结婚，她正为选什么礼品而发愁的时候，忽然想起了电影《向左走，向右走》的电影挺感人，后来以电影的内容为基础，相继出了好多相框，刘萍见过那种，就来到李冬梅的店里寻找。然而，在这里她却没能找到那种相框，只好带着失望和遗憾离去。李冬梅心里也很过意不去。

不久，李冬梅和几个朋友一起吃饭，说起这事，立即引起了大家的共鸣。李冬梅突然眼前一亮：既然大家都觉得给另一半的礼物不好买，除经营小饰品外，自己还可以根据顾客的消费层次，大胆经营一些情侣礼品。

接着，她开始利用各种资源，在全世界范围寻找情侣礼品。她发现，韩国有一种会说话的手机链很有趣，每一对都是独一无二的，当它们碰到一起的时候会说"I love you"。她便立即与生产这种手机链的韩国商家联系，并达成了合作意向。此后，用同样的办法，她又搜罗到日本的"鸡蛋娃娃"、欧美的用内裤卷成的玫瑰花等一批国内看不到的好玩有趣的情侣礼品。

在情侣礼品上，李冬梅更充分发挥了她的奇思妙想。她让设计师在男衫上画只狗，然后在女衫上画根骨头，"狗追骨头"的创意就这么完成了。男衫上画只风筝，女衫上画一个线卷，这是"牵挂你的人是我"。男衫上一男一女相拥坐在草地上，女衫上是星星月亮，这是“和你一起看星星”。

这些东西不仅个性十足，而且价钱也不贵，马上就吸引了大批学生和白领前来购买。在销售过程中，李冬梅还发现了一种很有趣的现象：有的顾客看好了又犹豫，说考虑一下过两天再来买。针对这样的顾客，她采取了限量销售，结果自己的产品销量没降反而升了！

李冬梅的时尚生意越做越顺手，2004 年下半年，她先后在济南、青岛、合肥开了三家分店，她希望自己的饰品店能开遍全国。但是仅靠她自己的经济实力还不够，于是她开始面向全国招商加盟。

2005 年李冬梅的事业又上了一个新台阶，她先在浙江义乌建了自己的生产厂。同时在全国开起了 30 家加盟店。不起眼的小饰品生意，已经让这个农家妹越做越大，李冬梅说，这条时尚的财富路她会一直走下去，因为好的商人决不会有钱不赚。

本文摘自 2005 年 10 月 7 日《金陵晚报》B21 版，作者：阳光

【案例四】 妙计融资 8 000 万美元

总部位于深圳的中国国际海运集装箱（集团）股份有限公司（以下简称中集）于 2 000 年末完成了一项耗时一年半的大工程：与荷兰银行合作，成功达到 3 年期 8 000 万美元的应收账款证券化融资项目，从而开创了国内企业通过资产证券化途径进入国际资本市场的先河。

资产证券化（简称 ABCP）于 20 世纪 70 年代末在美国兴起，是一种国际流行的融资方式。应收账款因其流动性好，较易被证券化。除了已经发生的账款外，一些未发生的、可预期的现金收入也可以证券化，比如民航公司可预期的机票收入等。

中集财务管理部经理助理张力介绍说，在使用应收款证券化这种融资方式之前，中集主要采用商业票据进行国际融资，于 1996 年、1997 年分别发行了 5 000 万美元、7 000 万美元的 1 年期商业票据，但是这种方式的稳定性直接受到国际经济和金融市场的影响。在 1998 年，由于亚洲金融危机的影响，部分外资收缩了在亚洲的业务。经过多方努力，中集虽然成为金融危机后国内第一家成功续发商业票据的公司，但规模降为 5 700 万美元。

为保持集团资金结构的稳定性并进一步降低融资成本，中集希望寻找一种好的办法替代商业票据。这时一些国外银行向他们推荐应收账款证券化，经过双向选择，中集决定与荷兰银行合作，采用以优质应收账款作支持来发行商业票据的 ABCP 方案。

为此，中集首先要把上亿美元的应收账款进行设计安排，结合荷兰银行提出的标准，挑选优良的应收账款组合成一个资金池，然后交给信用评级公司评级。中集委托两家国

际知名的评级机构：标准普尔和移迪，得到了 A1 +（标准普尔指标）和 P1（移迪指标）的分数，这是短期融资信用最高的级别。凭着优秀的级别，这笔资产得以注入荷兰银行旗下的资产购买公司 TAPCO 建立的大资金池。

TAPCO 公司是国际票据市场上享有良好声誉的公司，其大资金池汇集的几千亿美元的资产，更是经过严格评级的优良资产。由 TAPCO 公司在商业票据（CP）市场上向投资者发行 CP，获得资金后，再间接付至中集的专用账户。

项目完成后，中集只需花两周时间就可获得本应 138 天才能收回的现金。而作为服务方的荷兰银行则可收取 200 多万美元的费用。

这种新型的融资方式为中集带来的好处是显而易见的。首先，由于有公司优质应收账款作为支持，ABCP 的发行及成本较少地受到国际债务和资本市场的影响。也就是说，投资者在评判风险时，主要考虑的是中集应收账款，即客户的风险，而不是中集的公司风险及国家风险。这一优点在亚洲金融危机、特别是出现广信事件等影响中国公司在国际资本市场直接融资的不利事件后，显得更加突出。而中集也将商业票据的期限锁定为 3 年，只要美国商业票据市场继续存在，应收账款质量一直保持良好，商业票据的发行就无须承担任何展期风险。

其次，带来更为理想的财务结构。采用 ABCP 方式，中集将应收账款直接出售给海外的特定用途公司（SPV），再由该公司将应收账款通过荷兰银行的融资专用公司发行商业票据。因此，对中集而言，目前金额较大的应收账款中的主要部分将直接从资产负债表中撇除，从而达到降低负债比率，优化集团财务状况的目的。以中集 1998 年 10 月底数据测算，在发行 8 000 万美元商业票据后，中集的资产负债率将从原来的 57.7%下降到 50.7%。

再次，是获得了代成本资金。目前，中国银行的 3 年期美元债券成本为 LIBOR + 274BPS。中国财政部发行的 3 年期美元债券成本为 LIBOR + 120BPS。中集 1998 年续发的 5 700 万美元的 1 年期商业票据综合成本为 LIBOR + 91.2BPS。而即将以 ABCP 方式发行的 8 000 万美元 3 年期综合成本为 LIBOR + 85BPS，融资成本大大降低（LIBOR 是伦敦金融同业拆借利率，BPS 是衡量资金发行成本的单位）。

由于应收账款证券化在国内尚无先例，中集做这个项目也遇到了很多超乎想象的困难，前后经历了一年半的时间。

最初的障碍在于缺乏政策条例的支持，中集必须向国家外汇管理局申请，同样还须咨询国内外的律师关于应收账款这种资产能否买卖，能否卖到海外市场等问题。由于得到了国家外管局的大力支持，中集在一个多月之后拿到了批文，这才开始与荷兰银行谈判，进入实质性的阶段。

进入这一阶段后，更多的困难接踵而至。由于资产证券化在中国还是个新的会计科目，如何记账都是问题；还有大量的协调工作，比如集团与子公司，集团与客户，因为要卖应收账款还要征得客户的同意。用张力的话来说，应收账款证券化比商业票据复杂百倍，光汇部的文件就达到200多页。

一家20年没有过一笔坏账的公司，它的信誉已经可以一次兑换8 000万美金。

实施这种项目的首要条件是应收账款的质量要良好。而这一点取决于客户的付款信用。中集之所以成功，就是因为20多年来没有出现过一笔坏账。中集有一批高质量的国际化客户群，客户90%以上是属于国际经合组织成员国，不少客户本身又是荷兰银行等投资机构的合作伙伴。其次，应收账款的期限也是一个重要因素。一般来说，半年之内的应收账款，银行较易接受，此次中集的应收账款基本上是120多天的期限。另外，银行对应收账款涉及的国家也有要求，发达国家的客户应收账款，较易证券化。

第二个重要条件是企业内部管理要良好。国外银行非常重视这一点。企业能否在较快的时间内拿出完整的、细致的应收账款数据，其实从一个侧面反映了一个企业的内部管理水平。中集此次卖出的8 000万美元应收账款，涉及几千张订单，对中集的内部管理是一次考验。过去中集的应收账款都是由各子公司分别登记，集团总部无法一下说出整体的情况。通过这次融资，中集利用电子网络对集团每一笔应收账款进行及时的登记、更新、报送、出售，将原有分散于各子公司的应收账款集中管理并加以规范，从而从总体上提高了集团的管理水平。

本案例摘自《融资魔方》一书，作者：戴永良，中国戏剧出版社，2001年

【案例五】 造就富翁的策划人

巨人集团轰然倒地。悲剧已经发生。下一场悲剧的主角将会是谁呢?

曾经采访过许多已经功成名就的企业家，他们当中有相当一部分人都曾跟我说过大致相同的话：

我的公司银行负债几乎等于零。我经营得很好，有稳定的收益。公司所有的研制开发、项目投资都依靠我们的自有资金。因为我们效益好，名声在外，所以，一听说我们要上马某个项目，银行都呼哧带喘地跑来要给我们贷款。我不要，坚决不要。经营不好，没有钱的企业才向银行要贷款哩……

这么说着，就踌躇满志地环顾四周，脸上是一副很骄傲的神情。

我听了，很受感染，对他们敬佩得不得了。将紧赶着要为他们提供贷款的银行拒之门外，该具备何等的自信、实力与何等的气魄!

真是了不起的企业家!

说真的，我当时就是这么想的。我觉得，大多数人的想法或许都会如我一样。

可后来我就不再这么想了。那是因为采访了王冉。

因为王冉给我讲了个故事。

王冉的故事是关于史玉柱和巨人集团的。

1996 年底，声名显赫的巨人集团陷入严重的财务危机。巨人大厦被迫停工，生物工程由盛转衰，集团资金周转不灵，最后酿成轰动全国的“巨人风波”。直到目前，巨人集团依然在极度痛苦的困境中挣扎。

巨人危机的直接导火索是巨人大厦工程。当初，史玉柱构想中的巨人大厦仅仅高 38 层，但由于种种原因，一改再改，由 38 层到 54 层，再到 64 层，最后确定为气吞山河的 70 层。这 70 层的巨人大厦按预算需投入约 12 亿元资金，对巨人集团，是一个很难提供的天文数字，如果没有投资银行作为强有力的后援，肯定会有种种后患。然而，史玉柱却没有向银行贷款。当时，巨人 6403 汉卡在市场上相当红火，销售额翻跟斗一样地往上涨，一年的回报就达到 5 000 万元。靠卖楼花也已筹集了一亿多元。不久，巨人集团上马的生物工程又一炮打红，占领市场后不足半年，就跃上其鼎盛期，日进斗金。这些都足以用来支持建设中的大厦工程。史玉柱当时就是这么想的，也这么做了。但后来的情况完全出乎他的意料。大厦在施工中碰到断裂带，需打进岩层 30 米；又先后两次遭遇发大水，建好的地基统统被淹。如此一来，预算便大量增加，仅地基一项，巨人集团就投进一个多亿。这时，卖楼花的钱用完了，就从生物工程产业大量抽调资金。由于抽调太狠，造成巨人的生物工程因过度贫血，出现严重萎缩，可以提供的资金几近枯竭。而巨人的电脑软件业因为内部管理乏力，财务极度混乱，几乎在瞬间即濒于瘫痪边缘。到此地步，史玉柱与巨人集团的最后靠山就只剩下银行了。但集团与银行相距遥远。平时除了存点钱和资金走账之外，集团与银行没有任何信贷关系。此次，因情势所迫，突然要去建立这种关系，而且贷款量巨大，难度当然也就很大。从来没有跟银行打过交道的史玉柱硬着头皮向人讨贷款，其效果，可想而知。

当社会上沸沸扬扬地传言巨人破产后，人民银行总行曾派出一个工作组到珠海检查，想看看银行到底损失了多少钱。工作组检查之后才发现，巨人集团竟真的未向银行贷过一分钱。

实际上，巨人大厦在危机降临时，也只需投入 1 000 万元资金就可以重新启动起来。大厦一旦开工，眼瞅着一层一层往上盖，人心就会稳定下来。再支撑几个月，经过改造后的生物工程产业又将产生可观的利润……

危机到此自然可以化解。

然而，史玉柱当时缺的就是那 1 000 万元，对于一个流动资产已超过 5 个亿的大集团，1 000 万元确实是笔小数。但这笔小数却最终摧毁了巨人大厦，摧毁了巨人集团。如果能够在紧要处获得来自银行的资金支持，这样的事情根本不可能发生。

"一个拥资5亿元的集团公司竟被1 000万元逼上了绝路，其悲壮是不言而喻的。从我的角度来看，在一定的包括项目融资等手段在内的专业资本运作下，巨人的困难完全可以消除，巨人集团也完全有可能重新成为中国民营企业中一位谁也不敢小觑的巨人。当然，从银行贷款也好，从资本市场融资也好，都是一个渐进的过程，需要准备和积累。企业应该永远都在最不需要外来资本的时候，开始建立自己的融资渠道，开始同银行家对话。这样，在确有融资需求时，方能招之即来，左右逢源。可以说，巨人的轰然倒地给所有的企业家都提供了一种前车之鉴：企业的金融战略必须与企业的发展战略同步推进。忽视金融市场的企业家任何时候都只是一条腿走路……但如今的问题却在于，巨人倒地决不是我们所能听到的最后一个悲壮的故事。我不知道，下一个类似的故事将会发生在谁的身上。"王冉说。

我突然就想起了以前采访过的那些企业家所作的表白。在他们的意识里，好像借了银行贷款，就是一件很掉面子的事情。他们对自己的实力无比自信。但是，史玉柱的巨人集团，无论在规模、效益和影响上都不比他们中的任何一个人差。巨人集团的不幸难保某一天不会出现在他们身上。

我不禁为他们感到担忧了。

我想，如果有合适的机会，我得将王冉的故事再讲一遍给他们听。我要告诉他们，有意或无意地疏离金融市场，绝不是一种明智之举。该好好地学一学资本运作了。对于他们，这实在是一门需要立即补上的新课。

如果我们成功了，就请人们为我们这些迎头赶上的人祝愿；如果我们失败了，成为又一颗铺路的石子，就让我们为那些继续铺路的人们歌唱……

王冉是个讲故事的高手。他用讲故事来阐释他的观点，并能得到听者认同。譬如境外融资，本身是一个相当复杂、很难操作的资本运作手段，但王冉却能轻而易举地将境外融资说得清楚、透彻。在很多场合，他都讲过同一句话：境外融资的实质就是通过对适当的企业进行适当的分析、适当的整形和适当的包装把企业变成一个适当的故事，再选择适当的时机和适当的渠道，把这个故事讲给适当的听众。

这讲故事的人当然是王冉。

王冉当然不只讲企业的故事，也讲别的。

1988年，王冉在美国明尼苏达州的马卡力斯特文理学院读书时，正逢汉城奥运会。他躲在一间地下室里，一边看电视直播一边为《中国青年报》写了大量的奥运随笔。文中，他讲述了许多有关奥运的故事。奥运历史上一个个曾经的人物，一次次曾经的事件，都被他的妙笔生花演绎得多姿多彩……

其实，作为一个讲故事的人，王冉本身就是一个长长的故事。他中学就读于北京实验中学，他的各种头衔如果印在名片上，可以排成长长的一行：学通社社长，校学生会主席，校报主编，校交响乐团指挥……高中时文理科分班，他分在理科班，但他对文科兴致很浓。所以，每当文科班上历史和地理课时，他就搬张凳子去听课。这种跨班上课，在实验中学是绝无仅有的。

1986年，王冉获得了一个机会，去夏威夷的潘纳湖中学读高三。那年王冉17岁，怀里揣着100美元，就去了美国。在夏威夷，王冉除了致力于功课，一有空闲就埋头写作，写完了，就一篇篇地往国内发。因为他是北京学通社的第一位驻外记者。

1987年夏，王冉考入马卡力斯特文理学院。在那里，广泛涉猎数学、经济、政治、音乐史等课程，极大地丰富了自己的知识结构。

大三时，王冉转入哈佛大学经济系。

读大学，王冉面临的问题之一是必须自己打工挣学费。这与在潘纳湖中学不同，那时是属于中美双方的交流项目，由校方支付学习及生活费。读大学他就得完全靠自己了。他曾经为人遛过狗，后来觉得一个大学生牵着一条或几条狗在街上溜达有点不务正业的感觉，有时自己都有些不好意思。他就跑到学校的公共关系和新闻办公室打工，干些起草新闻稿和召集新闻发布会一类的事情。他干得很优秀，收入也很稳定，并且稳中有升，开始时每小时4.75美元，后来就增加到了每小时6.25美元。

大学毕业后的前两年，王冉先在波士顿康纳斯出版公司打工，在经济部做经济模型和数据管理。不久又转到一家名叫考波力的房地产公司。在考波力，王冉得以近距离地观察美国的房地产业及与之相关的经济规律和资本运作，并作了房地产与股票业的专题研究，力图探索两者之间的必然联系与内部规律。因为这种研究，王冉最终将目光转向了金融业。

1993年，王冉重新考回哈佛大学，入商学院攻读MBA。

在哈佛商学院，王冉的惊人之举是以一个在读研究生的身份，参与策划、组织了第一届亚太经济展望会，并任组委会学术演讲人委员会主席，负责各国到会演讲者的演讲专题，并组织相关的研讨活动。

这一次的展望会组织得相当成功。韩国前总理、各国驻美大使都参加了。此后，这种展望会便成了哈佛的一个传统，一年一度，坚持至今。

1994年，王冉到设在香港的美国高盛投资公司实习，为将来的回国作准备。这一年的秋天，王冉回到北京，走访、调查了许多公司、企业。有感于中国企业产权改革的势在必行和中国与国际金融市场奔流相汇的两大趋势，王冉联合几位同道，注册成立了东方华尔金融咨询公司，其核心业务就是帮助中国的企业及项目融通资金。仅仅过了一年，东方华尔就为国内的30多家企业提供了境内外融资服务，总融资额达8 000万美元。近两年，其融资额更是突飞猛进。究竟有多少企业和企业家受惠于王冉和他的华尔公司，王冉说他自己都搞不清楚。

除此之外，王冉还在《中国证券报》上开辟“华尔街观潮”专栏，系统地为中国读者介绍美国华尔街的新的金融思维、金融服务；同时，也在《金融时报》、《新闻报》等报刊上撰写了大量有关资本运作的文章，在理论上呼吁并推动中国新金融秩序和规范的早日建立。

中国的金融市场刚刚发育，王冉工作的难度显而易见，问题也随处可见。如企业之间的兼并和收购。有人刚刚在股权交易中获利，其他的人便闻风而动，表现出很大的盲动与非理性。王冉谈起一件事。不久前，他接触了一家上市公司。其主导产品是一种夏季饮品。这家公司有一个雄心勃勃的计划，想在两三年内在全国收购100家左右的同类企业，扩大再生产。“他们的发展目标极不明晰。因为他们的产品现在所取得的成功有明显的阶段性的特点，而且与当地劳动力偏低有显著关系。如果收购100多个厂，就不可能在长时间内保持市场优势。收购，等于给自己挖了个坑，然后再自己跳下去。所以，我们的企业应该从本身战略入手策划收购方案。国外在谈到购并的时候，讲得最多的概念就是互增值效应。即收购对企业自身是否能够带来可以量化的实际效益。一个企业只有在确认了他们的购并确有价值之后，我们才能从专业的角度看购并能不能真正实现。”王冉说。

有一次，王冉为一个大桥建设项目做融资。按照项目公司提供的资料一核算，他发现设计中的车流量太高。即使24小时不间断收费，每分钟的车流量也达不到20辆，这显然是不合理的。

他打电话询问，对方说：“你看怎么好就怎么算吧！”王冉一听，对从业者如此的不负责任大感失望。他立刻就放弃了。

由此，王冉深切地体味到，要在中国建立完善的资本流通体系，绝不会是一朝一夕的事情，他知道自己还有很漫长的一段路要走。

“中国的资本市场正在打开，一个造就新的经济巨人、企业王国和亿万富翁的机遇正在降临。我的目标就是帮助成就一批真正的富翁。”王冉说。

“于是你自己也就成了一位富翁。”我说。

“那是题中应有之义。”王冉说。

“如果你今天的努力归于失败呢？”我问。

“我考虑过这一点。因为中国的资本、金融市场毕竟刚刚形成，也有其内在的特殊性。各种各样的可能性都存在。所以，我只能说：如果我们成功了，就请人们为我们这些迎头赶上的人祝福；如果我们失败了，成为又一颗铺路的石子，就让我们为那些继续铺路的人歌唱！”

王冉似乎不太像是在回答问题，更像是在作诗了！

对于王冉所谈的资本运作，对于掉期、期权、杠杆结构、后偿债务、有限追索权融资等专业概念，我到现在还是脑袋发胀，离融会贯通相差尚远，但至少有一点我是清楚的：王冉明白自己正在从事着怎样的事业，他知道自己的目标，他正在向着这个目标走去。有一句谚语：如果你不知道自己要去哪里，那你最后肯定去了别的地方。我觉得这句谚语里提出的问题，在王冉身上当然是绝不存在的，因为自始至终，他都知道自己究竟要去哪里！

评点王冉：助人者天必助之

从美国哈佛回到阔别多年的故土，王冉带给国人的一种全新的融资理念。熟练地运用这一融资理念，其结果必然是一大批经济巨人的横空出世。

这也正是王冉最大的心愿。

在造就富翁的同时，王冉本人，自然也就成了富翁。

这一点，毫无疑问。

正应了中国的一句老话：

助人者，天必助之！

本案例摘自《融资指南》作者：新平，夏红，中国物价出版社，1998年

【案例六】 策划“牵三家”空手套飞机

在美国商界，图德拉是一个颇具传奇色彩的人物，他以融资术中难度极大的“空手牵三家”之法，巧妙地利用了各种内、外部矛盾和各方之间的需求关系，从中“穿针引线”，使自己以极少的资金，甚至没有动用一分钱，就达到了自己的愿望和目的，并最终闯入美国富豪林立的石油界。

图德拉原来是加拉加斯一家玻璃制造公司的老板，凭着顽强的毅力，自学成才，将玻璃制造公司经营得红红火火。但他的目标不在这儿，而是一心渴望有一天能在石油生意上有所发展。

一天，他从一个朋友处获悉阿根廷即将在市场上购买2000万美元的丁烷气体，于是灵机一动，何不去努力一番，说不定会弄到这份合同呢！

图德拉来到了阿根廷，发现自己的竞争者竟然都是大名鼎鼎的石油界巨商：英国石油公司和壳牌石油公司。图德拉想到自己单枪匹马来到这儿，既无老关系，也无经验可言，如果与这些大公司正面竞争，无疑是以卵击石，必然一败涂地，只有避开这些弱点，想出新的计谋，才能取得胜利。

他在当地四处搜询信息，摸熟了一些情况，并且还发现了另外一件事，阿根廷牛肉

过剩，该国正想不顾一切地卖掉牛肉。图德拉知道这事后，喜上眉梢，心想，这一下我有办法同几家大石油公司抗衡了。

他即刻告诉阿根廷政府："如果你们向我买 2 000 万美元的丁烷，我一定收购你们 2 000 万美元的牛肉。"这个条件对于阿根廷政府来说，正是求之不得，为阿根廷政府解除了后顾之忧。于是图德拉和阿根廷政府签订了这份合同。

图德拉得到合同后，马上飞往西班牙，因为他已经了解到那里有一家主要的造船厂因缺少订货而濒临于倒闭。这是西班牙政府政治上面临的一个棘手而敏感的问题，他告诉这家造船厂的老板："如果你们向我买 2 000 万美元的牛肉，我就在你们造船厂订购一艘价值 2 000 万美元的超级油轮。"造船厂老板听后欣然同意。图德拉随即通过西班牙驻阿根廷大使传话给阿根廷政府，将图德拉的 2 000 万美元的牛肉直接运往西班牙。

这件事办完后，图德拉离开了西班牙，来到了美国费城的太阳石油公司，向公司提出了自己的建议和要求："如果你们租用我正在西班牙建造的 2 000 万美元的超级油轮，我将向你们购买 2 000 万美元的丁烷气体。大阳石油公司同意了图德拉提出的条件，签订了合同。

就这样，图德拉利用相互需求和彼此制约的关系使各方都接受了他的条件，以一套"空手牵三家'的连环计闯入了石油界。

在施行这种连环计时，其中的环节要有一定的限度，中间环节越多就越不稳定，风险也就越大，实施都要搞清主要矛盾，抓住矛盾体系中的主要环节，否则对方一旦以牺牲局部的方法摆脱困境，反而会使己方陷入被动。

与图德拉相较，中国的商界奇人牟其中的"空手牵三家"融资术，更为惊世骇俗。世人将之誉为牟其中发家史中具有最重要意义的大手笔。

20 世纪 70 年代的最后一个夜晚，牟其中等人终于结束了 4 年多的监禁生活。80 年代的第一天，牟就受到了中央办公厅工作组的接见。

出狱的第一个月，他借债 300 元，创办了万县地区第一家民营商业企业——万县市江北贸易信托服务部。

牟从事商业生涯中，其中经手的第一笔大买卖，就颇带戏剧色彩。当时他发现万县土特产之一的藤椅价廉物美，但是销路不畅。个体的零星产品难以远销。只能汇集万县港码头。每当长江客轮靠岸停泊时，他们就蜂拥而上，争相围住旅客求售。因为途中携带不方便，旅客们很少购买。

牟其中认为，必须组织远销，才能开辟广阔的市场，也才能进而发展这种手工业。他终于想出了一个"先找婆家后嫁女，既当红娘又当妈"的奇特经营方法，这在当年还有买空卖空之嫌。

他先到了离万县最近的重庆。在重庆他磨破了嘴皮。却一无所获，还把身上带的 50

元又赔进去了。当他乘船返回的途中，竟然喜从天降，在船上做成了一笔大买卖。

原来，有位从河南到重庆卖梨子的土产公司经理，正在向船友打听沿江有什么土特产，如有利就顺便购买一批回河南销售。

牟其中热心地向这位经理介绍万县的藤椅。河南客与他真有相见恨晚之感，牟其中心里打起了小算盘：如果这位经理在万县停留几天，亲自去联系藤椅买卖，那么自己的这番热情不就化成泡影了。他脑子一转，一套揽住这笔生意而且还要无本经营的谋略就形成了。

牟其中首先渲染了万县城社会治安如何混乱，果然吓住了这位经理。他们当即就在船上签了代购藤椅委托书。

牟其中将李经理的船票换成了宜昌下船的票。李经理回去后很快就给牟其中汇来了6400元货款，牟其中召集了万县市几家藤椅生产合作社组织生产，没多久第一批货运送到了河南。

牟其中也有他的赚头。当时藤椅这样大批量的外销还没有过，牟其中便跟他们商定先交部分订金，交藤椅后3个月付款。生产单位因为有了销路，也很乐意。

一笔更大的买卖也就有条件进行了。

牟其中从市场调查中发现，上海有种“555”牌座钟在市场上很走俏。要凭结婚证才能买1个。他又发现重庆军工企业正在军转民，可是不熟悉市场，不知生产什么好。

他找到江陵厂，建议仿造“555”牌座钟，由江北贸易服务部包销，厂里自然高兴，签了产销合同。这笔上10万元的买卖款，不是个小数。上海百货公司还不能信任他，不会先付款给他；江陵厂也不可能因为他仅凭了一张嘴，就把上万台座钟给他。

生意怎么做成呢?

牟其中自有妙法，他利用当时厂里贷款由购货单位当地银行托收的这种规定，并巧用厂银行层层办手续效率很低的条件，合理合法地解决了这一无本买卖的大难题。

江陵厂将这批座钟交给牟其中后，经过厂所在的基层银行层层往上转至市行，重庆市行又转到万县市，一个环节一个环节办下来也得花8天，也就是说，只要8天之内，这笔贷款能到万县市行，就算没有拖欠。

牟其中从厂里得到这批座钟就立即运到了重庆火车站。货到站后铁路部门就给牟其中开出“大票”，证明货已发出。牟其中带着大票乘飞机第二天便到了上海。上海百货公司见到了大票，证明货已发运，也就放心地付了款。牟其中又立即将货款电汇到万县市银行江北贸易部的账上。就这样，江陵厂托收手续还没到万县银行时，江北贸易部的这笔款早已备齐了。

渐渐地，牟其中在当地赢得了良好的信誉，站稳了脚跟，资金滚雪球似的迅速扩大。

早在牟其中被连环债逼得八方求援的日子里，一天，他在闲谈中结识了一位来自哈尔滨的人。当那人得知他正陷入困境时，欣然提出可以给他筹措到一两百万元，并说：“只要你到哈尔滨，保证你不走空路就是了。”

怀着一线希望，牟其中应约去了哈尔滨，却发现那人只不过是信口开河罢了。

牟其中没有骂娘，趁机在当地作起调查来。当他得知到东北边境黑河正通航时，不惜省吃俭用买了张飞机票，飞到了当年倒爷们不屑一顾的黑河。

看了一天，他发现中苏边贸中，苏联对中国商品的需求简直到了饥渴的程度。回重庆后牟其中给公司的人讲：中国的任何东西都可以到苏联卖到钱。

这次调查在思想上种下了对苏贸易的种子。

南德集团建立不久，牟其中就提出了中苏贸易的课题，他又一次到了哈尔滨。

这次的调查使牟其中更进一步了解到：苏方生活必需品奇缺，市场潜力非常大。但是，边贸范围很狭窄，层次很低，边民互易也不过是西瓜换布这样的以物换物，处于一种原始的状态。这是没有什么搞头的。不过从中却启发了他宏观地、高层次地研究中苏贸易的思路，回公司后，就成立了“苏联东欧贸易部”。

牟其中下了很大的本钱，招聘了不少这方面的人才，包括一批专家和高层人物，其中有离退休的副部长、大使。经过研究，他们发现：苏联面临着严重的经济困难，市场上轻工业品及日用百货极度匮乏。但是，苏联的基础工业却相当发达，而且产品过剩。

一个大胆的计划正在酝酿之中。

就在这个时候，一个极好的机会送上了门。

国务院航空工业部邀请了苏联航空工业部的几位负责人来中国访问。苏方客人超过了计划内的时日仍未离去，超计划的招待费就成了问题。因为一些高层人士同牟其中熟悉，航空部负责人便同牟其中联系，希望他来安排这批客人。牟其中欣然答应，迅即萌生了同他们洽谈以贸易方式做生意的想法。

1989 年 10 月 22 日，一辆黑色红旗车驶进了北京钓鱼台国宾馆。应中国南德经济集团总经理牟其中邀请，并以高规格安排在中国国宾馆下榻的几位客人，是苏联航空工业部第一副部长，以及全苏飞机公司总经理、副总经理。落座一交谈，对方对以贸易方式做生意也产生了兴趣。

但苏方说要看了样品才能定。牟其中回到公司就全力以赴。3 天之内选下了一大批商品，立即邀请这批苏方客人参观。

双方很顺利地就约定了继续商谈的安排。

无独有偶。一次牟其中在四川参加商务谈判，巧遇川航经理杜定欢，他们同席进餐，杜定欢谈起川航无大型客机的苦衷，两人一拍即合。决定由南德公司做中介，完成此项贸易。

一切都紧锣密鼓地进行着。

具体操作上，飞机名义上是川航买的，而川航是委托南德，由南德投资买商品去换，因而飞机所有权属于南德。南德就这样以飞机作抵押，向银行贷款去购买换飞机的商品。南德与银行有协议：如果南德不能按约还贷，银行有权拍卖飞机。如果飞机失事，保险公司也得全部赔偿。因此，银行贷款给南德没有风险，乐于放贷，而南德也因此而拥有了充足的资金。

当以商品换购飞机的“飞天”计划接近成功之时，苏联发生事变，而此时南德公司已投入了1500多万元资金，形势十分严峻。南德员工都捏了一把汗。牟其中认为，无论谁上台，都要解决吃饭穿衣问题，而那儿的市场匮乏状况，谁也无法在短时间内改变。因此，无论谁上台都不会影响中苏两国之间原来的经贸关系。

11月，第一架图－154型客机顺利抵达四川。

12月，第二架图－154型客机抵达四川。

1992年2月，第三架飞机抵达四川。

这年秋天，第四架飞机也顺利地抵达。

南德公司则以飞机为抵押，调动银行贷款，组织国内300多家工厂按照俄罗斯的要求加紧生产，每月以50个火车皮的罐头食品、生活日用品、机电产品等源源不断地运往北方邻国。

这项飞天计划使俄罗斯卖掉了飞机换回了急需的生活用品和轻工产品，他们赚了大钱。四川航空公司没花1分钱先得到了4架大型客机，投入营运后开始赚钱。银行贷款，得到了利息和一定的分成。大陆300家企业的产品有了销路。有的濒临倒闭的厂家起死回生。代理进出口飞机的机械出口公司和北京国际贸易有限公司收代理费达500万元。南德公司用这种“坐东家、押西家、赊进南家、付北家”方式，从中获利润高达亿元，而国家也得到了可观的税收。各方皆大欢喜。

至此，牟其中和他的“南德公司”名声大噪，一时成为中国民营企业中之翘楚，独领风骚。

牟其中神奇的融资术更为世人所津津乐道。

本案例摘自《赊术》欧阳逸云编著，北京：中国城市出版社，1998年

【案例七】 特朗普、尤伯罗斯的融资妙法

现在诸多的融资“偏方”正越来越多地被现代人所使用。因为，现代社会中，各种各样的关系同时并存，而每一种关系都可以形成一张无形的网。只要你用心去挖掘，你就可以从每一张网里猎取你想得到的财富。

1968年，唐纳德·特朗普从沃顿金融学院毕业，回到家乡肯斯，帮助父亲料理房地产生意。

身为沃顿金融学院的高材生，特朗普感兴趣的是那些大投入、大风险、大回报的生意。他把目光投向了更富有刺激意味的纽约曼哈顿。

1971年，26岁的特朗普来到曼哈顿市，在第3大道第75大街的一套小公寓里，开始了他的创业生涯。

刚到曼哈顿，特朗普徒步走遍了这个城市的每一个角落，了解了每块房地产的价值，他常常去看它们，似乎自己就是这些土地的主人。

初来乍到，人们不认识他，因此特朗普必须进入社交圈，好为自己的房地产事业铺平道路。特朗普想做的第一件事，就是加入纽约的"乐心俱乐部"。"乐心俱乐部"是曼哈顿最高级的俱乐部。它的会员是社会名流和百万富翁。对特朗普这样一个无名小辈来说，要想进这样的俱乐部，实在不是件容易事。但特朗普还是决心尝试一番。

第一次打电话给"乐心俱乐部"，特朗普刚说完自己的名字，随着一声斥责被对方挂断了。特朗普仍不死心，又打了两次，结果又遭到对方的嘲弄和讥笑。"这样坚持下去，必然毫无结果"，特朗普喃喃自语地望着电话，突然，他心生一计，又拿起了电话，这次他声称有东西送给俱乐部董事长。对方以为他来头不小，连忙道歉，并将董事长的电话号码和姓名告诉了他。

特朗普得意地笑了，他立即打电话给"乐心俱乐部"的董事长，告诉他想加入俱乐部的要求。董事长没说同意也没说不同意，却让特朗普来陪他喝酒。特朗普滴酒不沾，但为了讨好董事长，还是满口答应。

从此，特朗普每叫必应，常出入酒吧，陪这位董事长喝酒。半个月后，在董事长的批准下，特朗普如愿以偿，终于成为"乐心俱乐部"中的一员。

在俱乐部中，特朗普结识了许多大亨巨贾，建立了新的关系网。

1973年，曼哈顿房地产业突然陷入萧条状态。大量坏消息使这座城市的房地产开发严重受挫，纽约人都在为这个城市的命运担心。然而在特朗普看来，纽约城的困境对他来说无疑是天赐良机，从前那些好地皮，对他来说不再是可望而不可即的水中月、镜中花。

同年夏天，特朗普从报纸上得到一条令人振奋的好消息：宾夕法尼亚中央铁路公司委托维克多·帕米利出售西岸河滨60号、34号废弃的铁路站场。

特朗普知道：好运终于降临了。

为赢得委托人维克多·帕米利的信任，特朗普把自己所拥有的布鲁克林的几个小公司改称为"特朗普集团"，使它听起来显得庞大而有实力。事实上，当时他的公司连一个正式名称也没有，仅在布鲁克林有几间办公室而已。

第二天一早，特郎普便打电话给维克多，表示愿意买下那些铁路站场，并约定了在维克多的办公室商谈这笔买卖。

风度翩翩、年轻精干的特朗普给维克多留下了极好的印象。最后，他们达成协议："特朗普集团"以 6 200 万美元的价格购买了西岸河滨的那两块地皮。

使特朗普大感意外的是，卖主宾夕法尼亚铁路公司，竟然愿意支付买主"特朗普集团"开发的费用。英明的卖主为有潜力的买主提供费用，这实在太难得了。但关键还在于，特朗普以前结下的关系网中有许多商贾大亨，他们曾经多次给宾夕法尼亚铁路公司的主管打过电话。这些电话加上虚构的"特朗普集团"才使特朗普一举成功。

如果没有那些关系，没有那些电话，仅凭一个"特朗普公司"，特朗普或许将一事无成。

这一点，特朗普心知肚明。

在成为亿万富翁之后，特朗普曾不无感慨地谈起这一件事。

"不要光盯着金钱，用心织你们的网吧，你们将受益无穷"。特朗普说。

与特朗普不同，精明的尤伯罗斯走的是另一条路。他慧眼独具，利用奥运会，织就了一张猎财的大网——

尤伯罗斯，在美国算不上资力雄厚的大亨，他小时候家境很不好，直到大学毕业还求业艰难，四处碰壁。他迈出创业的第一步，就亏损 10 万美元。后来，他开办了一个运输咨询公司，为各个中小航空公司、轮船公司、饭店订票，才有了一笔可观的收入。1978 年，他才办起了一个规模较大的"第一旅游公司"。

1984 年 7 月，23 届奥运会在美国洛杉矶市举行，筹备工作出现危机。

人们记忆犹新：1976 年在加拿大蒙特利尔举行的第 21 届奥运会亏损 10 亿；1980 年在苏联莫斯科市举行的第 22 届奥运会，耗资 90 亿美元，亏损更是空前，难怪洛杉矶市拒绝承办。国际奥委会召开紧急会议决定，同意奥运会的经费不由主办城市负责，采取商业化的方式筹集资金。奥运会筹备小组经过反复筛选，最后选中了尤伯罗斯。

尤伯罗斯起初也有点犹豫，在多次盛情邀请下，他决定把"第一旅游公司"以 1 040 万美元卖掉，冒险去干一下。

他筹资的第一步，就是把奥运会的电视转播权作为专利拍卖。助手们提出最高票价是 1.52 亿美元，他亲自出马，到处游说，结果筹集到 2.8 亿美元。

他筹资的第二步，是让各大公司进行更多的赞助，他利用各大公司想通过赞助提高知名度的心理，规定本届奥运会正式赞助单位只接受 30 家。每行业选择一家，每家至少赞助 400 万美元，赞助者可取得本届奥运会某项商品的专卖权。这样，各大公司竞相赞助，又筹集到 3.85 亿美元。

在吸引照相胶卷公司时，美国的"柯达"公司自恃是"世界"最大的公司，讨价还价，不愿出 400 万美元。尤伯罗斯果断决定把赞助权和专卖权卖给日本的“富士”公司，“富士”公司愿意出 700 万美元。消息传出，“柯达”公司十分懊悔，结果花了 1 000 万美元，买下了 ABC 电视台在奥运会期间的全部胶卷类广告时间，封锁了“富士”公司的这一电视广告。

奥运会开幕时，要从希腊的奥林匹克村把火种空运到纽约，再传至全美国的 41 个城市和近 1 000 个镇，全程 1.5 万公里。尤伯罗斯利用人们能举奥运会火炬一跑为人生难得机会的心理，规定参加接力者每跑 1 公里，需交纳 3 000 美元，仅这项，又筹集 3 000 万美元。

尤伯罗斯还想出了许多点子，如设立“赞助人计划票”，制作各种纪念品等。总之，他通过各种渠道，为奥运会筹集了一切能筹集到的资金。

尤伯罗斯终于胜利了，奥运会闭幕时，他获得了 9.3 万名狂欢的观众经久不息的掌声。他没有花政府一分钱，没有亏损，没有负债，反而盈余 1.5 亿美元。

由此观之，猎财之“网”并不仅仅局限于我们常常提到的“关系网”，巧妙利用某一个项目、某一个规划，制造出各种各样的有利于自己的机会，可供猎财的“网”就会自然而然地为你打开。

本案例摘自《融资指南》新平、夏红编著，中国物价出版社，1998 年

【案例八】 包装写字楼转租发大财

按常理来说，写字楼的售价应该比住宅价格贵 30%~50%，但南京的写字楼却卖不过住宅，写字楼闲置、出租难已经成为南京楼市的常见现象。而南京聚博公司却大胆“吃进”多幢写字楼进行“包装”出租。记者采访到南京聚博的老总孙坤祥，其独特的经营思路或许值得南京写字楼行业的经营者借鉴。

一幢大厦一租就是“十年”

南京的住宅是一天一个价，并且节节上升，销售火爆，所以一拨一拨的投资者奔向了“住宅”，相比之下，南京的写字楼就显得逊色许多，同一地段的写字楼根本卖不过住宅。这种情形之下，聚博勇敢地租下南京的两处写字楼，又投入巨资进行装修、分割和配套设施的完善，转手再租给各家公司，并且一租就是“十年”。“十年”的利润是多少？孙总笑眯眯地称：“应该不低于两三百万吧!”

聚博为什么有这么大的胆量？孙总笑着说，房地产行为要达到一个均衡，要么住宅价格下降，要么写字楼价格上涨，而南京的住宅价格下降的可能性非常小，那写字楼的价格势必会涨起来。

特色包装让客户拍案叫绝

据介绍，聚博在两年前花费 20 多万元聘请知名室内设计师把大厦全面包装，风格简约现代，一改以往写字楼压抑局促的感觉。并充分考虑到客户的承租能力，分割成 100m^{2}左右的经济户型，大大降低租金总价。所以，总面积 6 000 多平方米共 7 层的大厦一经推出，没多久就有近 50 家公司进驻，其中不乏隆力奇、新大陆等大公司。

首次包装一炮打响之后，聚博又把新街口的中山电子城内两层 4 000 多平方米的办公楼承租下来。繁华的地段、精致的装修、不到 2 元/平方米·天的租金价格，立即吸引了 40 多家公司蜂拥而至，一个月时间全部租完。

写字楼租赁的成功，让聚博信心倍增，又把触角伸向了写字楼的代理销售。据悉，位于湖南路上的"天星翠琅"将成为聚博今年下半年的包装对象。

目标锁定开帕萨特的老板们

孙总很形象地打了个比方，开奔驰的老板会去苏宁环球大厦上班，而开帕萨特的老板则会来聚博大厦。聚博包装的写字楼针对的客户大都是中小型公司，很适合南京的商务市场。

你见不到 30m^{2}的标准商务间吗？而聚博把整幢写字楼分割得很小，主打户型为 30m^2、50m^2、100m^2，因为开帕萨特的老板在办公用地每年花费 3 万～4 万元的租金是最合适的。孙总把他的包装手法简单地概括为，也许一幢大厦的外观很普通，甚至是陈旧，但聚博一定会把内部包装得很现代，但是又很经济地给客户使用。

本案例选自《金陵晚报》财富版 2004 年 3 月 18 日，作者马潇清

【案例九】 华人女教师玩游戏玩成百万富翁

——她在虚拟世界中是无人不知的"地产大亨"

玩游戏还能玩成百万富翁对很多人来讲简直就是天方夜谭，但是身着红色唐装的虚拟化身"钟安社"却在游戏世界中创造了大量虚拟资产，折算成美元之后超过了 100 万美元，成为这个网络世界造就的首个百万富翁，还登上了美国《商业周刊》的封面。创造这个奇迹的是德籍女华人爱林·格雷夫。

在网络游戏中闻名已久

在游戏"第二人生"中，最著名的公民"钟安社"是一位无人不知的房地产商，但现实中的爱林·格雷夫此前只是德国的一位华裔女教师，生于中国湖北，20 世纪 90 年

代中期随丈夫冈特拉姆·格雷夫定居德国。

在玩“第二人生”之前，爱林在角色扮演游戏中就已经颇有建树。

她1999年底就开始玩网络游戏《阿圣龙的召唤》，那时她为许多人制造了大受欢迎的魔法武器，并因此声名鹊起。

可是爱林却发现，自己每天的时间都花在帮助人们制造虚拟武器上了，就是这样，她还是无暇顾及所有人的需求。

于是，她第一次产生了收取游戏币作为服务报酬的想法。但这还不能造就她在现实中的成就。

2004年3月，“第二人生”开始对美英以外的用户开放。

爱林决定尝试一下这个只对成年人敞开大门、号称“完全由用户搭建”的新玩意儿。于是，她根据游戏里的“阿圣龙”将自己的虚拟化身命名为“钟安社”。

但当时的爱林还不知道，“钟安社”将使她的人生产生巨大的转变。

玩“第二人生”后来居上

刚开始玩“第二人生”的时候，爱林只是四处闲逛，看看这个虚拟社会究竟与现实世界有什么不一样。

她发现当时已经存在许多颇有成就的精英人物，很多人早在一年前就注册了。当她意识到商业机会的存在时，绝大多数市场已经被早期用户抢占了先机。

不久，林登实验室向用户开放了为角色与物体创造动画效果的新功能。爱林趁机通过转卖动画效果首次虚拟创业，建立了声望。

2004年6月，爱林发现当时的虚拟土地市场乏人问津，于是用9.95美元买下了一些土地，然后将其细分并设计三维建筑和风景，再通过出租和转卖获得收入。

一开始，所有的交易都用虚拟的游戏币完成。

到了2005年底，林登实验室推出了“第二人生”专用的通用货币——林登币。可以直接和美元兑换，居民还可以用信用卡等购买，兑换比例随市场行情变化而变化。“钟安社”赚取的游戏币这才有了变成真金白银的可能。

2006年底，爱林宣布“钟安社”在“第二人生”已经赚取了3亿林登币（合美元约110万元），被媒体称为“虚拟世界的洛克菲勒”。

“地价”下跌成转机

虽然是虚拟房地产市场，但其中的风险也难以预测。

2004年9月，爱林进入虚拟房产市场已经两个半月，她的商业模式还处于简单的“倒买倒卖”状态，并没有太多的开发成分。

虽然当时的土地价格相对较高，利润可观，但和她做同样事情的大有人在。

忽然有一天，林登实验室大幅度提高了新土地的开放速度。

一夜之间土地价格骤然下跌，还不及原先的一半。而这正是爱林异军突起的转折点。

“我的绝大多数竞争对手都不愿意赔本甩卖土地，只是把土地屯在手里。但与此同时，他们已经没有任何资金去购买更便宜的新土地了。”爱林回忆。而她听取了丈夫的建议，在将土地低价抛售的同时，大量吸纳新开放的廉价土地，从此在“第二人生”的地产界站稳了脚跟。

成立实体公司

2006年初，为了进一步扩大经营规模，爱林在老家中国湖北武汉设立了实体公司，招聘当地人才进行虚拟世界中的地产开发。

在筹备公司的过程中，她兑现了价值约15万美元的林登币用于支付薪水、租写字楼、购买电脑等事务。

目前，这家公司已经拥有近50名员工，他们有的曾在网络游戏公司工作过，有的曾在一些日本游戏的外包公司工作过，但大多数都是刚刚走出校门的年轻人，有的精通三维建模，有的熟悉标准化的程序语言。所有的员工都必须在接受特殊训练之后才展开工作。

当事业形成规模后，爱林依然坚持着原先的定价策略——在买入价格之上添加一个并不夸张的利润幅度，并且不断扩大规模。

爱林说：“我的经营理念并非‘我可以让人们多掏多少钱’，而是以薄利多销为基础拓展商业版图。”

目前，以收入和顾客人数为标准进行衡量，“钟安社”都是“第二人生”中最大的房地产开发商和服务商。

虽然公司主要的生意还是在“第二人生”，但是它已经开始向其他游戏进军，如IMVU、《那里》和《安特罗皮亚世界》等。

掌握“生杀权”

如今，“钟安社”在“第二人生”中持有的土地具有全世界各种风格——包括亚洲、极地、欧洲、地中海等。

她并不仅仅简单地搭建房屋，她还将内部装修、物品陈设甚至是院中盆景和岛屿周边环境都依据建筑风格进行了配套设计，还建立了多家商场和连锁店，创建了自己的品牌，同时提供各种配套服务。

林登实验室的创始人菲利浦·罗斯戴尔称，如果“钟安社”把某位玩家赶出自己的产业，那么那个人等于被驱逐出了“第二人生”，因为自她加入这个游戏以来，创造了不少原先没有的内容，如果不在她的版图中玩游戏，那么玩家等于回到了荒芜的原始版本，和现在的玩家们完全脱节。

爱林认为，随着“第二人生”吸引的玩家数量日益增加，越来越多的商机将会涌现，想发财的玩家应该多问问自己，“怎样才能让大家开心?”一旦回答了这个问题，他们的梦想就不远了。

不过爱林还是提醒玩家不要盲目投资。她认为，“把自己在现实生活中辛辛苦苦积攒的 20 万美元投入虚拟世界，这种做法太冒险了。”

本案例摘自 2007 年 9 月 14 日《金陵晚报》A21 版

【案例十】 打工仔意外发现商机赚了 150 万

——QQ 表情成就创富传奇

网友们聊天时使用的丰富多彩的 QQ 表情都是免费的，但可能你不知道，每发送一次 QQ 表情，你就替别人打了一次工。重庆打工仔郭吉军就是靠它挣了 150 万。

1. 制作 QQ 表情意外发现商机

郭吉军是四川乐山人。在他打工的餐馆旁边有一家店，提供用电脑制作人像和婚纱的服务。郭吉军感觉电脑很好玩，于是就到这家店里打工。几年后，郭吉军掌握了很多制图方面的应用软件，并且学会了用软件制作各种 QQ 表情。

一天，郭吉军在网上　　时，发现了一个可以免费申请域名做个人网站的地方，于是他以自己名字的谐音注册了个人网站，把自己平时收集使用的软件和制作的 QQ 表情传到了网站上，供网友们免费下载使用。

令他没想到的是，他随意制作的这些 QQ 表情在网上竟然流传开来。由于他的 QQ 表情里镶嵌有自己网站的网址，很快，他的网站的点击量也上来了。

一个月后，一个网友要郭吉军把这些软件和 QQ 表情打包压缩后制作成光盘卖给他。这笔买卖，郭吉军赚了 50 元。

2. QQ 表情带来网站超大访问量

没想到自己的随意之作，竟然意外产生了经济效益，郭吉军于是开始一门心思钻进网站的经营之中。他不但花钱申请了国际域名，还拿出自己多年打工挣的钱，配置了各种设备。

此时，郭吉军知道个人网站如何在网上赚钱的模式了，那就是加盟互联网联盟。这些联盟收取了客户的费用，与客户签订推广合同，接着将业务分发出去，让各种类型的网站帮着推广自己的产品，只要网站的访问量达到一定数量，就可以与这些联盟联系，成为他们的加盟网站，然后对方根据这个网站每天的浏览量付报酬，访问量越大，网站挣的钱就越多。

于是郭吉军不停地开发各类 QQ 表情，并把这些表情传到自己的网站和其他网站、论坛上。很快，网站的访问量攀升到了每天 1 万次。

2003 年 1 月，郭吉军的网站开始有广告收入了，并且随着网站访问量的增加，收入也越来越多。郭吉军从中看到了自己做网站的“钱途”。

3. 剑走偏锋，创财富传奇

没过多久，郭吉军又从中发现了另一个提高网站人气的办法。2005 年 6 月，全国掀起了超女热潮，他便按超女的特征做了很多夸张、搞笑的超女 QQ 表情放到自己的网站上，结果深得超女粉丝们的喜爱。那次，郭吉军狠狠地赚了一大笔，月收入很快就突破了 1 万元。

超女 QQ 表情的成功，开阔了郭吉军的视野，他开始关注许多知名论坛上的热门帖子，然后抓住其中的关注点，把事件或者人物制作成 QQ 表情发到这些论坛上。

随后，郭吉军开始关心起时事新闻来。2006 年元旦，郭吉军收到朋友发来的一则视频短剧，这是胡戈恶搞陈凯歌电影《无极》的短片《一个馒头引发的血案》。他当即意识到，胡戈的恶搞侵犯了陈凯歌的著作权，可能会引起陈凯歌的强烈反应。于是，他立即制作了陈凯歌和胡戈的 QQ 表情。伴随着这个热点事件的进展，他的那些精心制作的 QQ 表情被无数人点击下载，他赚得盆满钵满。

郭吉军发现道路上那些充满不同含义的交通标志很有意思，就把这些标志取出来，按不同的排列组合，加上一点文字就成了非常搞笑的 QQ 表情。同时，他还把流行的手机铃声、歌曲、网络红人、流行影视剧，甚至时兴的网游等，都制作成 QQ 表情放到自己的网站里。

随着腾讯公司的知名度越来越大，QQ 自定义表情使用也越来越广泛，腾讯公司开始收购 QQ 表情。得知这一消息，郭吉军就把那些已经用过的 QQ 表情，通过中间商卖给了腾讯公司。

到 2007 年 2 月，郭吉军的网站已有了上百万个页面，每天的收入稳定在 2500 元以上。这些天，郭吉军盘点了自己这几年做 QQ 表情的收入，发现竟然赚了 150 万元。

4. 网络赚钱需“取之有道”

互联网专家表示，在基于宽带连接的 Web 2.0 时代，每个人都是网络的主人公，网上购物也已成为一种越来越流行的消费行为。在这种环境下，每一个新奇的点子都可能成为通往财富的点金石，似乎利用网络赚钱比现实中成本更低、更为容易。

但是随着互联网技术的成熟，网民的成熟，网络赚钱也在慢慢地走上良性发展的道路。“带头大哥”倒下了、QQ 大盗入狱了、选秀黑手被曝光了……利用网络漏洞赚钱已经越来越没有出路。“君子爱财，取之有道”，网络为人们提供了一个更为宽阔的舞台，但网络世界亦须遵守现实世界的法律法规，只有合理地运用自己的特长和创意，才能在网络世界闯出属于自己的天地。

本案例摘自 2007 年 9 月 18 日《扬子晚报》B1 版

【案例十一】 共同演绎“商业+地产”模式

——探秘中国股市“财富兄弟”

虽然很少有人听说过张桂平、黄俊钦这两个名字，但事实上，多数人对他们都该是既熟悉又陌生。说陌生，这两人一直行事低调，除了地产界人士几乎很少有人知道他们的名字，尽管他们的地产项目已经赫赫有名。但说熟悉，他们俩都有个声名显赫的弟弟，而且还是中国商界最有名的两个“冤家对头”——苏宁电器掌门人张近东和国美电器掌门人黄光裕。

这两对财富兄弟中，都是哥哥做地产，弟弟卖家电。而更为巧合的是，两对兄弟的起家和发展道路都惊人的相似——兄弟俩共同创业卖家电，事业有成后开始分道扬镳，弟弟继续经营家电生意，先后做成中国家电连锁的老大和老二，哥哥则低调投身地产行业。经过多年蛰伏之后，两位老大哥则都突然通过资本市场的独特魅力“一鸣惊人”。而且，这两对兄弟都有着不约而同的信条——哥哥与弟弟之间的业务、财富都泾渭分明，甚至没有任何资金上的往来。

均是家电起家后兄弟分家

20 年前，年仅 18 岁的黄光裕和 22 岁的哥哥黄俊钦一起把他们那间位于北京珠市口小店铺的招牌换了下来，由卖服装改成卖电视。这间小店的招牌只是简单地由原来的“国美服装门市部”改成了“国美电器店”。1987 年 1 月 1 日，是黄氏兄弟的“国美”正式开张做家电生意的日子。由于当时销售家电的大多是国营商场，一家个体小店怎么才能把顾客吸引过来?当时兄弟俩想出的最简单也是最有效的方法就是薄利多销，这个朴素的信条一直到现在也是国美营销模式的核心。到 1992 年，国美的电器生意已经做到了 2 亿元。这时，黄俊钦提出了“兄弟俩不一定要合作，但一定要互相支持”的准则。1993

年，黄氏兄弟开始分家，弟弟黄光裕继续做家电生意，哥哥黄俊钦则转战地产行业，并创立了新恒基集团。经过十多年的发展，黄俊钦已经打造了一个势力庞大的商业地产集团，项目遍布北京、沈阳、广州等地，包括新恒基国际大厦、北京静安中心、鹏润大厦等。

黄光裕在北京创立国美三年后的1990年，在南京闹市区的一座小楼上也挂出了一个不起眼的招牌"苏宁交家电"。经营这家店铺的是刚放弃铁饭碗辞职下海的张近东和他的哥哥张桂平。当时的苏宁只是个空调专卖店，当时还算是奢侈品的空调可谓暴利，兄弟俩抓住这个机会叫板当时南京的几大国有商场，下海第一年就做了 6 000 万元的生意。到了 1992 年，苏宁的空调生意越做越大，并开始进入地产领域。此时两兄弟决定分道扬镳，弟弟张近东继续做家电生意，哥哥张桂平则转攻地产。但当时兄弟俩有个约定，"苏宁"的品牌共同使用。

两家弟弟探路股市先成首富

或许是因为遍布大街小巷的连锁店招牌，两个家族中经营家电生意的弟弟都先于哥哥名声大震。与 2003 年的 18 亿资产相比，2004 年黄光裕的财富一下子增加了 87 亿元。可以说，黄光裕的财富剧增中，很大功劳要归功于股市。2004 年 6 月，通过对自己旗下的香港上市公司中国鹏润进行资产重组，黄光裕终于把他的国美电器送进了香港联交所，国美历时三年的上市路算是画上了句号。3 个月后，国美电器首次宣布在香港公开配售股份，募集约 12 亿港元。在这场"左手倒右手"的收购游戏中，黄光裕的身家也一飞冲天，在 2004 年的"胡润百富榜"中，黄光裕即以 105 亿元的身家成为中国内地首富；2005 年黄光裕再以 140 亿元蝉联首富。也正是从那时开始，黄光裕开始成为家喻户晓的财富明星。

与国美电器曲折艰辛的上市路一样，苏宁实现在国内 A 股直接上市也历时 4 年多。2004 年 7 月，苏宁电器成功登陆深交所中小企业板，成为内地首家直接上市的家电连锁企业和中国民营零售企业第一股。上市首日，苏宁股价涨幅 100.24%，当天 32.7 元的收盘价即成为中小企业板第一高价股。随后不久，苏宁就跃居沪深两市的第一高价股。从 2004 年 7 月 21 日上市至今，苏宁的股价一路暴涨，以 8 月 31 日的最新收盘价 71.01 元复权计算，目前苏宁电器的股价已高达 1 270 多元！

两大哥借壳入市后来居上

同样姓"苏宁"的哥哥张桂平虽然多年来声名不如弟弟显赫，但他的地产项目在南京已是家喻户晓。2005 年 8 月底，张桂平掌控的苏宁环球集团与暂停上市多年的上市公司吉林纸业的大股东签约，通过注入约 4.03 亿元的经营性资产实现借壳上市成为公司大股东。张桂平在苏宁环球集团中拥有 90%的股份，担任董事长和总裁。被注资后的吉林纸业随后更名为苏宁环球，三个多月后，苏宁环球开盘交易，其股价从开盘时的3.15元，一直涨到目前的45.66元。照此计算，目前控制苏宁环球的张桂平及其子张康黎身家已经达到1.40多亿元。虽然在身家上还无法与弟弟相比，但张桂平执掌的苏宁环球集团涉猎产业远远超过了苏宁电器，目前直接控股10家企业，间接控股8家企业。

首入首富榜的时候，曾有记者询问黄光裕“兄弟俩到底谁更有钱”，黄光裕回答“哥哥比我有钱，只不过他没上市罢了!”如今黄光裕的话果然得到了应验。今年7月9日，随着中国A股市场上规模最大的一次借壳上市浮出水面，黄俊钦转眼被披上富豪的光环。黄俊钦通过由其控制的ST金泰向自己的新恒基集团定向增发约70亿股股份，将新恒基221亿元资产注入ST金泰实现整体上市。从那一天开始直到8月30日，上市公司ST金泰的股价竟然连续打出了42个涨停板。按照当时的价格，黄俊钦所持的56亿股金泰股权的市值已高达1417亿元，尽管昨天金泰再次出现跌停，其身家仍高达1208亿元!

本案例摘自2007年9月4日《扬子晚报》A28版

思 考 题

1．选择其中1～2个典型案例进行融资方法分析。（从融资类型、方法、背景、运作手段进行分析）

2．从“山东女孩在京城4年开30家饰品店”案例中，你能得到哪些启示？

3．简述尤伯罗斯独办奥运会的运作方式。

附录　融资策划书的创作示范

商业计划书就是一部典型的、比较全面的投资、融资、项目、策划书。能写好一般策划书的人不一定能写好商业计划书，因为商业计划书涉及的知识面比较广泛，它既有管理、营销、项目论证、融资、资金运作、财务管理、预测、决策方面的内容，又有对市场、投资环境、投资者心理、风险预测、评估等方面的内容。商业计划书创作的水平决定了投资者的信心，直接影响到项目能否上马或上马后能否取得良好的效益。作为专业策划人，能写好商业计划书者就能较容易地写好其他类型的策划书。商业计划书是策划书的高级形式，也是对策划人能力水平的检验。

【案例】　春雨绿色去毒洁菜器商业计划书（虚拟）

本商业计划是虚拟的，仅供教学时作为案例参考。

一、总结摘要

追求自然的绿色食品是人们今天食品消费的主流，这是一个绿色食品日益受到欢迎的时代。每天，12 亿中国人要消费数量惊人的瓜果蔬菜。然而，其中有多少能真正称上“绿色”呢？

2006 年 10 月 18 日《南京晚报》第 4 版上的一篇报道十分富于戏剧性，备受人们关注。

“10 月 18 日 17 时，发生在南京某集贸市场的一件事令人心有余悸。一居民花 1 元钱买了捆绿油油的小青菜，回家后先摘了几片嫩绿的菜叶喂给家中的小鸡，然后将青菜炒好放在盘内。正当全家 3 口人准备吃时，忽然发现 3 只平时蹦跳不已、活泼可爱的小鸡一命呜呼。此居民忽然想起可能青菜上附有剧毒农药。经查问，卖菜人系近郊的一菜农，他承认 3 天前曾给这些小青菜喷洒过农药。”

这篇报道的标题是“3 只小鸡救了 3 条命”。但显然，这类问题并不能靠家家养鸡来解决，它已经成为一个严重的社会问题。

2005 年 4 月至 5 月间对我国部分瓜果蔬菜市场的抽查发现，在 11 种、81 件蔬菜样品中，农药残留超过国家标准的有 41 件；其中尤为严重的韭菜和小青菜，超标率分别 100%和 80%。而近年，发生农药污染果蔬引起中毒事件的报道多起。1994 年，农业部和卫生部的负责人指出：“全国农药中毒人数年均超过 10 万人，因生产性中毒与非生产性中毒的比例约为 1∶16。”（《科技桥报》，1997 年 3 月第 2 卷第 3 期）残留农药引起的急性中毒事件毕竟是少数，更大的危害是农药慢性中毒。农药通过蔬菜积存在体内，长此以往，积累的农药会慢慢毒蚀身体器官，诱发多种疾病！

有谁的肝脏能抵抗农药日积月累的毒蚀呢？我们的产品——春雨绿色去毒洁菜器。

面对市场的焦急呼唤，我们 9 位满怀创业热情的年轻人，设计出了专门降解农药残留的高科技产品——春雨绿色去毒洁菜器。在 20 分钟之内春雨绿色去毒洁菜器可去除瓜果蔬菜 90%以上的农药残留，并杀灭所有病菌，包括乙肝病毒，把瓜果蔬菜变成无菌、无毒、无农药残留的真正意义上的净菜！

我们的产品包含一项国家发明专利与两项实用新型专利。目前产品已进入最后的制作阶段。

春雨绿色去毒洁菜器为微波炉大小，使用非常简单方便，只需向蔬菜箱中注入水，把瓜果蔬菜浸没其中即可。市场调研显示，居民原有的洗菜习惯不会影响对本产品的购买，大众可以接受这种洗菜方式的改变。

（一）公司组成及管理

我们有四位留美化学博士、三江大学培养的 MBA、兴益科技股份有限公司（以下简称“兴益”）两位会计与公司财务专业的硕士生，我们还有三江大学化工系毕业生和中国农业大学食品专业的硕士生。在核心技术方面，发明专利的所有人三江大学电机系博士生导师杨教授已经与我们达成共同开发的协议。我们还聘请了南京大学法律系硕士、律师李先生作为法律顾问。

兴益已经准备对我们进行投资，并有占控股地位的意向。在兴益的赞助下，我们于 8 月～9 月进行了市场调研。目前，双方正在就今后的具体合作事宜进行洽谈，我们已经与兴益公司总裁何先生达成初步合作协议。

公司形式为有限责任公司，组织结构采用直线职能制。总裁下属市场销售部、财务部、生产部和人力资源部四个部门。三江大学电机系博士生导师杨教授为公司的总工程师。兴益公司在小家电方面有着丰富的生产经验，也将参与对生产工厂的日常管理。

本商业计划的目的在于吸引其他有意向的投资家对我们的项目进行投资。

公司总资本 2 000 万元，暂定为：三江专利技术占 15%，兴益科技有限公司占 50%，其余 35%为外来投资者所有，即风险投资额为 700 万元。根据市场销售预测确定生产规模，固定资产投资总额 1 020 万元，分三期投入：第一年 660 万元，第三年 180 万元，第五年 180 万元。

（二）市场

在经管学院老师和专业市场调研人员的指导下，我们精心设计了问卷及调研方案，并在南京市多家商场随机抽查了 633 个样本，结果有约 77%的人认为农药残留危害严重或比较严重。我们同时调查到，只有约 20%的人对现有的水泡或用洗涤灵等去除残留农药的方法感到满意，71%的人认为效果不好或一般。在使用洗涤灵的人群中，更有 70%的人认为它对果蔬造成了二次污染。很多人非常希望得到更有效的处理手段。我们开发的产品能满足人们对蔬菜洁净的要求，因而具有强大的生命力和广阔的市场。

根据市场调研的结果，当我们定价在 600 元以上时，至少有约 22%的人愿意购买我们的产品。考虑到我们产品的成本是 400 元以上，我们决定把这一部分人群视为我们的目标顾客。在最初的五年内，我们销售的市场将定在六个大城市：南京、天津、上海、广州、西安、重庆，预计销售量可以达到 90 万台。

（三）营销策略

价格：我们的产品是一种家用的用于处理水果蔬菜上残留农药的小家电。本着“关注大众健康”的宗旨，春雨绿色去毒洁菜器将把一种真正干净的蔬菜概念注入千家万户。我们在第一年把高收入、高知识层次者定为我们的目标顾客，占领利润最大的高端市场，产品零售价为 980 元。从第二年起，随着生产规模的扩大，生产成本会有较大幅度的降低。我们将逐步降低售价（第五年为 590 元），占领中低收入者市场。

促销：我们将在产品还未投放市场之前 3 个月内，把“真正绿色净菜”的概念传递给人们。我们将利用权威机构的专家的评论提高公众对农药残留问题的认知程度。在这些方面，我们的合作者兴益公司有着丰富的经验，可以给我们提供强有力的支持。

由于我们最初面向高知识层次的顾客，所以进行网上宣传与开展网上购物活动也是我们的促销手段之一。

依据我们的市场调研，对瓜果蔬菜最关心的是家庭主妇，而且这类产品的购买决定权也在她们手里。我们将针对家庭主妇制订周密的广告策略，最后，我们考虑在电视评论节目中进行关于农药残留问题的追踪和关于我们产品的探讨，以提高人们对健康问题的认知和对产品关注的程度。

销售途径：第一年我们将利用兴益在南京和天津完备的销售网络进行销售，而把精力集中在产品的研制、开发和生产上。直接利用兴益的直营店进行销售的另一个原因是：在调研中我们发现，产品售后服务是影响顾客购买决策的第二重要因素，因此利用兴益的直营店将很有助于我们的新产品打开市场。从第二年起，我们将在利用兴益全国销售网络的同时，设立我们自己的销售网点。一般说来，我们将委托外地代理商对我们的产品进行销售，而不再设立专门的销售机构。

产品理念：春雨绿色去毒洁菜器，领导厨房革命，护卫人类健康。

（四）生产管理

公司的总厂设在南京市高新技术开发区，享受国家高新企业“三免三减半”的税收优惠。

臭氧发生器是产品的核心部分，也是春雨公司的技术优势所在。为了保证产品的技术领先性、技术保密以及产品的出厂质量，臭氧发生的生产以及产品的最后组装，都是由公司的生产工厂完成。这家工厂的日常管理将由春雨公司生产部的经理负责，并采用全面质量管理的方式严格保证产品质量。

生产过程将按照准时生产制（JIT）设计。公司将与顾客及供应商保持密切联系，以尽量减少库存，降低成本。

（五）技术壁垒

我们的产品包含一项国家发明专利与两项实用新型专利，这将在一定程度上保护我们的产品设计方案。而且，产品的核心部件（其性能的高下将极大影响产品的效果）由公司自行制造。这样，跟进的竞争者很难仿造。此外，公司还非常重视研发工作，可使我们始终在技术上保持领先地位。

（六）财务分析

春雨公司具有较强的盈利能力。5 年中，年平均资产回报率按现值指标计算为 44.1%，按静态指标计算为 62.8%。第 5 年末的净资产将增值为 6 469 万元。财务敏感性分析表明该项目具有较强的抗风险能力。

（七）公司前瞻

在传统家电市场日益饱和的情况下，国内外小家电行业发展却极为迅猛，成为方兴未艾的朝阳产业。一家技术领先、对市场反应敏锐的小企业完全可以迅速发展成为一个新兴行业的领导者。

公司将立足高科技，以多样化的产品满足不断变化的市场需求。

开发家用系列：从第二年起，我们将推出系列的家用春雨绿色去毒洁菜器，主要是针对不同的消费者，设计不同层次的产品。

开发商用产品：随着我国城镇居民的蔬菜消费习惯的转变，将来商场将需要大量的净菜处理装置及其他生鲜商品的消毒保鲜装置。本公司将在继续保持家用果蔬处理机市场份额的同时，进行商用果蔬批量处理装置的研制，并力争在 2010 年，成为中国最大的商用净菜处理设备的供应商。

（八）风险投资的撤出

我们将以非常负责的态度对待我们的投资者。公司会把投资者在退出时得到尽可能大的投资收益放在十分重要的位置上。在目前中国金融市场还不太完善的情况下，收购是一种风险较小、市场机会稳定、收益可得到保证的方式。我们除了创造尽可能优秀的经营业绩，还将注重做好与相关大企业之间的沟通与合作，为将来可能发生的转让奠定良好的基础。

二、市场分析

（一）产品市场前景

当前，粮食、蔬菜、水果等农产品产量的50%以上是由于使用了农药而获得的。在农药给人们带来丰收和富裕的同时，农药残留也对人体健康构成极大的威胁与伤害。

然而迄今为止，还没有有效地解除农药残留的产品问世。全国 5 000 万城镇居民，这是一个庞大无比而尚未开发的市场。随着人们环保意识与健康意识的提高，更随着我国社会向城镇化方向的发展，这个市场在不断扩大。根据我们在南京市多家商场随机抽样调查的结果，有约 77%的人认为农药残留危害严重或比较严重，这表明很多家庭和个人都很关注这个问题。

然而在日常的生活中，人们又是怎样解决这一问题的呢？调查的结果（见附图 1）显示，被调查的 633 人中，51.7%的人是采用洗涤灵进行清洗，采用削皮的占 29.9%，其他手段占 14.4%。我们同时调查到，只有约 20%的人对现有去除残留农药的方法感到满意，71%的人认为效果不好或一般。在使用洗涤灵的人群中，更有 70%的人认为它对果蔬造成了二次污染。很多人非常希望得到更有效的处理手段。我们开发的产品满足人们对蔬菜洁净的要求，因而具有强大的生命力和广阔的市场。

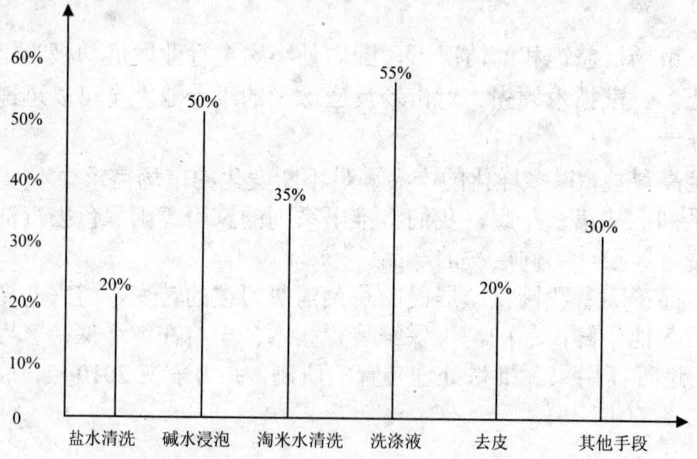

附图 1　目前人们处理瓜果蔬菜残留农药的方法

（二）目标市场分析

通过我们对南京市进行的问卷调查结果的分析，当我们定价在 600 元以上时，至少有约 22%的人愿意购买。考虑到我们产品的成本是 400 元以上，我们决定把这一部分人群视为我们的目标顾客。我们在调查中同时发现，大多数家庭中购买水果蔬菜并对之进行清洗的是妇女，因而这一部分人更多地考虑了食物上农药残留的危害问题。鉴于此，我们认为目标市场的主体应该是家庭主妇。在调查中我们还发现，很多人对自己的孩子是否受残留农药危害更为关心，其程度远远高过对自己的关心。因此，强调对孩子健康的呵护是我们应该重点考虑的。

我们销售的市场将定在 6 个大城市：南京、天津、上海、广州、西安、重庆。这是因为考虑到这种产品属于高科技产品，只能先在收入、知识层次比较高的人群中推广，因此选择的目标市场都是人均收入较高的大城市。我们预计首先在南京、上海、天津销售，一年后再增加广州、西安、重庆 3 个销售地点。根据各地城市人口和我们预计的市场占有率、目标顾客群，我们大致估计了目标市场的规模和我们可能达到的销售量（如附表 1～附表 3 所示）。在估计了总销售量的基础上，我们预计了各城市每年可能会有的销售情况。产品从进入市场到成熟期为 5 年，前 4 年每年增长 70%，第 5 年进入成熟期，增长 30%。

我们的产品最初是以普通消费者为目标顾客，随着产品逐渐被广大客户所认可，我们将把商业机构（如超级市场）等纳入我们的顾客群中，将目标市场逐渐扩大。

附表 1　对于新产品的购买意向

不购买	<400 元	400 元~600 元	600 元~800 元	800 元~1 000 元	1 000 元以上
10.3%	40.1%	27.5%	13.9%	6%	2.2%

附表 2　目标市场的规模预测

城市	南京	天津	上海	广州	西安	重庆
市区居民数/万户	219.6	193	329.9	1193	87	283.6
人均年收入/元	6 885	4 626	6 822	9 379	4 712	4 053
目标市场大小/万台	48.5	27.2	72.1	36.8	12.5	34.3
目标市场份额/%	50	50	50	33	33	33
总销售量/万台	24.2	13.5	35.8	12.1	4.1	11.3

注：各城市居民户数与人均年收入的数据来源：1997 年《南京城市年鉴》，1996 年《天津城市年鉴》，1996 年《上海城市年鉴》，1997《广州城市年鉴》，1996 年《重庆城市年鉴》，1997 年《西安城市年鉴》。

附表 3　各目标市场每年销售量的预测

单位：万台

城市	南京	天津	上海	广州	西安	重庆	总计
第一年	1.4	0.8	2.1	0	0	0	4.4
第二年	2.4	1.4	3.6	0.7	0.2	0.7	9.0
第三年	4.1	2.3	6.1	1.2	0.4	1.1	15.3
第四年	7.0	3.9	10.4	2.1	0.7	1.9	26.1
第五年	9.1	5.1	13.6	3.5	1.2	3.3	35.7
总计	24.2	13.5	35.8	7.5	2.5	7.0	90.5

（三）关于竞争对手的分析

目前在市场上还没有与我们相类似的产品，但是某些餐具洗涤剂在某种程度上是我们主要的竞争对手。据在南京部分大型商场的调查，常见的 10 种餐具洗涤剂中有 8 种已在产品功能中加进了清洗瓜果蔬菜残留农药的功能。目前，已有“黑脸”、“白猫”两种洗涤剂在中央电视台广告中明确强调自身的清洗农药的效用。

餐具洗涤剂的主要成分是多种表面活性剂和助剂，去污过程主要是通过表面活性剂的作用，将污垢从固体表面分离，并且将污垢分散在洗涤剂中，通过最后的漂洗，达到清洁效果。由此可见，它的去污过程是一个复杂的物理化学过程，其中的表面活性剂的性能决定了餐具洗涤剂的功效。

但是餐具洗涤剂仍然存在着很多的问题：

（1）对人体健康产生影响；餐具洗涤剂的各种表面活性剂直接作用于皮肤，长期使用，会造成皮肤的角化和龟裂。另外，最严重的是，洗涤剂如果没有冲洗干净，会在被洗涤物上留下残余，对人体造成危害。若餐具洗涤剂的浓度高或量大，误食后会有严重的反应。

（2）它虽然标明“有效”、“特效”等模糊字眼，但对农药的去除作用并没有确切的去除率的保证。餐具洗涤剂主要是依靠表面活性剂的作用去除污物，而后者的去污能力受浓度、作用时间、冲洗强度等的影响，也就是说，它的去污能力存在着很多不确定性。

和我们的产品比较起来，洗涤剂的优势在于：价格便宜，其表面活性剂对油污的去除作用很强，很适合清洗餐具。而我们产品的优势在于：可以有效去除农药，还可以杀死病菌和寄生虫卵，使瓜果蔬菜更加卫生，而且它不会对皮肤造成伤害，臭氧作用完之后变成氧气，也不会对环境造成影响。

通过我们的调研结果来看，绝大多数家庭是用洗涤剂清洗餐具（90%）、去除油污（24.2%），只有 16.0%的人用它来去除农药残留。在此基础上我们可以设想，由于我们的产品是一种去除农药残留并彻底杀死病菌、虫卵的小家电，而洗涤剂是一种价格便宜、能有效去除油污的液体，二者将在未来的市场上共同存在，他们分别用于不同的目的，都将成为家庭中不可缺少的厨房用品。

由于我们的产品还具有餐具消毒和冰箱除臭的功能，因此在某种程度上将成为家用消毒柜和冰箱除臭器的替代品。我们会把产品主要定位在瓜果蔬菜的去毒清洁上，与它们不会构成直接的竞争。由于我们的产品具有多种功能，在与消毒柜和除臭器的间接竞争中，我们将有非常大的优势。

三、市场营销

春雨绿色去毒洁菜器是一种家用清除水果蔬菜上残留农药的小家电。本着“关注大众健康”的宗旨，我们的产品将把一种真正干净的蔬菜概念注入千家万户。根据市场调研的结果，我们的产品将做成微波炉大小、台式、具备检测功能、操作简单、使用方便、耗电量小的电器。随着产品日渐被消费者接受，它将成为厨房设施中的一部分。我们将在原有的基础上，开发多种规格和档次的产品，比如高档豪华型可以采用作为馈赠朋友、师长的礼品，而大型商用果蔬处理装置可以占领商业机构等大规模使用者市场。

（一）价格

最初我们的产品将以“关注大众健康”的高科技产品的形象出现在市场上，面向高收入与高知识层次的顾客。我们的批发价是每台 780 元，零售价为每台 980 元～990 元。根据我们市场调研的结果，有 2.2%的人表示即使产品价格在 1 000 元左右，他们也会购买。综合考虑我国当前市场的宏观形势，中低收入居民的购买力和购买欲望都不是很高。因此我们在第一年把高收入、高知识层次者定为我们的目标顾客，占领利润最大的高端市场。同时高价位也有利于我们的产品形象，刺激中低收入者的购买欲望。

定高价的风险在于会削弱我们对市场渗透的能力，目标消费人群比较窄。但这也会产生较高的销售利润，开始投资者可以获得较高的回报，并且为后续扩大再生产提供资金。

我们在第一年把高收入、高知识层次者定为我们的目标顾客，占领利润最大的高端市场，产品零售价为 980 元。从第二年起，随着生产规模的扩大，生产成本会有较大幅度的降低。我们将逐步降低售价（第三年为 780 元，第五年为 590 元），从而占领中低收入者市场。降低价格还可以击退跟进的竞争者，维持我们的市场占有率。

（二）促销

我们的促销将从3方面同时进行。在进行促销之前，我们将对产品功效进行一系列检测实验，并据此取得相关权威部门的肯定，获得检验证书等。

我们将在产品投放市场之前三个月内，把蔬菜清洁的概念传递给人们。我们将在各种新闻报纸和杂志（有影响的、发行面广的如《南京青年报》；定位于家庭妇女的杂志；还有一类就是和我们的产品联系紧密的卫生健康类杂志，如《家庭医生》杂志、《大众健康报》等）上发表文章，利用权威机构，如中国医学会、农科研究所等单位的专家对农药问题的评论或组织机构予以的鉴定，提高公众对农药残留问题的认知程度。同时发表对我们产品肯定性的评论文章，以使大众在注意农药问题的同时也会产生对我们产品的兴趣。在这些方面，我们的合作者兴益公司有着丰富的经验，可以给我们提供强有力的支持。

由于我们最初面向高知识层次的顾客，所以进行网上宣传与开展网上购物活动也是我们的促销手段之一。

依据我们的市场调研，对瓜果蔬菜最关心的是家庭主妇，而且这类产品的购买决定权也在她们手里。我们将针对家庭主妇制订周密的广告策略。首先在家庭主妇最爱看的有线电视台肥皂剧中插播产品广告。据调查这种广告的效果比一般的广告效果要好，而且广告费也比较低廉；另外，在电视台的女性节目如“半边天”、少儿节目如“大风车”中播出广告。我们注意到大多数家庭很担心农药残留对孩子健康的影响，因此，少儿节目中的广告是不可缺少的。

我们还考虑在电视评论节目（如“元元说话”等栏目）中进行关于农药残留问题的追踪和关于我们产品的探讨，以提高人们对健康问题认知和对产品关注的程度。我们的广告播出频率大致为每三天一次，持续三个月。

最后，可以采取一些小的销售技巧。比如我们将在产品投放市场后在公众中掀起对农药问题的关注，举行相关的电视知识竞赛，对部分消费者推行产品试用，然后针对这部分作现场的电视采访，增加公众对产品性能的感性认识。

（三）分销渠道

鉴于我们的合作者兴益公司在南京和天津已经有非常完备的销售网络，我们可以直接利用。在调研中我们发现，产品质量和售后服务是影响顾客购买决策的第二个重要因素。兴益公司在南京有6个直营连锁店，顾客直接从这里购买比较放心。由于我们的产品在市场上是一种全新的产品，与兴益公司合作对我们初期市场的开拓非常有好处，并且会极大地降低我们的市场风险。因此第一年我们将尽力集中在产品的研制、开发和生产上。从第二年起，我们将在利用兴益公司全国销售网络的同时，设立我们自己的销售网点。一般说来，我们将委托外地代理商对我们的产品进行销售，而不再设立专门的销售机构。

四、产品与服务

产品理念：春雨绿色去毒洁菜器，引导厨房革命，护卫人类健康。

春雨绿色去毒洁菜器是利用臭氧的强氧化性，把瓜果蔬菜表层所附的农药残留分解为无毒的物质，从而消除农药残留；同时杀灭瓜果蔬菜上的细菌、病毒等，保护人体的健康。产品的设计已经完成，并申请了有关国家专利。目前研制与开发已进入产品化的最后阶段。

（一）臭氧的简介

臭氧为淡蓝色气体，1840年由德国人发现，因闻起来具有某种特殊的味道而得名。

臭氧最显著的特性是其强氧化性，在自然界中仅次于氟气。由于其具有极强的氧化性，因而具有广泛的杀菌作用，杀菌速度较氯气快300倍～600倍。臭氧也可快速分解产生臭味及其他气味的有机物或无机物质，去除异味的性能极好。

臭氧很不稳定，在空气中会自行分解为氧气，因此使用后不会残留任何污染。

由于臭氧具有杀菌力强、不产生残留污染的优越性能，在发达国家中的食品、医药、水产养殖、化工等行业得到广泛的应用，迄今已有一百多年的历史。

虽然臭氧在杀菌、除臭、保鲜等方面得到了广泛应用，但在处理瓜果蔬菜农药残留方面却没有引起人们足够的重视。臭氧自身及在水中形成的中间产物氢氧基可以分解一般氧化剂所难以破坏的有机物，而且反应迅速，在适当的浓度与投加方式下，对农药残留具有很好的去除作用。

我们在这两方面的研究取得了令人满意的成果，初步研究成果已经过国家有关部门检测，同时我们还申报了国家的发明专利和实用新型专利。

（二）本产品的构成及用途

春雨绿色净菜器为微波炉大小，产品上部为一个可密封的空腔，用来盛放需要清洗的瓜果蔬菜，下部是臭氧发生器、微气泵等部件。臭氧发生器产生高浓度的臭氧，经微气泵打入空腔里的微孔爆气板；臭氧由微孔爆气板溶入水中，作用于瓜果蔬菜的表面，起到杀菌、消毒、去除农药残留的效果。

本产品在使用时非常方便。只需向空腔中注入水，把瓜果蔬菜浸没其中。在15分钟之内春雨绿色去毒洁菜器可去除瓜果蔬菜表面90%以上的农药残留，并杀灭所有病菌，包括乙肝病毒，把瓜果蔬菜变成真正意义上的无菌、无毒、无农药残留的净菜。

不仅如此，我们的产品还有两个附加功能：餐具消毒、冰箱及室内空气杀菌清新。

进行餐具消毒与清洗瓜果蔬菜类似，把餐具放入空腔中自动处理 5 分钟~10 分钟即可。一般的紫外线消毒柜在紫外线照不到的地方会形成消毒“死角”，相比而言，臭氧杀菌能力强，扩散均匀，没有消毒死角。

进行室内空气杀菌清新时，只需把本产品放到空气流通的地方，喷出适量的臭氧，就可迅速彻底地杀灭空气中的病菌，并分解掉空气中的引起异味的分子，保护人们身体健康，保持空气清新。

综上所述，本产品的用途如下。

（1） 彻底清洁瓜果蔬菜：不再“病从口入”；再也不必担心农药残留及病菌对人体的危害；经过处理的蔬菜，做到了真正的干干净净。

（2） 餐具消毒：使用方便，可替代现有的家用消毒柜。

（3） 冰箱及室内空气杀菌清新：可替代冰箱除臭机。预防疾病尤其是传染性疾病的发生，保持空气清新怡人。

（三）产品的家居设计

（1）产品将引导厨房的绿色革命：以高科技、现代厨房必备电器的形象出现在社会公众面前，成为引导千家万户开始进一步关注自身健康的标志性产品。

（2）产品的外观设计：将充分考虑与厨房的环境相适宜，同时以高雅、现代的造型凸显“厨房绿色革命者”的形象。

（3）产品的布置方式：在市场调研中 52.9%的调查对象选择台式，32.9%的调查对象选择壁挂式。因此产品将包括台式、壁挂式两个不同的类型。

（4）操作简单，适合家庭使用：只需将蔬菜瓜果放入其中，选择处理强度后即自行完成操作。产品功率只有 10 瓦左右，耗电量低，普通家庭完全可以承受。

（5）全面改善家居环境：除了能够降解农药残留外，春雨绿色去毒洁菜器还兼具餐具消毒、冰箱及室内空气杀菌清新等功能，可替代现有的消毒柜和冰箱除臭机。

（四）产品的优势

本产品的核心技术是臭氧发生器及臭氧的投加方式。根据我们的研究，影响臭氧去除农药效果的，主要是两方面：一是臭氧的浓度必须达到一定的水平，这要求具有高效率的臭氧发生器；二是臭氧在水中的投加方式也非常重要，因此要求有特殊设计的容器。

当前市场上的家用臭氧发生器，由于受其采用的臭氧发生原理所限，产生臭氧的量很少，不足以去除瓜果蔬菜的农药残留；而且臭氧的投加方式过于简单，只是把臭氧用导管喷入水中，因此只能起到杀菌、消毒的作用。而常见的各种餐具洗涤剂用品，虽然都看到了广大居民对健康的日益关注而开始强调其也具有除去农药的功能，但其作用方式决定了其不可能达到较高的去除效果。

我们的产品，由于采用了国内首创的臭氧发生原理，产生臭氧的效率大为提高，保证有足够浓度的臭氧产生。同时我们在臭氧的投加方式上也进行了很多的实验，确定出最佳的方案。因此产品在具备杀菌、消毒等功能的同时，对农药残留具有很强的去除作用。根据初步的测定，可以在 15 分钟之内去除瓜果蔬菜表面 90%以上的农药残留，并杀灭所有病菌，包括乙肝病毒。

保护国民健康，是国家产业政策鼓励和支持的方向。

（五）今后的展望

市场永远处在变化之中。我们深知，一个企业只有不断开发满足市场需求的产品，才会具有强大的生命力。产品创新是春雨公司的灵魂所在。从第二年起，我们将推出系列的家用春雨绿色去毒洁菜器，具体如下。

（1）针对不同的收入阶层，推出豪华型、小康型、实惠型 3 个档次的产品。

（2）针对各地不同的文化习俗以及不同年龄、不同文化程度的消费者，设计不同造型与图案的产品。连锁经营是发达国家商业体系中最普遍的形式。蔬菜及生鲜食品是其中利润最高的商品，在每天的售货额中占有相当的比重。我国当前正在进行的商业体制改革也是以连锁经营为目标。全国连锁店的数量近年正迅猛增长，我国城镇居民的蔬菜消费习惯也必将转为到商场去购买净菜。可以预见，将来的商场需要大量的净菜处理装置及其他生鲜商品的消毒保鲜装置。本公司将在继续保持家用果蔬处理机市场份额的同时，进行商用果蔬批量处理装置的研制，并力争在 2010 年，成为中国最大的商用净菜处理设备的供应商。

五、公司的管理和产权

（一）组织形式

公司将采取直线制的组织形式（如附图 2 所示）。

董事会是公司的最高权力机构，决定公司的发展战略和基本的政策，并决定总裁的人选。总裁负责公司的日常事务，并对董事会汇报工作。总裁有指定和解雇部门经理的权力。各部门经理对总裁汇报工作。

由于公司创立初期的规模较小，业务简单，采用直线制的组织形式，结构简单，领导关系明确，责任清楚，决定迅速，指挥统一灵活。这种组织形式对公司管理层的要求较高，要求他们懂得多种专业知识，能亲自处理财务、营销和生产等方面的复杂问题。

但是，这种组织形式不能适应生产技术的发展和经营管理工作复杂性的要求，所以公司组织形式将随着公司的发展而不断进行调整。

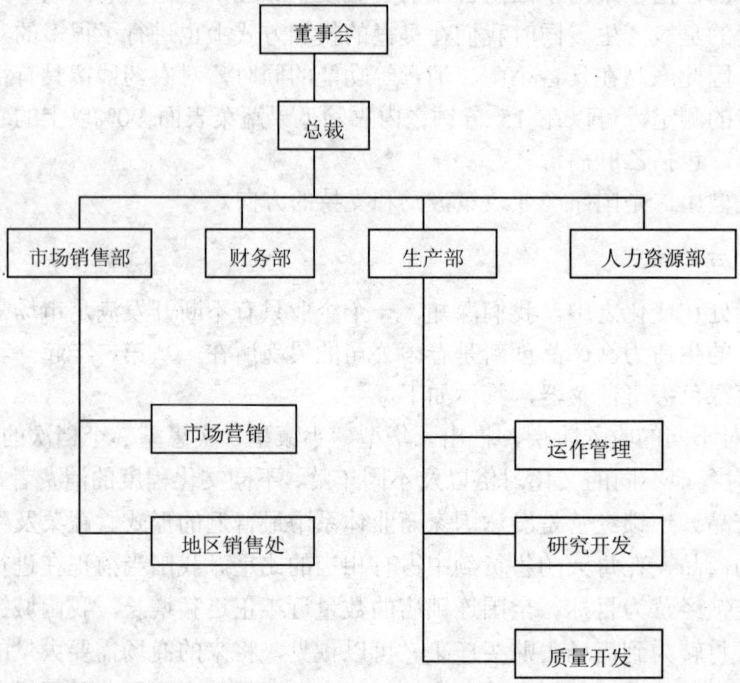

附图2 公司采取的组织形式

（二）主要机构和主管

（1）总裁：对公司的总体规划负责，制订战略，平衡、协调主管之间的关系，指定和解雇部门经理，在每个年度末对董事会作财政报告。

（2）副总裁兼市场销售部经理：对公司的总体营销活动负责，管理营销队伍和地区经理，对公司的销售活动、售后服务和地区间的平衡负责。

（3）人力资源部经理：在公司内部所有成员和公司、社区间创造和谐的关系，制订有效的考评和激励机制，负责对人员的招聘、培训并负责后勤工作。

（4）财务部经理：对公司内部的财务控制、会计、金融、投资活动负责，定期向总裁递交财务报告，分析财务状况，并提出建议。

（5）生产部经理：负责公司下属工厂的日常生产管理，根据营销部提供的情况调整生产和供应量，推动进行新产品开发，负责原材料采购，成本预算，产品检验和质量控制。

（6）总工程师：总体负责公司的技术工作。

（7）法律顾问：负责公司的法律事务。

（三）法律结构

有限责任公司。

（四）产权结构

总资本 2 000 万元。

三江技术	15%
兴益科技股份有限公司	50%
外部资金	35%，即投入 700 万元

六、生产管理

春雨绿色去毒洁菜器主要由 4 个组件构成：臭氧发生器、微气泵、控制面板和外壳。

臭氧发生器是产品的核心部分，也是春雨公司的技术优势所在。为了保证产品的技术领先性、技术保密以及产品的出厂质量，臭氧发生器的生产以及产品的最后组装都是由公司下属的生产工厂完成。春雨公司生产部的经理负责工厂的日常管理，将采用全面质量管理方式严格管理产品的质量。

其余的组件将以外包装的形式由承包商负责生产。公司的生产部将和供应商保持紧密的联系。公司每年会对供应商进行评估，如果产品能够符合公司的质量标准，就会继续签订下一年的合同。

根据产品的生产特点以及降低生产成本和投资风险的需要，生产过程将按照准时生产制（JIT）设计。公司将和顾客及供应商保持密切的联系，以尽量减少库存、降低成本。

预期的生产能力的增长和相应的时间表参见市场需求预测。随着市场需求和生产规模的增长，产品的成本会得到有效控制和降低。

公司的总厂设在南京市高新技术开发区。为适应公司的发展战略，特别是开拓南方市场的需要，公司将陆续在天津、上海、西安、重庆和广州设立储运中心。由于铁路和公路运输较为方便和经济，将采用这两种运输方式（如附表 4）。

附表 4　运输方式

项目＼地点	南京	天津	上海	西安	重庆	广州
运输方式	公路	公路	铁路	铁路	铁路	铁路
交货周期/天	1	2	7	14	14	14

七、财务分析

(一)资金需求与运用

1. 技术专利费

专利技术所有权属于三江大学，折价 300 万元，占公司股份的 15%。

2. 固定资产投资

根据市场销售预测结果分期扩大生产规模。生产和管理用房采用租赁形式，投资计划主要包括臭氧发生器生产线、成品装配线和办公设备、车辆等，进程如下。

第 1 期（第 1 年）2 660 万元

第 2 期（第 3 年）2 180 万元

第 3 期（第 5 年）180 万元

3. 流动资产

流动资产主要包括现金及银行存款、应收账款、应付账款和存货等。

(二)长期财务战略

公司的长期财务目标是使股东的权益最大化。从第 2 年起年分红利为净收入的 30%。

(三)财务分析

1. 未来 5 年分析（如附表 5、附表 6、附表 7 所示）

附表 5　损益表

单位：万元

年份 项目	第 1 年	第 2 年	第 3 年	第 4 年	第 5 年
销售收入	3 432	6 300	9 180	14 355	18 207
减：总成本	3 178	5 527	7 935.5	12 199	16 034
毛利	2 54	773	1 245	2 156	2 173
减：所得税	0	0	0	162	163
净收入	254	773	1 245	1 994	2 010
减：按股分红	0	232	373	598	603
未分配利润	254	541	871	1 396	1 407
累计未分配利润	254	795	1 666	3 062	4 469

附表 6 现金流量表

单位：万元

项目＼年份	第 1 年	第 2 年	第 3 年	第 4 年	第 5 年
1．经营现金流	130	683	1 148	1 746	1 851
（1）净收入	254	773	1 245	1 994	2 010
（2）应收账款减少（增加）	-143	-120	-216	-161	
（3）存货减少（增加）	-160	-150	-193	-309	-270
（4）折旧	66	66	84	84	102
（5）摊销	40	40	40	40	40
（6）应付账款增加（减少）	73	73	93	152	129
2．投资现金流	-660	0	-180	0	-180
3．财务现金流	1 600	-232	-373	598	-603
（1）权益增加	1 600	0	0	0	0
（2）按股分红	0	451	-373	-598	-603
4．本年现金增加	1 070	1521	595	1 147	1 068
5．年末现金余额	1 070		2 115	3 263	4 331

附表 7 资产负债表

单位：万元

项目＼年份	第 1 年	第 2 年	第 3 年	第 4 年	第 5 年
资产					
1．流动资产	1 373	2 093	3 001	4 674	6 172
现金	1 070	1 521	2 115	3 263	4 331
存货	160	310	503	813	1 083
应收账款	143	262	383	598	759
2．固定资产					
固定资产原值	660	660	840	840	1 020
减：累计折旧	66	132	216	300	402
固定资产净值	594	528	624	540	318
3．无形资产					
无形资产原值	400	400	400	400	400
减：累计折旧	40	80	120	160	200

续表

项目 \ 年份	第1年	第2年	第3年	第4年	第5年
无形资产净值	360	320	280	240	200
资产合计	2 327	2 941	3 905	5 454	6 990
负债					
1．流动负债	73	146	239	392	521
应付账款	73	146	239	392	521
所有者权益					
2．实收资本	2 000	2 000	2 000	2 000	2 000
3．未分配利润	254	795	1 666	3 062	4 469
负债及所有者权益合计	2 327	2 941	3 905	5 454	6 990

2．主要的财务假定

（1）春雨公司设在南京高新技术开发区，被有关部门认定为高技术企业，享受“三免三减半”的税收优惠政策。即在公司成立的前3年免征所得税，第4年至第6年所得税率为7.5%，从第7年起所得税率为15%。

（2）竞争对手的进入，为了确保竞争优势，同时由于对生产成本的控制和规模效益的显现，春雨绿色去毒洁菜器的出厂价从最初的780元递减到600元，在第5年降至510元。

（3）生产管理费用为制造成本的3%。

（4）无形资产摊销期为10年，采用平均年限法进行摊销。

（5）固定资产折旧期为10年，期末无残值，采用平均年限法进行折旧。

（6）应收账款回收期为30天。

（7）应付账款回收期为30天。

3．财务分析

春雨公司具有较强的盈利能力、抗风险能力。

平均资产回报率（ROA）按现值指标计算为44.1%，按静态指标计算为62.8%。

经灵敏度分析（销售量降为90%）可知，平均资产回报率（ROA）按现值指标计算降为32.4%，按静态指标计算降为46.5%，第5年末累计未分配利润从4 469万元降为3 283万元。

4．审计

春雨公司将每年邀请注册会计师对账户进行审计。

八、风险资本的退出

我们将以非常负责的态度对待我们的投资者。我们知道，风险资本投资人并不是要长期地持有投资而是寻求在适当的时候退出，取得收益。春雨公司会把使投资者在退出时得到尽可能大的回报放在十分重要的位置上。

投资者的退出方式有许多种，如首次公开上市、收购、公司回购、二次出售、清算、注销等。其中，以公开上市形式退出所获得的收益高于其他退出途径。但在中国，对上市公司有着严格的规定，往往只有那些各行各业中的领先者才有望上市，因此进入壁垒高。而且，公开上市成功的前提是有一个健康规范的股票市场，这不仅对上市公司意义重大，而且对风险技术投资业的长期繁荣也具有关键性的意义。而中国股市虽已实现了弱型效率，但仍存在着大量的不规范操作和许多潜在的不稳定因素。中国的股票市场是否有能力承载风险资本，支持企业上市，是否能给予这类高科技、高风险的企业以较为准确的市场评估尚不得而知。

除公开上市之外，收购也是一种较为常用的退出方式。虽然从历史的整体平均水平来看，通过收购产生的收益较之公开上市要差一些，但将两者作番比较，便不难发现，收购这种途径也有其优越性。第一，公开上市市场对上市企业要求很高。通常只有那些非常成功、收益或潜在收益极高的风险资本支持企业才能上市。而收购则不同，它对状况极差的和前途一片大好的企业都敞开了大门。第二，上市市场非常不稳定，相形之下，收购就显得稳健多了。尤其是在 20 世纪 80 年代、90 年代，出现了大企业收购风险资本支持企业的热潮。它们的收购行为无疑为风险资本投资人提供了一条可靠的退出途径。第三，风险资本支持企业上市之后，往往成了孤胆英雄，独行于激烈竞争的风浪之中。收购则恰恰相反。被收购的风险资本支持企业通常可从收购的企业那里获得大量的技术、管理和资金上的支持。

由以上论述可见，收购是一种市场机会稳定、收益可得到保证的退出方式。尤其是在目前中国金融市场还不完善的情况下，收购是较为令人满意的退出方式。

从本公司的实际情况来看，到春雨公司成立第 5 年时，正面临着产品重点从民用转向商用的二次创业的关键时期，公司内部管理也将面临巨大的变革。这时如果能得到在资金、管理与生产方面都具有雄厚势力的大企业的支持，将会对公司的发展起到强大的推动作用。

因此，从中国的实际情况与公司的发展来说，我们将努力以收购的方式实现风险资本的退出。为此我们除了创造尽可能好的业绩之外，还将注意做好与其相关的大企业之间的沟通与合作，为将来可能发生的转让奠定良好的基础。

参考文献

[1] 李金早，任树本，杜尊亚，等. BOT 投资方式[M]. 北京：中国经济出版社，1996.

[2] 张极井. 项目融资[M]. 北京：中信出版社，1998.

[3] 施兵超，杨文泽. 金融风险管理[M]. 上海：财经大学出版社，1999.

[4] 乐后圣. 投资与管理[M]. 北京：中国物资出版社，1999.

[5] 言茂松. 贝叶斯风险决策工程[M]. 北京：清华大学出版社，1998.

[6] 王东京，张宝江，杨明宜. 与官员谈西方经济学[M]. 南宁：广西人民出版社，1998.

[7] 王益民. 投资融资与资本市场化动作全书（上、下）[M]. 北京：九州图书出版社，1998.

[8] 王海平. 资本运营实务[M]. 北京：中国工商出版社，1997.

[9] 张中秀，等. 资产重组债务重整[M]. 北京：企业管理出版社，1998.

[10] 王浣尘. 可行性研究和多目标决策[M]. 北京：机械工业出版社，1986.

[11] 戴永良. 融资魔方[M]. 北京：中国戏剧出版社，2001.

[12] 欧阳逸云. 赊术[M]. 北京：中国城市出版社，2001.

[13] 新平，夏红. 融资指南[M]. 北京：中国物价出版社，1998.

[14] 石月华. 现代企业金融策划与运作[M]. 北京：中国物价出版社，2003.

[15] 熊楚熊. 公司筹资策略[M]. 深圳：海天出版社，2003.

[16] 高明. 策划大师与经典策划[M]. 北京：企业管理出版社，1998.

[17] 鞠朝阳. 投资误区[M]. 北京：中国出版社，2001.

[18] 刘志远. 企业财务战略[M]. 大连：东北财经大学出版社，2001.

[19] 张绍学. 现代公司理财学[M]. 成都：四川大学出版社，2001.

[20] 任柏株. 国际金融基础知识[M]. 成都：西南财经大学出版社，1999.

[21] 王军. 现代企业财务战略[M]. 上海：立信会计出版社，2000.

[22] 金晓彤. 经营理财与风险防范实务[M]. 北京：中国审计出版社，2000.